实用口语传播教程

——普通话语音及水平测试指导

王晨旭　苏涛　程前◎主编

中国国际广播出版社

推荐序

苏涛教授是我的老朋友，在新媒体传播和民族传播研究方面很有建树。在百忙之中，他能把自己的学术视角延伸到口语传播领域是非常值得祝贺的事情。在他与学生的新书《实用口语传播教程——普通话语音及水平测试指导》付梓之际，我在送上祝福的同时，也想和他的读者们一起谈谈口语传播教育这个有趣的话题，并以此作为相互学习、共同进步的纪念。

尽管大家都公认语言是人类最基础、最重要的交流工具之一，在交际中扮演着沟通、传递信息的关键角色。但说起语言，我们往往并不会特别在意口语和书面语的区别与联系，只会关注它们以言指事、以言行事、以言成事的交际功能。

说起口语的魅力，中国古代历史上有太多的典故。鲁迅先生曾经在《门外文谈》中把最早喊出"杭育杭育"的人叫作作家、文学家，并戏称他们为"杭育杭育派"[①]。

我国第一部诗歌总集大部分是采集于民间，源于口头文学的，因此才有"诵诗三百，弦诗三百，歌诗三百，舞诗三百"的说法。在《诗经·大雅·烝民》中还有这样的描绘："吉甫作诵，穆如清风。"意思是说有一个叫尹吉甫的人用吟诵的方式给自己的朋友仲山甫送行，祝愿他的朋友早日完成任务，平安归来。尹吉甫的吟诵乐声和美，像清风一样滋润着大家的心田，让送行的人们都非常感动，这个尹吉甫就算是先秦时期的口语艺术家吧。

口语与书面语最大的不同，是它的全息性和生动性。正如著名语言学家徐世荣先生说的那样："书面上写的语言是不完全的语言。语气、语调、语势、

---

① 鲁迅.鲁迅文集：杂文卷（下）[M].武汉：华中科技大学出版社，2014.

语感，抑扬顿挫、轻重缓急，书面上受到限制，全都表达不出来。"①

在当下的社交媒体时代，越来越多的人看到了技术的进步，看到了技术可以改变沟通和传播中的时间和空间障碍，口语交际的便捷性让大家开始重视"说"的能力的培养。口语艺术春天的到来，意味着人们不再只满足于通过说来传递信息，也开始重视口语中更能表现情感的语气、语调、语势、语感等韵律因素。

苏涛教授工作的地方在民族地区，这里普通话的普及和推广任务更加艰巨。如果能带领学生一方面推广普通话，另一方面把"汉民族共同语"这个概念的形成与西南少数民族方言之间的历史渊源和发展关系进行梳理，那就更好了。

《实用口语传播教程——普通话语音及水平测试指导》是一本既系统又实用的口语教材，为学习者提供了全面、深入的普通话发音与应试指导。这本教材通过系统地介绍普通话的发音规则，以及对声母、韵母、声调等基础知识进行细致入微的讲解，能够使学习者更好地理解普通话发音的规律和特点。同时，这本教材注重实践，通过大量的实例和练习文本，特别是融合了新版《普通话水平测试实施纲要》的有关内容，能够帮助读者理解并掌握普通话的标准发音规则，提升口语表达的清晰度和魅力，了解测试的结构和要点，从而在实际考试中发挥出最佳水平，顺利通过普通话水平测试。这对于准备参加普通话水平测试的读者来说，无疑是一大福音。

我诚挚推荐给每一位对口语传播感兴趣的朋友，让我们一起提升自己的语言魅力，成为更优秀的口语传播者。

王宇红

中国传媒大学播音主持艺术学院

2024 年 3 月于北京

---

① 张颂.朗读学［M］.北京：北京广播学院出版社，1999.

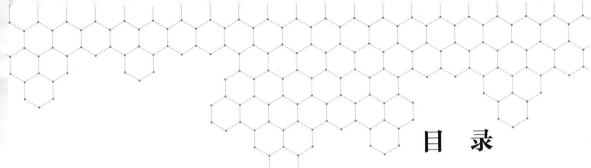

目 录

第四章　命题说话

第一章
普通话语音及发声技巧

普通话是联合国六种工作语言之一。普通话并不等于"北京话"，普通话中的"普通"二字，是普遍和共通的意思。普通话以北京语音为标准音，以北方话为基础方言，以典范的现代白话文著作为语法规范。推广普及普通话，是提高全国人民科学文化水平的一项基本语言国策，是铸牢中华民族共同体意识的重要途径，也是实施乡村振兴战略的有力举措，对我国经济社会发展具有重要意义。

第一节　普通话语音

一、什么是语音

（一）语音的定义

语音，即语言的物质外壳，是语言的外部形式，是最直接地记录人的思维活动的符号体系。它是人的发音器官发出的具有一定社会意义的声音①。世界上有无文字的语言，但没有无语音的语言，语音在语言当中起着决定性的支撑作用。

---

① 胡黎娜.播音主持艺术发声［M］.北京：中国广播电视出版社，2006.

（二）语音的基本概念

1. 音节

音节是语音的基本单位。一般情况下，一个汉字的读音就是一个音节。汉语普通话中的音节数约为 400 个，读音约为 1300 个。从结构上看，音节可以分为三部分：声母、韵母和声调。

（1）声母

汉语音节中在开头位置的辅音叫作声母，普通话中有 21 个辅音声母。

（2）韵母

汉语音节中声母后面的部分叫作韵母，普通话中有 39 个韵母。

（3）声调

声调又叫字调，是汉语音节中所固有的，用来区分声音高低升降的一种变化形式。普通话中包含四个声调的种类，分别为阴平、阳平、上声、去声。

2. 音素

从音色上看，音素是语音的最小单位，即构成音节的单位。一个音节可由一个或多个音素构成。普通话中有 32 个音素，包含 10 个元音音素和 22 个辅音音素。

3. 音位

从普通话语音上看，音位是区别语义的最小单位，如把 bá（拔）念成 pá（爬）意思就变了，所以，/b/ 和 /p/ 是两个不同的音位。

二、语音的性质

1. 生理性质

语音是人的发音器官协调运动的产物，发音器官及其活动决定了语音的区别。人的发音器官分为三部分。

一是呼吸器官，包括肺、气管和支气管，是产生语音的动力系统。

二是喉头和声带，是发音的震颤体，是产生语音的声源系统。

三是口腔、咽腔、鼻腔，是发音的共鸣器，是产生语音的共鸣系统。

2. 物理性质

（1）音高

声音的高低，由声波的振动频率决定，语音的高低，由声带的长短、松紧、厚薄决定。音高决定了汉语中的声调和语调，如"扒""拔""把""爸""是她？""是她"。

（2）音强

声音的强弱，由发音体发出的声波的振幅决定。振幅越大，声音越强；反之，声音越弱。音强在汉语中有区别词义的作用，如地道—地道，加点的字读轻声时，前后词义完全不同。

（3）音长

声音的长短，由发音体振动的时间决定。音长在汉语中可以起到区别意义的作用，如普通话中的"啊"，短发可表答应，长发可表疑问。

（4）音色

声音的特色，也是声音的本质，由发音体振动产生的音波波纹的曲折形式决定。每个人的音色都是独一无二的，这取决于三个主要因素：一为发音体不同；二为发音方法不同；三为共鸣器的形状不同。

3. 社会性质

社会性质为语音的本质属性。在一套语音系统中，什么音表什么意，由社会约定俗成。因此，语音具有系统性、民族性、地方性的特点。

第二节　普通话发音

一、发音器官

发音器官是指参与发音活动的人体器官，主要包括呼吸器官、发声器官、吐字器官和共鸣器官。

呼吸器官包括胸腔中的肺、膈肌和胸廓，它们共同为人体发音提供必需的空气动力。发声器官包括喉头和声带，其作用是在空气动力推动下，发出可供加工的声音。而可供加工的声音在吐字器官和共鸣器官的共同作用下，形成丰富可感的声音。其中，吐字器官包括唇、齿、舌、软腭、硬腭等，负责对发声器官产生的声音进行加工。共鸣器官由口腔、咽腔、鼻腔和胸腔构成，对语音的形成、音量的扩大和音色的丰富起着不可忽视的作用。

除了上述各器官，人耳在发音过程中具有重要的监听和调整发音动作的特殊作用。因此，有的语言学家认为，耳也应该是人体的发音器官。

二、声道

声道是由人体内部发音器官构成的能够产生语音的特殊结构。在语音形成的过程中，人体的头、颈、胸、腹等部位的 100 多块肌肉控制着不同的器官协同产生发音动作。发音器官的有序排列使其在兼顾原有生理功能的基础上完成发音，从而构成了能够产生语音的特殊结构——声道。按呼出气流运动的方向，这些器官由下而上可分为三个部分：动力系统、声源系统和共鸣系统。

（一）动力系统

动力系统是指为人体发音提供动力的系统，主要由肺、气管、胸廓以及膈肌与腹肌等器官和相关肌肉组成。

（二）声源系统

声源系统主要指喉和声带。由肺部呼出的气流流经气管到达喉部，使声带振动发声。而喉部肌肉运动的状态发生不同的变化，会使声带的厚薄、长短等发生改变，从而发出不同音色、音高的声音。

（三）共鸣系统

由声带振动发出的声音叫喉原音，又叫基音。喉原音本身较为微弱，但经过共鸣后得到扩大和美化，形成不同的语音、不同的声音色彩。声道在喉以上的共鸣腔主要包括喉腔、咽腔、口腔与鼻腔，在喉以下的共鸣腔为胸腔。

三、发音原理

呼吸运动使呼出的气流从肺通过支气管、气管到喉，在喉部引起声带振动，产生基音，同时也使呼出的气流产生同步振动。气流在经过咽腔、口腔或鼻腔的过程中，基音进一步引起各共鸣腔的共鸣，使声音得到扩大和美化。气流在口腔中还受到唇、齿、舌、腭等的节制，在对共鸣腔进行调节和对呼出气流构成阻碍并使其克服阻碍的过程中形成了负载信息的语言符号——语音。

第三节　普通话发声技巧

"声随气动"，人体呼出的气息是发声的动力。声音的力度、强度、清晰度和饱满度等与气息有着直接的关系，只有在呼吸得到良好控制的前提下，声音的控制才有保证。

一、气息控制

（一）呼吸通道

人体在呼吸时气息流经的路线就是呼吸通道，从外到内主要包括口、鼻、咽喉、气管、支气管、肺泡。

（二）呼吸方法

人体常见的呼吸方法有三种：胸式呼吸法、腹式呼吸法、胸腹联合式呼吸法。

1. 胸式呼吸法

胸式呼吸法又称浅呼吸法、锁骨式呼吸法，吸气时的主要特点为肩头上耸、上胸上抬。该方法呼出气流较弱且强弱变化难以控制，发声练习时应该避免运用。

2. 腹式呼吸法

腹式呼吸法又称单纯横膈式呼吸法，吸气时的主要特点为腹部凸起，腹部维度变大。该方法吸入和呼出的气流量均较多，也不是最为科学的发声方法。

3. 胸腹联合式呼吸法

胸腹联合式呼吸法并不是对胸式呼吸法和腹式呼吸法的简单叠加，而是在呼吸过程中充分调动起胸、腹等呼吸器官，使胸廓、横膈肌及腹部肌肉等控制呼吸的能力得到充分配合，更容易产生坚实响亮的音色。我国传统曲艺发声中说的"丹田气"就是指胸腹联合式呼吸法。因此，胸腹联合式呼吸法是最科学的发声方法。

（三）胸腹联合式呼吸法要领

1. 吸气要领

①吸到肺底：身体自然放松，先通过叹气法将余气排除，再自然吸气。吸气时可感受到膈肌收缩下降，胸腔的上下径得以扩大。

②两肋打开：伴随着吸气动作的进行，下肋充分扩展，感受到两侧肋骨像"两扇门"一样缓缓打开，胸腔的左右径得以扩大。

③腹壁"站定"：在胸腔扩大的同时，膈肌下降，腹腔内压力增大，腹部肌肉向小腹中心位置收缩，腹壁保持不凸不凹的状态。

2. 呼气要领

①稳定：均匀平稳地呼出气息，同时跟随情感需要灵活变化呼气状态。

②持久：在呼气肌肉群工作的同时，吸气肌肉群也在工作，利用腹肌向丹

田收缩的力量控制住气息。

③灵活：随着表达内容和情感的变化，灵活调整呼气的快慢、强弱等。

（四）气息练习

1. 吸气练习

站立式：放松身心，做深呼吸。"一、二、三"吸气，"四、五、六"呼气。多次反复练习，感受气息下沉、两肋打开和腹壁"站定"的感觉。

坐式：身体放松，坐在椅子上，不要倚靠椅背，上身微微前倾，双腿自然分开，吸气，感受两肋打开、腹壁凸起和小腹内收的感觉。

躺式：全身放松，平躺在床上。吸气，能够较为轻松地感受到吸到肺底的感觉。躺式适合初学者感受气息下沉状态时使用。

闻香：想象你的面前有一盆散发着香气的鲜花，此时，深吸一口气，可感受到两肋打开、腹壁凸起、小腹内收、腰部胀满的感觉。

半打哈欠：打哈欠打到最后一刻的感觉和胸腹联合式呼吸法吸气到最后一刻的感觉相似，建议练习时口型不要过大。

2. 呼气练习

叹气：身体放松，深吸一口气，长叹发出"哎"声。

数数字：首先做好吸气准备，然后一口气从 1 数到 20，要求声音圆满、自然，语速适中，喉部放松，不挤压、不力竭。

吹纸条：准备一张细长纸条，放在嘴前约 20 厘米的位置，吹动纸条，让纸条保持一定的弧度，保证出气量均匀、力度适中。

弹发练习：弹发"hei、ha、hou"，声音短促有力，速度逐渐加快。

调节练习：模拟"喊人"练习，如"小张""小王"，声音忽远忽近、忽大忽小。

二、喉部控制

喉介于咽和气管之间，是人体发声系统中最有代表性的器官。气流经过喉部，使声带振动产生的音叫作喉原音，又叫基音。但喉原音较弱且不饱满，只有经过共鸣器官的调制和构字器官的加工，才能变得更加生动悦耳。也就是说，喉部构造是天生的，决定了一个人的发音特征，但是使用方法是可以通过后天训练改善的。

（一）喉部控制要领

1. 喉头相对稳定

调整喉头垂直位移幅度，保持发声时喉头的相对稳定是获得变化自然、和谐通畅、润泽丰满声音的有效方法。

2. 喉头相对放松

喉头相对放松是发音时最基本的感觉，可以避免因对音色的追求而使声带闭合力和气息压力都过分加大。喉头积极而放松的状态是喉部控制的最佳状态。

（二）喉部控制练习

1. 气泡音

顾名思义，气泡音就是发出一连串气泡似的声音。具体方法为，喉部放松，发出任何一个单元音的口形，如"啊"，用低音发出如气泡的声音。

2. "哼"音练习

"哼"音练习就是发带疑问色彩的 [m] 音。声带开始呈闭合状态，然后迅速打开，闭口时发带有疑问色彩的 [m] 音，音色由明亮迅速转暗，音高由低变高；张口时发类似 eng 的音，体会声门由闭到开的变化过程。

三、口腔控制

口腔控制是指播音发声中的吐字归音。对国家普通话水平测试的应试者来说，口腔控制能力虽然不是直接的考查项目，却是发好每一个普通话音节的基础所在。

1. 咬字器官

人体口腔内部对声音起到节制作用的各部位就是咬字器官。

口腔上部：上唇、上齿、上齿龈、上腭（硬腭、软腭）。

口腔下部：下唇、下齿、下齿龈、下颚、舌（舌尖、舌叶、舌面、舌根）。

其中，上唇、下唇和舌在字音形成过程中作用最大。

2. 吐字归音

一个音节的发音过程包括三个阶段：出字、立字、归音。出字指的是声母和韵头的发音过程，立字指的是韵腹的发音过程，归音指的是韵尾的发音过程。吐字归音的理想效果是"字正腔圆"，为了达到这种效果，吐字归音对每个阶段都提出了明确具体的要求。

（1）出字

即咬准字头，指的是声母和韵头（介音）的发音过程要做到吐字清楚、部位准确、弹发有力。

（2）立字

即发响字腹，指的是韵腹（主要元音）的发音过程要做到清晰、实在、响亮。

（3）归音

归音又叫归韵，指的是字尾部的发音过程要规范恰当、干净利落、不拖不带。

"枣核音"，是形容一个字的发音过程像枣核的形状，声母和韵头为一端，韵尾为另一端，韵腹为核心。从形状上就能明显看出，中间部分占比大，发音时间长且动程大，两端部分占比小，发音时间短且动程小，如"点"的发音过程。

3. 口腔控制练习

（1）唇部操

发音时不是满唇发力，而是集中在唇部中纵线的 1/3 处。

喷唇：双唇紧闭，突然发力，打开双唇，爆发出 p 音。

撮唇：双唇紧闭，向前撮起与嘴角后拉交替进行。

撇唇：双唇紧闭前撮，用力向左、向右、向上、向下歪，交替进行。

"微笑"练习：先把嘴唇向前聚拢成"u"形，再将嘴角后拉做微笑状，交替进行。

（2）舌部操

发音时将力量集中在舌的前后中纵线上。

绕舌：闭唇，用舌头在唇齿间左右打圈。

弹舌：双唇微开，舌尖用力抵住上齿龈，突然打开，爆发出 t 音。

顶舌：闭唇，用舌头用力顶左右腮，交替进行。

刮舌：舌尖抵住下齿背，用上门齿刮舌尖和舌面。

四、共鸣控制

共鸣是指声带发出的声音经过声道共鸣器官形成共振，使得声音富有变化、响亮、圆润、饱满，进而形成色彩不同的声音。因此，良好的共鸣控制是改善声音质量、提高声音展现力的重要保证。

（一）共鸣器官

喉以上的共鸣器官有喉腔、咽腔（喉咽、口咽、鼻咽）、口腔和鼻腔（鼻窦、蝶窦、额窦），喉以下的共鸣器官有气管和胸腔。喉腔、咽腔、口腔是可调节性共鸣器，其中口腔的变化最为灵活。

（二）共鸣方式

播音创作中的共鸣方式主要包含三种，自上而下分别为鼻腔共鸣、口腔共鸣、胸腔共鸣。在播音发声要求下，最佳的共鸣方式为以口腔共鸣为主、胸腔共鸣为基础、鼻腔共鸣为补充。在训练过程中，大家可以结合以下方式练习。

（三）共鸣控制练习

1. 口腔共鸣练习

①唇齿相依，提高声音明亮度。部分人在发音时有翘唇的习惯，导致声音浑浊不清。可尝试将双唇收紧，贴近上下齿，保持住口腔状态。先用单元音进行练习，再尝试用词语、句段进行练习，对比感受与自身日常习惯发音音色的区别。

②嘴角微抬，消除消极声音色彩。部分人在发音时嘴角下垂，导致声音不积极。可尝试将嘴角微微上抬，"提起颧肌"，声音色彩会有所不同。先用单元音进行练习，再尝试用词语、句段进行练习，对比感受与习惯发音状态的不同。

③竖起后咽壁，提高声音饱满度。部分人在发音时后咽壁位置不够积极，是声音饱满度不足的原因之一。尝试找"半打哈欠"的状态，即打哈欠打到最后的感觉，其状态与后咽壁竖起的状态相似，再发韵母 o、e、i、u，感受上下贯通的共鸣感受。

2. 胸腔共鸣练习

①感受胸腔共鸣。以较低的声音发 ha，感觉声音从胸腔发出，此时声音是较为浑厚的。也可以把手掌放在胸腔位置，长叹一口气，感受气息流经胸腔时产生的振动，并在此声音段做胸腔共鸣练习。

②增强胸腔共鸣。在感受到胸腔共鸣的基础上，进行包含 a 音的词句练习，如"到达""出嫁""大家""海底"等。可低声慢读孟浩然的《春晓》：春眠不觉晓，处处闻啼鸟。夜来风雨声，花落知多少。

3. 鼻腔共鸣练习

①感受鼻腔共鸣。利用软腭下降将元音部分鼻化，感受鼻腔共鸣。交替发口音 a 和鼻音 ma，具体操作为发口音 a 时软腭上挺，堵住鼻腔通道，体会口腔共鸣；发鼻音 ma 音时软腭下垂，打开鼻腔通路，体会鼻腔共鸣。

②增强鼻腔共鸣。适用于鼻腔共鸣较少想增强鼻腔共鸣的人，但要注意适度练习，避免鼻音色彩过重。一般来说，a 的舌位低，鼻腔共鸣弱，鼻腔

共鸣时软腭下降幅度可稍大些；ma 的舌位高，口腔通路窄，气流容易进入鼻腔，因此，软腭不可下降过多，否则会使元音鼻化，造成鼻音。可练读"妈妈""买卖""小猫""隐瞒""出门""戏迷""分秒""人民"等。

③减少鼻腔共鸣。过分使用鼻腔共鸣会将韵母的元音部分或完全鼻化。可用手捏住鼻子，用音节检查是否带有鼻音色彩，如"渊源""黄昏""间断""湘江""光芒""荒凉""长征"等。如果鼻腔从元音开始就共振，表明鼻腔共鸣使用过度，应减少元音的鼻化程度。

4.三腔共鸣练习

①"爬音阶"练习。由自己的最低音爬向最高音，发 a、i、u，感受共鸣腔体的变化。

②"绕梁音"练习。上绕练习：由低到高螺旋向上发 a、i、u。下绕练习：由高到低螺旋向下发 a、i、u。

③"夸张四声"练习。选择韵母音素较多的四字词语，运用共鸣技能进行夸张四声练习，如"花—红—柳—绿""天—长—地—久"等。

第二章
普通话语音知识

第一节　普通话声母

一、什么是声母

声母，汉语音节开头的辅音部分，如音节 tāo（涛）中，辅音 t 就是声母。普通话中包含 21 个辅音声母，还有一些音节中没有辅音声母，我们称之为"零声母"。

二、声母的分类

（一）按发音部位分类

发音部位是指人体发音时气流在发音器官中受到阻碍的部位，共包含上下两个部位。上位以上腭为主，是形成阻碍的被动或不动部位；下位以舌为主，是形成阻碍的主动或活动部位。根据气流在人体口腔中受到阻碍的部位不同，声母可分为七大类：双唇音、唇齿音、舌尖前音、舌尖中音、舌尖后音、舌面前音、舌面后音。

①双唇音（b、p、m）：由上唇和下唇阻塞气流而成。

具体方法：下唇向上移动与上唇接触，双唇闭拢成阻。

②唇齿音（f）：由上齿和下唇接近阻碍气流而成。

具体方法：上唇微微抬起，露出上齿，下唇向上移动，唇缘线与上齿接触成阻，注意成阻力度不可过大，应"轻轻接触，一碰就走"。

③舌尖前音（z、c、s）：又叫平舌音，由舌尖抵住或者接近齿背阻碍气流而成。

具体方法：舌尖平伸，与齿背接近或接触，注意舌面不要隆起，避免与舌面前音（j、q、x）混淆。

④舌尖中音（d、t、n、l）：由舌尖抵住上齿龈阻碍气流而成。

具体方法：舌尖向上抬起，与上齿龈接触。

⑤舌尖后音（zh、ch、sh、r）：又叫翘舌音，由舌尖抵住或者接近硬腭前端阻碍气流而成。

具体方法：舌尖向上翘起，与硬腭前端接近或者接触。注意舌头不要过度卷起。

⑥舌面前音（j、q、x）：又叫舌面音，由舌面前部抵住或者接近硬腭前端阻碍气流而成。

具体方法：舌尖向前向下抵住下齿背，舌面微微隆起，接近或接触硬腭前端成阻。

⑦舌面后音（g、k、h）：又叫舌根音，由舌面后部抵住或者接近软腭阻碍气流而成。

具体方法：舌体后缩，舌根隆起与硬软腭交界处接触或接近成阻。

（二）按发音方法分类

发音方法是指人体发音时喉头、口腔和鼻腔控制气流的方式和状况，具体可根据发音时阻碍的方式[1]、声带是否振动和除阻后气流的强弱三个方面进行分类。

1.按阻碍的方式

①塞音（b、p、d、t、g、k）：成阻时，发音部位形成闭塞；持阻时，

---

[1] 发辅音声母时，阻碍形成的过程分为三个阶段：（1）形成阻碍（成阻）；（2）持续阻碍（持阻）；（3）解除阻碍（除阻）。

气流积蓄在阻碍部位之后；除阻时，成阻部位突然打开，气流冲出，爆裂成声。

②擦音（f、h、x、sh、s、r）：成阻时，发音部位接近但不接触，中间保留狭窄缝隙；持阻时，呼出的气流与窄缝之间摩擦成声；除阻时，发音结束。

③塞擦音（j、q、zh、ch、z、c）：塞音和擦音两种发音方法的结合。成阻时至持阻前段，方法与塞音相同；持阻后段变为擦音的成阻，发音部位之间保留狭窄缝隙，呼出气流，摩擦成声至除阻发音结束。

④鼻音（m、n）：成阻时，发音部位闭塞，关闭口腔通道；持阻时，声带振动，软腭下垂，打开鼻腔通道，声波和气流流经口腔到达鼻腔，经口鼻两腔共鸣作用，由鼻腔投出发声；除阻时，口腔阻碍解除。

⑤边音（l）：成阻时，舌尖和上齿龈接触，舌头两侧留有空隙；持阻时，软腭上升，关闭鼻腔通道，声带振动，气流从舌头两侧与两颊内侧形成的空隙之间通过；除阻时，发音结束。

2. 按声带是否振动

发音时，声带振动的叫作浊音；声带不振动的叫作清音。

①清音：b、p、f、d、t、g、k、h、j、q、x、zh、ch、sh、z、c、s。

②浊音：m、n、l、r。

3. 按气流的强弱

塞音、塞擦音有送气音和不送气音的区别。

①送气音（p、t、k、q、ch、c）：发音时，气流送出较为明显。

②不送气音（b、d、g、j、zh、z）：发音时，气流送出较为微弱。

三、声母的发音要领

（一）双唇音

1. b［p］ 双唇、不送气、清、塞音

发音要领：发音时，双唇闭合，软腭上升，闭塞鼻腔通道以阻塞气流，声带不颤动，而后气流冲破双唇阻碍，爆发成声。

例词：

背包 bēibāo   版本 bǎnběn   摆布 bǎibù

2. p［p'］双唇、送气、清、塞音

发音要领：与 b 相近，不同之处在于，p 的气流较强为送气音，而 b 为不送气音。

例词：

评判 píngpàn   品牌 pǐnpái   批判 pīpàn

3. m［m］双唇、浊、鼻音

发音要领：发音时，双唇闭合，软腭下降，打开鼻腔通道，气流振动声带从鼻腔通过形成鼻音，解除阻碍时，余气冲破双唇阻碍成声。

例词：

麻木 mámù   卖命 màimìng   眉目 méimù

💡【绕口令】

（☆提示：绕口令的练习一开始不要追求速度，而是应该关注自己的发音动作是否到位，字音发出是否完整、清楚、轻巧。）

八百标兵：

八百标兵奔北坡，炮兵并排北边跑。

炮兵怕把标兵碰，标兵怕碰炮兵炮。

班干部：

班干部管班干部，

班干部让班干部管班干部，班干部就管班干部。

班干部不让班干部管班干部，班干部就管不了班干部。

八千八百八十八：

出北门，朝北走。

走出八千八百八十八大步，

来到八千八百八十八里铺，

八千八百八十八里铺，

种了八千八百八十八棵芭蕉树，

飞来八千八百八十八个八哥鸟，

要在这八千八百八十八棵芭蕉树上住。

惹恼了八千八百八十八个老伯伯，

掏出八千八百八十八个白弹弓，

不让这八千八百八十八个八哥鸟，

在这八千八百八十八棵芭蕉树上住。

跑来了八千八百八十八个白胖小哥哥，

拽住这八千八百八十八个老伯伯，

不要打这八千八百八十八个八哥鸟。

（二）唇齿音

f［f］ 唇齿、清、擦音

发音要领：发音时，下唇接触上齿，形成窄缝，软腭上升，堵塞鼻腔通道，气流不振动声带，从唇齿间摩擦成声。

（☆提示：上齿接触下唇时，力度要轻。口诀：轻轻接触，一碰就走。）

例词：

发放 fāfàng　　　反复 fǎnfù　　　丰富 fēngfù

💡【绕口令】

粉凤凰：

费家有面粉红墙，粉红墙上画凤凰，凤凰画在粉红墙。

红凤凰、黄凤凰，红凤凰看黄凤凰，黄凤凰看红凤凰。

粉凤凰、飞凤凰，粉红凤凰花凤凰，全都仿佛活凤凰。

糊粉红活佛花：

会糊我的粉红活佛花，就糊我的粉红活佛花；

不会糊我的粉红活佛花，可别糊坏了我的粉红活佛花。

理化与理发：

我们要学理化，他们要学理发。理化理发要分清。

学会理化却不会理发，学会理发也不懂理化。

（三）舌尖前音

1.z［ts］ 舌尖前、不送气、清、塞擦音

发音要领：发音时，舌尖轻抵齿背，软腭上升，堵塞鼻腔通道，声带不振动，较弱的气流在舌与齿背间挤出一条窄缝，摩擦成声。

（☆提示：舌尖抵住上齿背还是下齿背？一般情况下，舌尖轻抵下齿背，也有舌尖抵住上齿背的情况。）

例词：

藏族 zàngzú　　自尊 zìzūn　　总则 zǒngzé

2.c［ts'］ 舌尖前、送气、清、塞擦音

发音要领：与 z 相近，不同之处在于 c 的气流比 z 强。

例词：

残存 cáncún　　璀璨 cuǐcàn　　措辞 cuòcí

3.s［s］ 舌尖前、清、擦音

发音要领：发音时，舌尖接近上齿背形成窄缝，软腭上升，堵塞鼻腔通道，声带不振动，气流从舌和上齿背间擦出成声。

例词：

琐碎 suǒsuì　　色素 sèsù　　思索 sīsuǒ

♀【绕口令】

做早操：

早晨早早起，早起做早操。

人人做早操，做操身体好。

子词丝：

四十四个字和词，

组成一首子词丝的绕口词。

桃子李子梨子栗子橘子柿子槟子榛子，

栽满院子村子和寨子。

名词动词数词量词代词副词助词连词，

造成语词诗词和唱词。

蚕<u>丝</u>生<u>丝</u>熟<u>丝</u>缫<u>丝</u>染<u>丝</u>晒<u>丝</u>纺<u>丝</u>织<u>丝</u>，

自制粗<u>丝</u>细<u>丝</u>人造<u>丝</u>。

借酸枣：

山前住了个三老子，山后住了个三小子，山腰住着三哥三嫂子。

山下的三小子，找山腰的三哥三嫂子，要借三斗三升酸枣子；

山腰的三哥三嫂子，借给三小子三斗三升酸枣子。

山下的三小子，又去找山上的三老子，要借三斗三升酸枣子；

山上的三老子，没有三斗三升酸枣子，找到山腰的三哥三嫂子，

借了三斗三升酸枣子，给了山下的三小子。

过了年山下的三小子收了酸枣子，还了山腰三哥三嫂子，两个三斗三升酸枣子。

（四）舌尖中音

1. d [t] 舌尖中、不送气、清、塞音

发音要领：发音时，舌尖抵住上齿龈，软腭上升，堵塞鼻腔通道，声带不振动，较弱的气流冲破舌尖的阻碍，迸裂而出，爆发成声。

例词：

单调 dāndiào　　导弹 dǎodàn　　对待 duìdài

2. t [t'] 舌尖中、送气、清、塞音

发音要领：与 d 相近，不同之处在于 t 的气流比 d 强。

例词：

体贴 tǐtiē　　塔台 tǎtái　　滩涂 tāntú

3. n [n] 舌尖中、浊、鼻音

发音要领：发音时，舌尖抵住上齿龈，软腭下降，打开鼻腔通道，气流振动声带，从鼻腔成声。

例词：

男女 nánnǚ　　能耐 néngnài　　牛奶 niúnǎi

4. l [l] 舌尖中、浊、边音

发音要领：发音时，舌尖抵住上齿龈，软腭上升，堵塞鼻腔通道，声带振动，气流从舌的两侧通过。

例词：

来历 láilì　　理论 lǐlùn　　嘹亮 liáoliàng

💡【绕口令】

短刀：

调到敌岛打特盗，特盗太刁投短刀。

挡推顶打短刀掉，踏盗得刀盗打倒。

牛郎恋刘娘：

牛郎年年恋刘娘，刘娘连连念牛郎，

牛郎恋刘娘，刘娘念牛郎，郎恋娘来娘念郎。

妞妞和牛牛：

牛牛要吃河边柳，妞妞赶牛牛不走。

妞妞护柳扭牛头，牛牛扭头瞅妞妞。

妞妞怒牛牛又扭，牛扭妞妞拗拧牛。

（五）舌尖后音

1. zh [tʂ] 舌尖后、不送气、清、塞擦音

发音要领：发音时，舌尖上翘，抵住硬腭前端，软腭上升，堵塞鼻腔通道，声带不振动。较弱的气流在舌与硬腭间冲开一道窄缝，摩擦成声。

例词：

挣扎 zhēngzhá　　　长者 zhǎngzhě　　　制止 zhìzhǐ

2. ch［tʂ'］舌尖后、送气、清、塞擦音

发音要领：与 zh 相近，不同之处在于 ch 的气流比 zh 强。

例词：

长城 chángchéng　　　叉车 chāchē　　　超产 chāochǎn

3. sh［ʂ］舌尖后、清、擦音

发音要领：发音时，舌尖上翘，接近硬腭前端，形成一道窄缝，软腭上升，堵塞鼻腔通道，声带不振动，气流从窄缝中挤出，摩擦成声。

例词：

神圣 shénshèng　　　山水 shānshuǐ　　　设施 shèshī

4. r［ʐ］舌尖后、浊、擦音

发音要领：与 sh 相近，不同之处在于 r 比 sh 的摩擦弱且声带振动。

例词：

柔软 róuruǎn　　　荏苒 rěnrǎn　　　仍然 réngrán

💡【绕口令】

学时事：

时事学习看报纸，报纸登的是时事。

常看报纸要多思，心里装着天下事。

报纸和抱子：

报纸是报纸，抱子是抱子，报纸抱子两回事。

抱子不是报纸，看报纸不是看抱子，只能抱子看报纸。

湿字纸：

刚往窗上糊字纸，就隔着窗子撕字纸，

一次撕下横字纸，一次撕下竖字纸，

横竖两次撕下了四十四张湿字纸。

是字纸你就撕字纸，不是字纸你就不要撕一地纸。

（六）舌面前音

1. j〔tɕ〕舌面前、不送气、清、塞擦音

发音要领：发音时，舌面前端抵住硬腭前部，软腭上升，堵塞鼻腔通道，声带不振动。较弱的气流将舌面前部的阻碍冲出一条窄缝，摩擦成声。

例词：

积极 jījí　　家教 jiājiào　　艰巨 jiānjù

2. q〔tɕ'〕舌面前、送气、清、塞擦音

发音要领：与 j 相近，不同之处在于 q 的气流比 j 强。

例词：

气球 qìqiú　　确切 quèqiè　　亲切 qīnqiè

3. x〔ɕ〕舌面前、清、擦音

发音要领：发音时，舌面前端接近硬腭前端，形成一道窄缝，软腭上升，堵塞鼻腔通道，声带不振动，气流从舌面前端与硬腭形成的窄缝间冲破阻碍，摩擦成声。

例词：

嬉戏 xīxì　　休闲 xiūxián　　雄心 xióngxīn

♀【绕口令】

稀奇：

稀奇稀奇真稀奇，麻雀踩死老母鸡。

蚂蚁身长三尺六，八十岁的老头躺在摇篮里。

锡匠和漆匠：

七巷一个漆匠，西巷一个锡匠。

七巷漆匠用了西巷锡匠的锡，西巷锡匠拿了七巷漆匠的漆。

七巷漆匠气西巷锡匠用了漆，西巷锡匠讥七巷漆匠拿了锡。

棋迷下棋：

两个棋迷，一个姓米，一个姓齐。

米棋迷、齐棋迷一起下棋，

米棋迷要吃齐棋迷的车，

齐棋迷不让米棋迷吃车。

早起就下棋，下到日偏西，

不知米棋迷下过齐棋迷，

还是齐棋迷胜过米棋迷。

（七）舌面后音

1. g［k］舌面后、不送气、清、塞音

发音要领：发音时，舌根抵住软腭，软腭后部上升，堵塞鼻腔通道，声带不振动。较弱的气流冲破阻碍，爆发成声。

例词：

改革 gǎigé　　广告 guǎnggào　　故宫 gùgōng

2. k［k'］舌面后、送气、清、塞音

发音要领：与 g 相近，不同之处在于 k 比 g 的气流强。

例词：

开垦 kāikěn　　苛刻 kēkè　　慷慨 kāngkǎi

3. h［x］舌面后、清、塞音

发音要领：发音时，舌根接近软腭，留出窄缝，软腭上升，堵塞鼻腔通道，声带不振动，气流从窄缝中摩擦成声。

［☆提示：读这一组舌面后音（舌根音）时，舌根不要过分用力，否则会导致发音生硬。可以将着力点略微向前移动，或者说在意识上要靠前一点，通过"后音前发"将这组声母表现得更加清晰、饱满。］

例词：

憨厚 hānhòu　　缓和 huǎnhé　　后悔 hòuhuǐ

💡【绕口令】

哥挎瓜筐:

哥挎瓜筐过宽沟,赶快过沟看怪狗。

光看怪狗瓜筐扣,瓜滚筐空哥怪狗。

画荷花:

萧何会画画,提笔画荷花。

荷花画得好,活像活荷花。

大花活河蛤蟆:

一只大红花海碗,画了个大胖活娃娃。

大红花海碗下,扣了只大花活河蛤蟆。

画大胖活娃娃的大红花海碗,扣住了大花活河蛤蟆。

大花活河蛤蟆,服了大红花海碗上的大胖活娃娃。

(八)零声母

零声母不代表没有声母。在方言研究中,零声母的书写用〔ф〕表示。尽管〔ф〕仅表示此处出现一个空位,但对于语音史和方言比较有实际意义。普通话零声母分为开口呼 [①] 零声母和非开口呼零声母两类。

1. 开口呼零声母

开口呼零声母音节在书面语言中不用汉语拼音字母表示,而该音节位于其他音节后面时,需要在其左上方使用隔音符号"'"。

例词:

偶尔 ǒu'ěr　　恩爱 ēn'ài　　暗暗 àn'àn

2. 非开口呼零声母

非开口呼零声母为除开口呼之外的齐齿呼、合口呼、撮口呼三种韵母自成音节的起始方式。

①齐齿呼零声母音节汉语拼音用 y 表示,但因起始位置无辅音声母,故实

---

① 开口呼、齐齿呼、合口呼、撮口呼为"四呼"。

际发音过程中带有轻微摩擦，是半元音 ① [j]。

例词：

压抑 yāyì　　游泳 yóuyǒng　　语言 yǔyán

②合口呼零声母音节汉语拼音用 w 开头，实际发音过程中带有轻微摩擦。

例词：

无畏 wúwèi　　威武 wēiwǔ　　慰问 wèiwèn

③撮口呼零声母音节汉语拼音用 y（yu）开头，实际发音带有轻微摩擦，是半元音 [u]。

例词：

运用 yùnyòng　　英语 yīngyǔ　　孕育 yùnyù

四、声母辨析

（一）f 和 h

1. 发音辨析

①f 为唇齿音，上齿与下唇内缘接触，摩擦成声。

②h 为舌面后音，舌体微微后缩，舌根抬起接近软腭，摩擦成声。

2. 对比练习

（1）字对比练习

f—h　　峰—哼　　否—吼　　副—户　　肥—回　　费—慧

　　　　芳—慌　　服—湖　　奋—混　　缝—恒　　方—夯

（2）词语对比练习

f—h　　发展—花展　　防风—黄蜂　　分头—昏头　　房山—黄山

　　　　反复—缓付　　废话—绘画　　飞赴—恢复　　富丽—互利

---

①　半元音是擦音中摩擦很小的一种音，因为它接近高元音，性质介于元音和辅音之间，所以称为"半元音"。

💡【绕口令】

一堆粪：

一堆粪，一堆灰，灰混粪，粪混灰。

晃黄幌子：

方幌子，黄幌子，方幌子是黄幌子，黄幌子是方幌子。

晃动方幌子，是晃动黄幌子，晃动黄幌子，是晃动方幌子。

化肥会挥发：

黑化肥发灰，灰化肥发黑。

黑化肥发灰会挥发，灰化肥发挥会发黑。

黑化肥挥发发灰会挥发，灰化肥挥发发黑会发挥。

黑灰化肥会挥发发灰黑化肥挥发，

灰黑化肥会挥发发黑灰化肥发挥。

黑灰化肥会挥发发灰黑化肥黑灰挥发化为灰，

灰黑化肥会挥发发黑灰化肥灰黑发挥化为黑。

黑化黑灰化肥黑灰会挥发发灰黑化肥黑灰化肥挥发，

灰化灰黑化肥灰黑会发挥发黑灰化肥灰黑化肥发挥。

✏️【链接】

f 和 h 声母代表字类推表

（1）f 声母代表字

凡：fān 帆，fán 凡、矾、钒。

反：fǎn 反、返，fàn 饭、贩、畈。

番：fān 番、蕃、藩、翻。

方：fāng 方、芳、坊（牌坊）、钫，fáng 防、妨（妨害）、房、肪，fǎng 访、仿、纺、舫，fàng 放。

夫：fū 夫、肤、麸，fú 芙、扶。

父：fǔ 斧、釜，fù 父。

付：fú 符，fǔ 府、俯、腑、腐，fù 付、附、驸、咐。

弗：fú 弗、拂、氟；fó 佛；fèi 沸、狒、费、镄。

伏：fú 伏、茯、袱。

甫：fū 敷，fǔ 甫、辅，fù 傅、缚。

孚：fū 孵，fú 孚、俘、浮。

复：fù 复、腹、馥、覆。

福：fú 幅、福、辐、蝠，fù 副、富。

分：fēn 分、芬、吩、纷，fěn 粉，fèn 份、忿。

愤：fèn 愤。

乏：fá 乏；fàn 泛。

发：fā 发（发达）；fèi 废。

伐：fá 伐、阀、筏、垡。

风：fēng 风、枫、疯，fěng 讽。

非：fēi 非、菲、啡、绯、扉、霏，fěi 诽、匪、榧、斐、蜚、翡，fèi 痱。

蜂：fēng 峰、烽、锋、蜂。

类推表外的字：fá 罚，fán 繁、樊，fēi 飞、妃，féi 肥，fén 坟，fèn 奋、愤、粪，fēng 丰、封，féng 冯，fǒu 否，fú 服，fù 负、妇、阜、赋。

（2）h 声母代表字

火：huǒ 火、伙、钬。

禾：hé 禾、和。

或：huò 或、惑。

户：hù 户、沪、护、戽、扈。

乎：hū 乎、呼、滹。

虎：hǔ 虎、唬、琥。

忽：hū 忽、惚、唿。

胡：hú 胡、湖、葫、猢、瑚、糊（糊涂）、蝴。

狐：hú 弧、狐。

化：huā 花、哗（哗啦），huá 华、铧，huà 化、桦；huò 货。

话：huà 话；huó 活。

灰：huī 灰、恢、诙。

回：huí 回、茴、蛔；huái 徊。

会：huì 会、绘、烩。

挥：huī 挥、辉；hūn 荤，hún 浑、珲。

悔：huǐ 悔，huì 海、晦。

惠：huì 惠、蕙。

红：hóng 红、虹、鸿。

洪：hōng 哄、烘，hóng 洪，hǒng 哄（哄骗）。

怀：huái 怀，huài 坏。

还：huán 还、环。

奂：huàn 奂、涣、换、唤、焕、痪。

昏：hūn 昏、阍、婚。

混：hún 馄、混。

荒：huāng 荒、慌，huǎng 谎。

皇：huáng 皇、凰、湟、惶、徨、煌、蝗、隍。

晃：huǎng 恍、晃（晃眼）、幌。

黄：huáng 黄、璜、癀、磺、蟥、簧。

类推表外的字：hōng 轰，hóng 宏，hú 壶，hù 互、怙，huà 划（规划）、画，huái 淮、槐、踝，huān 欢，huán 桓，huǎn 缓，huàn 幻、宦、浣、患、豢，huī 徽、麾，huǐ 毁，huì 卉、汇、讳、秽、喙，hún 魂，hé 和（和气），huō 豁（豁口），huò 获、祸、豁（豁达）。

（二）n 和 l

1. 发音辨析

（1）相同点

n 和 l 都属于舌尖中音，发音部位相同是容易混淆的主要原因。

（2）不同点

n 和 l 的发音方法不同。发前鼻音 n 时，舌尖和舌面前端两侧先接触到硬腭，在发音瞬间向前向下滑开，气流从鼻腔透出（可通过找"擤鼻涕"的感觉感受气流从鼻子流出），音色较沉闷；发边音 l 时，舌尖接触上齿龈，在发音瞬间气流从舌的两侧透出，舌尖像"小鞭子"一样弹开，音色较清脆。

2.对比练习

（1）字对比练习

n—l　　那—辣　　年—连　　娘—郎　　男—篮　　你—里

您—林　　念—恋　　努—路　　诺—落　　暖—乱

（2）词语对比练习

n—l　　女客—旅客　　南天—蓝天　　浓重—隆重　　南宁—兰陵

难住—拦住　　大娘—大梁　　牛年—流年　　男女—褴褛

💡【绕口令】

马拉车：

牌楼两边有四辆四轮大马车，

你爱拉哪两辆就拉哪两辆。

蓝教练和吕教练：

蓝教练是女教练，

吕教练是男教练，

蓝教练不是男教练，

吕教练不是女教练。

蓝南是男篮主力，

吕楠是女篮主力，

吕教练在男篮训练蓝南，

蓝教练在女篮训练吕楠。

刘奶奶和牛奶奶：

刘奶奶找牛奶奶买榴梿牛奶，

牛奶奶给刘奶奶拿榴梿牛奶，

刘奶奶说牛奶奶的榴梿牛奶不如柳奶奶的榴梿牛奶，

牛奶奶说柳奶奶的榴梿牛奶会流奶，

柳奶奶听见了大骂牛奶奶你的榴梿牛奶才会流奶。

柳奶奶和牛奶奶泼榴梿牛奶吓坏了刘奶奶。

🖉【链接】

n 和 l 声母代表字类推表

（1）n 声母代表字

乃：nǎi 乃、奶、艿、氖。

奈：nài 奈、萘；nà 捺。

内：nèi 内；nè 讷；nà 呐、纳、衲、钠。

宁：níng 宁、拧、咛、狞、柠，nìng 泞。

尼：ní 尼、泥、呢（呢绒），nì 伲。

倪：ní 倪、霓、猊。

奴：nú 奴、孥、驽，nǔ 努、弩，nù 怒。

农：nóng 农、浓、脓、侬。

那：nǎ 哪，nà 那；nuó 挪、娜（婀娜）。

纽：niū 妞，niǔ 扭、忸、纽、钮。

念：niǎn 捻，niàn 念、埝。

南：nán 南、喃、楠。

虐：nüè 虐、疟。

诺：nuò 诺、喏、锘；nì 匿。

懦：nuò 懦、糯。

捏：niē 捏，niè 涅。

聂：niè 聂、蹑、镊、嗫。

脑：nǎo 恼、瑙、脑。

类推表以外的字：ná 拿，nài 耐，nán 男、难，náng 囊，nào 闹，něi 馁，nèn 嫩，néng 能，nǐ 拟，nì 溺、逆、腻，nián 年，niǎn 碾，niǎo 鸟，niào 尿，

niè 镍，níng 凝，niú 牛，nòng 弄，nuǎn 暖。

（2）l 声母代表字

力：lì 力、荔；liè 劣；lèi 肋；lè 勒。

历：lì 历、沥、雳、呖、枥。

立：lì 立、粒、笠；lā 拉、垃、啦。

厉：lì 厉、励、疠、蛎。

里：lí 厘、狸，lǐ 里、理、鲤；liàng 量。

利：lí 梨、犁、蜊，lì 利、俐、痢、莉、猁。

离：lí 离、漓、篱、璃（玻璃）。

仑：lūn 抡，lún 仑、伦、沦、轮，lùn 论。

兰：lán 兰、拦、栏，làn 烂。

览：lǎn 览、揽、缆、榄（橄榄）。

蓝：lán 蓝、篮，làn 滥。

龙：lóng 龙、咙、聋、笼、胧、珑，lǒng 陇、垄、拢。

隆：lóng 隆、滦、癃、窿（窟窿）。

卢：lú 卢、泸、栌、颅、鸬、胪、鲈、舻、轳。

录：lù 录、禄、碌；lǜ 绿、氯。

鹿：lù 鹿、漉、麓、辘。

鲁：lǔ 鲁、橹。

路：lù 路、鹭、露、潞、璐。

戮：lù 戮。

令：líng 伶、玲、铃、羚、聆、蛉、零、龄，lǐng 岭、领，lìng 令；lěng 冷；lín 邻；lián 怜。

菱：líng 凌、陵、菱；léng 棱。

乐：lè 乐；lì 砾、栎（栎树）。

老：lǎo 老、佬、姥。

劳：lāo 捞，láo 劳、痨、崂、唠（唠叨），lào 涝。

列：liě 咧，liè 列、烈、裂；lì 例。

吕：lǚ 吕、侣、铝。

虑：lǜ 虑、滤。

良：liáng 良、粮；láng 郎、廊、狼、琅、榔、螂，lǎng 朗，làng 浪。

两：liǎng 两、俩（伎俩）、魉，liàng 辆；liǎ 俩。

凉：liáng 凉，liàng 谅、晾；lüè 掠。

梁：liáng 梁、粱。

连：lián 连、莲、涟、鲢，liǎn 琏，liàn 链。

炼：liàn 练、炼。

恋：liàn 恋；luán 峦、娈、孪、鸾、滦。

脸：liǎn 脸、敛、裣，liàn 殓、潋。

廉：lián 廉、濂、镰。

林：lín 林、淋、琳、霖；lán 婪。

鳞：lín 嶙、磷、辚、鳞、麟。

罗：luó 罗、逻、萝、锣、箩。

洛：luò 洛、落、络、骆；lào 烙、酪；lüè 略。

娄：lóu 娄、喽、楼，lǒu 搂、篓；lǚ 缕、屡。

剌：lǎ 喇，là 剌、辣、瘌；lài 赖、癞、籁。

腊：là 腊、蜡；liè 猎。

柳：liǔ 柳；liáo 聊。

流：liú 流、琉、硫。

留：liū 溜，liú 留、馏、榴、瘤。

垒：lěi 垒。

累：lèi 累；luó 骡、螺，luǒ 瘰，luò 漯、摞。

雷：léi 雷、擂、镭，lěi 蕾。

类推表以外的字：láo 牢，lèi 泪，léng 楞，lǐ 李、礼，lì 隶，lián 联，liào 料，lín 临，lìn 吝、赁，líng 灵，liú 刘，liǔ 绺，lòu 漏、陋，lǔ 卤，lǚ 旅、履，lǜ 率、律，luǎn 卵，luàn 乱，luō 捋，luǒ 裸。

（三）z、c、s 和 zh、ch、sh

1. 发音辨析

①发平舌音 z、c、s 时，舌尖平伸，抵住或者接近齿背。

②发翘舌音 zh、ch、sh 时，舌尖向上翘起接触或靠近硬腭前端。

2. 对比练习

（1）字对比练习

z—zh	在—摘	字—知	责—折	增—蒸	最—追
c—ch	词—迟	测—车	曾—成	才—柴	村—春
s—sh	四—是	色—社	僧—声	嗓—赏	苏—书

（2）词语对比练习

z—zh	自立—智力	赞歌—战歌	资源—支援	造就—照旧
c—ch	操作—超车	存储—出村	操持—抄词	辞呈—成册
s—sh	随时—誓死	扫视—少食	损伤—生死	所属—舒适

💡【绕口令】

四和十：

四是四，十是十，

十四是十四，四十是四十。

四十加上四，就是四十四。

要是说错了，就要误大事。

✏️【链接】

z 和 zh 声母代表字类推表

（1）z 声母代表字

子：zī 孜、zǐ 子、仔（仔细）、籽。

匝：zā 匝、zá 砸。

宗：zōng 宗、综（综合）、棕、踪、鬃，zòng 粽。

卒：zú 卒（小卒）；zuì 醉。

责：zé 责、啧、帻、箦。

则：zé 则；cè 侧、厕、测、恻。

兹：zī 兹（兹定于）、滋、孳。

祖：zū 租，zǔ 诅、阻、组、祖、俎。

资：zī 咨、姿、资、趑，zì 恣。

造：zào 造。

尊：zūn 尊、遵、樽、鳟。

曾：zēng 曾（姓）、憎、增、缯，zèng 赠。

攒：zǎn 攒（积攒）、趱，zàn 赞。

澡：zǎo 澡、藻，zào 噪、燥、躁。

类推表以外的字：zā 扎，zá 杂，zāi 灾，zài 在，zán 咱，zàn 暂，zàng 葬，záo 凿，zǎo 早、枣、蚤，zào 皂、灶、造，zé 则，zè 仄，zéi 贼，zěn 怎，zǐ 姊，zì 自，zǒng 总，zòng 纵，zōu 邹，zǒu 走，zú 足、族，zuān 钻（钻空子），zuǐ 嘴，zuì 罪、最，zuò 做。

（2）zh 声母代表字

丈：zhàng 丈、仗、杖。

专：zhuān 专、砖，zhuǎn 转（转身、转达），zhuàn 传（传记）、啭。

支：zhī 支、枝、肢。

止：zhǐ 止、芷、址、趾。

中：zhōng 中（中央）、忠、钟、盅、衷，zhǒng 种（种子）、肿，zhòng 种（种植）、仲。

长：zhāng 张，zhǎng 长（生长、班长）、涨（涨潮），zhàng 胀、帐、涨（豆子泡涨了）。

主：zhǔ 主、拄，zhù 住、注、炷、柱、砫、驻、蛀。

正：zhēng 正（正月）、怔、征、症（症结），zhěng 整，zhèng 证、政、症。

占：zhān 沾、毡、粘（粘贴标语），zhàn 占（占据）、战、站；zhēn 砧。

只：zhī 织，zhí 职，zhǐ 只（只有），zhì 帜。

召：zhāo 招、昭，zhǎo 沼，zhào 召（号召）、诏、照。

执：zhí 执，zhì 贽、挚、鸷；zhé 蛰。

至：zhí 侄，zhì 至、郅、致、室、蛭。

贞：zhēn 贞、侦、祯、桢、帧。

朱：zhū 朱、诛、侏、洙、茱、珠、株、铢、蛛。

争：zhēng 争、峥、狰、铮、睁、筝，zhèng 诤、挣（挣脱）。

志：zhì 志、痣。

折：zhē 折（折跟头），zhé 哲、蜇（海蜇），zhè 浙。

者：zhě 者、赭、锗；zhū 诸、潴，zhǔ 渚、煮，zhù 著、箸。

直：zhí 直、值、植、殖（繁殖），zhì 置。

知：zhī 知、蜘，zhì 智。

珍：zhēn 珍，zhěn 诊、疹。

真：zhēn 真，zhěn 缜，zhèn 镇。

振：zhèn 振、赈、震。

章：zhāng 章、漳、彰、獐、嫜、璋、樟、蟑（蟑螂），zhàng 障、嶂、幛、瘴。

啄：zhuō 涿，zhuó 诼、啄、琢。

类推表以外的字：zhā 渣，zhá 扎、闸、轧，zhǎ 眨，zhà 栅，zhāi 斋，zhái 宅，zhǎn 展，zhàn 绽，zhǎng 掌，zháo 着（着急），zhǎo 找，zhào 兆，zhé 辙、辄，zhè 这，zhēn 针、斟，zhèn 阵，zhèng 郑，zhī 汁，zhì 秩、痔、滞、制，zhōng 终，zhòng 重，zhōu 舟、粥，zhǒu 帚，zhòu 咒、骤、昼，zhú 竹、竺、逐，zhù 助、祝、铸、筑，zhuài 拽，zhuàn 篆、撰、赚，zhuī 追，zhuì 缀、赘，zhūn 谆，zhuō 捉，zhuó 着（着想）、酌。

c和ch声母代表字类推表

（1）c声母代表字

才：cái 才、材、财。

寸：cūn 村，cǔn 忖，cùn 寸。

仓：cāng 仓、伧（伧俗）、沧、苍、舱。

从：cōng 苁、枞（枞树），cóng 从（服从、从事）、丛。

此：cǐ 疵，cǐ 此。

采：cǎi 采（采茶、采访）、彩、睬、踩，cài 菜。

参：cān 参（参观），cǎn 惨。

挫：cuò 挫、锉。

曹：cáo 曹、漕、槽、螬。

崔：cuī 崔、催、摧，cuǐ 璀。

窜：cuān 撺、蹿，cuàn 窜。

差：cī 差（参差）；cuō 搓、磋。

慈：cí 慈、磁、鹚、糍。

粹：cù 卒、猝；cuì 淬、悴、萃、啐、瘁、粹、翠。

察：cā 擦、嚓（象声词）；cài 蔡。

醋：cù 醋；cuò 措、错。

类推表以外的字：cāi 猜，cài 蔡，cān 餐，cán 蚕、残，cán 惭，càn 灿，cāo 操、糙，cǎo 草，cè 册、策，cén 岑，céng 层，cí 辞，cì 刺、赐，cōng 囱、聪，cóng 淙，cù 促、簇、醋、蹴，cuān 氽，cuán 攒，cún 存。

（2）ch 声母代表字

叉：chā 叉（鱼叉），chǎ 衩（裤衩），chà 杈（树杈）；chāi 钗。

斥：chì 斥；chè 坼；chāi 拆（拆信）。

出：chū 出，chǔ 础，chù 绌、黜。

池：chí 池、弛、驰。

产：chǎn 产、浐、铲。

场：cháng 肠，chǎng 场（会场），chàng 畅。

成：chéng 成、诚、城、盛（盛东西）。

抄：chāo 抄、钞，chǎo 吵（吵架）、炒。

辰：chén 辰、宸、晨；chún 唇。

呈：chéng 呈、程、醒，chěng 逞。

昌：chāng 昌、阊、菖、猖、娼、鲳，chàng 倡、唱。

垂：chuí 垂、陲、捶、棰、锤。

叕：chuò 啜、辍。

春：chūn 春、椿，chǔn 蠢。

除：chú 除、滁、蜍。

绸：chóu 惆（惆怅）、绸、稠。

谗：chān 搀，chán 谗、馋。

朝：cháo 朝（朝前、朝鲜）、潮、嘲（嘲笑）。

喘：chuǎi 揣（揣测）；chuǎn 喘。

筹：chóu 俦、畴、筹、踌（踌躇）。

厨：chú 厨、橱、蹰（踟蹰）。

类推表以外的字：chā 插、差（差别），chá 察，chà 岔、诧、刹，chán 缠、蟾，chǎn 谄、阐，chàn 忏，chāo 超，cháo 巢，chě 扯，chè 掣、彻，chēn 嗔、琛，chén 沉、忱、陈、尘、臣，chèn 趁，chéng 惩，chī 吃，chí 匙、持，chǐ 侈、耻，chì 赤、翅、炽，chōng 冲（冲刺）、充，chóng 重，chǒng 宠，chòng 冲（冲床），chōu 抽，chóu 酬、仇（复仇），chū 初，chú 锄、除、蹰，chǔ 储、楚、处（处理），chù 矗，chuān 穿，chuàn 串，chuáng 床、幢，chuǎng 闯，chuō 戳，chuò 绰。

s 和 sh 声母代表字类推表

（1）s 声母代表字

四：sì 四、泗、驷。

司：sī 司，sì 伺（伺敌）、饲、嗣。

孙：sūn 孙、荪、狲（猢狲）。

松：sōng 忪（惺忪）、松、凇，sòng 颂。

思：sāi 腮、鳃；sī 思、锶。

叟：sǎo 嫂；sōu 溲、搜、嗖、馊、飕、螋、艘，sǒu 叟。

素：sù 素、愫、嗉。

夋：suān 狻、酸；suō 唆、梭。

桑：sāng 桑，sǎng 搡、嗓、颡。

遂：suí 遂（半身不遂），suì 隧、燧、邃。

散：sā 撒（撒手）；sǎn 馓，sàn 散（散会）。

斯：sī 斯、厮、澌、撕、嘶。

锁：suǒ 唢（唢呐）、琐、锁。

类推表以外的字：sǎ 洒，sà 飒、萨，sān 三，sǎn 伞，sàng 丧（丧失），sāo 骚（风骚），sǎo 扫，sào 臊（害臊），sè 涩、色，sēn 森，sēng 僧，sī 丝、私，sǐ 死，sì 似、肆，sōng 松、嵩，sòng 送、颂、诵、宋，sǒu 擞、薮，sū 苏、稣，sú 俗，sù 肃、素、诉、塑，suī 尿、虽、睢，suí 绥，suì 岁、穗、祟、碎，sǔn 损、笋、榫，suō 蓑、娑、挲、缩，suǒ 所、索。

（2）sh 声母代表字

山：shān 山、舢，shàn 讪、汕、疝。

少：shā 沙（沙土）、莎、纱、痧、砂、裟、鲨；shǎo 少（少数）。

市：shì 市、柿、铈。

申：shēn 申、伸、呻、绅、砷，shén 神，shěn 审、婶。

生：shēng 生、牲、笙、甥，shèng 胜。

召：sháo 苕（红苕）、韶，shào 召（姓）、邵（姓）、劭、绍。

式：shì 式、试、拭、轼、弑。

师：shī 师、狮；shāi 筛。

抒：shū 抒、纾、舒。

诗：shī 诗，shí 时、埘、鲥，shì 侍、恃。

叔：shū 叔、淑、菽。

尚：shǎng 赏，shàng 尚、绱，shang 裳（衣裳）。

受：shòu 受、授、绶。

舍：shá 啥；shē 猞（猞猁），shě 舍（舍己救人）。

刷：shuā 刷；shuàn 涮。

珊：shān 删、姗、珊、栅（栅极）、蹒（蹒跚）。

扇：shān 煽，shàn 扇（扇子、两扇窗）。

捎：shāo 捎、梢、稍（稍微）、筲、艄、鞘，shào 哨。

孰：shú 孰、塾、熟。

率：shuāi 摔，shuài 率（率领）、蟀（蟋蟀）。

善：shàn 善、鄯、缮、膳、蟮（曲蟮）、鳝。

暑：shǔ 暑、署、薯、曙。

类推表以外的字：shā 煞，shǎ 傻，shà 厦、霎，shǎn 闪、陕，shāng 伤，shàng 上，shāo 烧，shé 蛇，shè 摄、设、社、赦，shēn 身、深，shěn 沈，shèn 慎，shēng 声、升，shéng 绳，shèng 盛、圣，shī 失、施、虱、湿，shí 拾、实，shǐ 始、矢，shì 事、势、室、似（似的），shōu 收，shǒu 手、守、首，shòu 售、兽、瘦，shū 书、枢、输，shú 赎，shǔ 蜀、鼠、数（数一数二），shù 墅、树、竖、戍、束、恕、漱、庶，shuǎ 耍，shuǎi 甩，shuǎng 爽，shuǐ 水，shuì 睡，shùn 顺，shuò 朔、烁。

（四）r 和 l

1. 发音辨析

①发翘舌音 r 时，舌尖翘起接近硬腭前端，气流从舌与硬腭之间形成的窄缝中通过，声带振动，摩擦成声。

②发边音 l 时，舌尖抬起到上齿龈位置后，在发音瞬间，舌尖像"小鞭子"一样下弹，声带振动，气流从舌的两侧发出。

2. 对比练习

（1）字对比练习

r—l　让—浪　扔—棱　柔—楼　软—卵　热—乐

（2）词语对比练习

r—l　仍然—楼兰　柔软—浏览　容忍—聋人　扰乱—了然

💡【绕口令】

龙大嫂和冉大妈：

龙大嫂去买肉，冉大妈去买楼，

龙大嫂买肉不买楼，冉大妈买楼不买肉。

俩人集上碰了头，龙大嫂请冉大妈到家吃炖肉，

冉大妈请龙大嫂去她家喝蜂蜜白糖加香油。

说日：

夏日无日日亦热，冬日有日日亦寒。

春日日出天渐暖，晒衣晒被晒褥单。

秋日天高复云淡，遥看红日迫西山。

刘老六：

六十六岁刘老六，

修了六十六座走马楼。

楼上摆了六十六瓶苏合油，

门前栽了六十六棵垂杨柳，

柳上拴了六十六个大马猴。

忽然一阵狂风起，

吹倒了六十六座走马楼，

打翻了六十六瓶苏合油，

压倒了六十六棵垂杨柳，

吓跑了六十六个大马猴，

气死了六十六岁刘老六。

【链接】

r 声母代表字类推表

然：rán 然、燃、髯。

冉：rǎn 冉、苒。

嚷：rāng 嚷（嚷嚷），ráng 瓤，rǎng 攘、壤（土壤）。

饶：ráo 饶、桡、娆，rào 绕。

人：rén 人、rèn 认。

壬：rén 壬、任（姓），rěn 荏，rèn 任（任务）、妊。

忍：rěn 忍，rèn 刃、纫、韧、仞。

扔：rēng 扔、réng 仍。

容：róng 容、溶、熔、蓉、榕。

戎：róng 戎、绒。

荣：róng 荣、嵘、蝾。

柔：róu 柔、揉、糅、蹂。

如：rú 如、茹，rǔ 汝。

儒：rú 儒、蠕、孺、嚅、濡。

辱：rǔ 辱，rù 褥、蓐。

阮：ruǎn 阮、朊。

若：ruò 若、偌。

闰：rùn 闰、润。

类推表之外的字：rǎn 染，ràng 让，rǎo 扰，rè 热，rén 仁，rěn 稔，rì 日，róng 融、茸，rǒng 冗，ròu 肉，rǔ 乳，rù 入，ruǎn 软，ruǐ 蕊，ruì 锐、睿、瑞、枘，ruò 弱。

（五）b、d、g、j、zh、z 和 p、t、k、q、ch、c

1. 发音辨析

①不送气音 b、d、g、j、zh、z 发音时呼出气流较弱。

②送气音 p、t、k、q、ch、c 发音时呼出气流较强。

2. 对比练习

（1）字对比练习

b—p	被—陪	拔—爬	播—婆	鼻—皮	蹦—鹏
d—t	大—踏	地—替	等—疼	读—涂	多—拖
g—k	哥—科	更—坑	怪—快	姑—哭	归—亏
j—q	鸡—七	晶—清	姐—且	句—区	金—亲
zh—ch	扎—插	这—撤	追—吹	证—秤	轴—愁
z—c	走—凑	字—刺	最—翠	灾—猜	早—草

（2）词语对比练习

b—p	爆破	背叛	奔跑	补票	表皮	般配	布匹	宾朋
p—b	排版	评比	漂泊	疲惫	旁边	赔本	瀑布	漂白
d—t	电梯	等同	短途	动态	得体	带头	冬天	大体
t—d	土地	同等	跳动	推动	态度	特点	停顿	坦荡
g—k	赶快	高考	观看	攻克	概括	顾客	甘苦	广阔
k—g	跨国	开工	刻骨	宽广	看管	苦果	开关	客观
j—q	健全	尽情	急切	汲取	假期	精确	及其	奖券
q—j	前进	奇迹	期间	情景	亲近	契机	抢救	求救
zh—ch	展出	主持	忠诚	正常	制成	争吵	支持	遮丑
ch—zh	成长	纯真	处置	车站	城镇	超重	吃斋	垂直
z—c	总裁	佐餐	座次	自从	字词	早操	造次	自测
c—z	存在	操纵	辞藻	错字	操作	词组	才子	擦嘴

💡【绕口令】

葡萄皮儿：

吃葡萄不吐葡萄皮儿，不吃葡萄倒吐葡萄皮儿。

不吃葡萄别吐葡萄皮儿，吃葡萄也别吐葡萄皮儿。

不论吃葡萄不吃葡萄，都不要乱吐葡萄皮儿。

七和一：

七加一，七减一，加完减完等于几？

七加一，七减一，加完减完还是七。

崔粗腿和崔腿粗：

山前有个崔粗腿，

山后有个崔腿粗，

二人山前来比腿。

崔粗腿吹粗腿，

崔腿粗吹腿粗。

不知是崔粗腿比崔腿粗的腿粗，

还是崔腿粗比崔粗腿的腿粗。

第二节 普通话韵母

一、什么是韵母

韵母是汉语音节中声母后面的部分，由单元音和复合音充当。普通话中共有 39 个韵母，其中 23 个由元音构成，16 个由元音加鼻辅音构成。

韵母的主要组成部分是元音，但是元音不等于韵母。韵母中最少有一个元音，也可以由两个或三个元音构成。韵母中的辅音只能处于韵尾，普通话中只有两个鼻辅音可以做韵尾，分别是 [n] 和 [ng]。

韵母可以分为韵头、韵腹、韵尾三个部分，也可以分别叫作介音（头音）、主要元音和尾音。韵母由单元音充当的，这个元音就是韵腹；韵母由两个或三个元音充当的，其中口腔开度最大、声音最响亮的元音是韵腹，韵腹前面的元音是韵头，韵腹后面的元音或鼻辅音是韵尾。需要注意的是，并不是所有韵母都包含韵头和韵尾，一个韵母可以没有韵头或韵尾，但不能没有韵腹。

二、韵母的分类

（一）按结构特点分类

1. 单韵母

由一个元音音素构成的韵母叫作单元音韵母，简称单韵母。根据发音时口腔的形状变化、舌头的升降伸缩和嘴唇的圆展状态，可以将单韵母分为舌面单韵母、舌尖单韵母、卷舌单韵母。普通话中有 10 个可以充当单韵母的元音音素，分别为 a、o、e、ê、i、u、ü、er、-i（前）、-i（后）。

（1）舌面单韵母：a、o、e、ê、i、u、ü

舌面单韵母由舌面元音构成，发音时主要是舌面起作用。不同的舌面元音由不同的口腔形状决定，而发音时口腔形状的变化又与舌位的高低、前后，唇形的圆展有关。

a—舌面、央、低、不圆唇。

o—舌面、后、半高、圆唇。

e—舌面、后、半高、不圆唇。

ê—舌面、前、半低、不圆唇。

i—舌面、前、高、不圆唇。

u—舌面、后、高、圆唇。

ü—舌面、前、高、圆唇。

（2）舌尖单韵母：-i（前）、-i（后）

舌尖单韵母是指发音时舌尖起重要作用的单韵母，由舌尖活动时的前后和唇形的圆展决定。

-i（前）：舌尖、前、高、不圆唇元音。仅出现于声母 z、c、s 的后面，如"字词""自私"的韵母。

-i（后）：舌尖、后、高、不圆唇元音。仅出现于声母 zh、ch、sh 的后面，如"知识""支持"的韵母。

（3）卷舌单韵母：er

er 发音时带有卷舌的动作，故称为卷舌元音韵母。卷舌元音韵母只有 er 是卷舌、央、中、不圆唇元音。er 不与声母相拼，只能自成零声母音节，如"儿""二"。符号 r 不表示音素，仅为一个卷舌的动作，所以 er 是由两个字母组成的单韵母。

2. 复韵母

由两个或三个元音复合而成的韵母叫作复合元音韵母，简称复韵母。复韵母一共有 13 个，分别为 ai、ei、ao、ou、iao、iou、uai、uei、ia、ie、ua、uo、üe。

根据韵腹所处的位置，可将复韵母分为前响复韵母、中响复韵母、后响复韵母。

（1）前响复韵母：ai、ei、ao、ou

前响复合元音韵母，简称前响复韵母。其由两个元音复合而成，前一个元音是韵腹，后一个元音是韵尾。发音时，前一个音素相对较重、较响亮，后一个音素相对较轻、较短，即"前响后轻"。

（2）中响复韵母：iao、iou、uai、uei

中响复合元音韵母，简称中响复韵母。其由三个元音复合而成，前一个元音是韵头，中间一个元音是韵腹，后一个元音是韵尾。发音时，两头音素相对较轻、较短，中间音素相对响亮，舌位有曲折变化。

（3）后响复韵母：ia、ie、ua、uo、üe

后响复合元音韵母，简称后响复韵母。其由两个元音复合而成，前一个元音是韵头，后一个元音是韵腹。发音时，前一个音素相对较轻、较短，后一个音素相对较重、较响亮。

3. 鼻韵母

鼻韵母由元音和一个鼻辅音韵尾构成，普通话中共有 16 个鼻韵母。发音时，由元音过渡到鼻辅音，鼻音色彩逐渐加强。鼻韵母根据不同的韵尾可分为前鼻音韵母和后鼻音韵母。

（1）前鼻音韵母

an、en、in、ün、ian、uan、üan、uen。

（2）后鼻音韵母

ang、eng、ing、ong、iong、iang、uang、ueng。

（二）按发音口形分类

按照韵母开头元音的发音口形，可以将韵母分为"四呼"：开口呼、齐齿呼、合口呼、撮口呼。

1. 开口呼

开口呼是韵母开头不是 i、u、ü，韵腹也不是 i、u、ü 的韵母，共 15 个，分别为 a、o、e、ai、ei、ao、ou、an、en、ang、eng、ê、-i（前）、-i（后）、er。

2. 齐齿呼

齐齿呼是韵母为 i 或者用 i 开头的韵母，共有 9 个，分别为 i、ia、ie、iao、iou、ian、in、iang、ing。

3. 合口呼

合口呼是韵母为 u 或者用 u 开头的韵母，共有 10 个，分别为 u、ua、uo、uai、uei、uan、uen、uang、ueng、ong。

4. 撮口呼

撮口呼是韵母为 ü 或者用 ü 开头的韵母，共有 5 个，分别是 ü、üe、üan、ün、iong。

三、韵母的发音要领

（一）单韵母

1. a [A]：舌面、央、低、不圆唇元音

发音要领：发音时，口大开，扁唇，舌头居中央，舌面中部略隆起，舌尖自然放置在下齿龈处，声带振动，软腭上升，关闭鼻腔通路。

例词：

打靶 dǎbǎ　　大厦 dàshà　　发达 fādá

2. o [o]：舌面、后、半高、圆唇元音

发音要领：发音时，上下唇自然拢圆，舌体后缩，舌面后部微微隆起，舌尖自然放置在下齿龈下方，声带振动，软腭上升，关闭鼻腔通路。

例词：

伯伯 bóbo　　泼墨 pōmò　　薄膜 bómó

3. e [ɣ]：舌面、后、半高、不圆唇元音

发音要领：发音时，展唇，舌头后缩，舌面后部微微隆起，位置比 o 略高偏前，舌尖自然放置在下齿龈下方，声带振动，软腭上升，关闭鼻腔通路。

例词：

隔阂 géhé　　　特色 tèsè　　　折射 zhéshè

4.ê［ε］：舌面、前、半低、不圆唇元音

发音要领：发音时，展唇，舌面前部微微隆起，舌尖抵住下齿背，声带振动，软腭上升，关闭鼻腔通路。在普通话中，ê 只在语气词"欸"中单用。ê 不与任何辅音声母相拼，只构成复韵母 ie、üe，并在书写时省去上面的附加符号"＾"。

例词：

告别 gàobié　　　消灭 xiāomiè　　　坚决 jiānjué

5.i［i］：舌面、前、高、不圆唇元音

发音要领：发音时，口微开，展唇，上下齿相对，舌面前部微微隆起，舌尖抵住下齿背，声带振动，软腭上升，关闭鼻腔通路。

例词：

笔记 bǐjì　　　基地 jīdì　　　习题 xítí

6.u［u］：舌面、后、高、圆唇元音

发音要领：发音时，双唇拢成圆形，舌体后缩，舌面后部高度隆起和软腭相对，舌尖自然放置在下齿龈下方，声带振动，软腭上升，关闭鼻腔通路。

例词：

补助 bǔzhù　　　瀑布 pùbù　　　疏忽 shūhū

7.ü［y］：舌面、前、高、圆唇元音

发音要领：发音时，双唇拢圆（近椭圆）略向前突，舌面前部微微隆起，舌尖抵住下齿背，声带振动，软腭上升，关闭鼻腔通路。

例词：

聚居 jùjū　　　须臾 xūyú　　　语序 yǔxù

8.er［ər］：卷舌、央、中、不圆唇元音

发音要领：发音时，口自然打开，舌前及中部上抬，舌尖向硬腭中部上卷（但不接触），声带振动，软腭上升，关闭鼻腔通路。

例词：

而且 érqiě　　二胡 èrhú　　儿童 értóng

9. –i（前）[ɿ]：舌尖、前、高、不圆唇元音

发音要领：发音时，口微开，展唇，舌头平伸，舌尖靠近上齿背，声带振动，软腭上升，关闭鼻腔通路。将 z、c、s 的发音拉长，拉长的部分即 –i（前）的读音。

例词：

私自 sīzì　　字词 zìcí　　孜孜 zīzī

10. –i（后）[ʅ]：舌尖、后、高、不圆唇元音

发音要领：发音时，口微开，展唇，舌尖抬起，靠近硬腭前部，声带振动，软腭上升，关闭鼻腔通路。将 zh、ch、sh 的发音拉长，拉长的部分即 –i（后）的读音。

例词：

支持 zhīchí　　制止 zhìzhǐ　　值日 zhírì

（二）复韵母

复韵母的发音有两个特点：一是发音时，舌位和唇形一直处于变化中，由第一个元音的发音快速向另一个元音的发音过渡；二是元音之间的发音有主次之分，主要元音清晰明亮，其他元音较为轻短。

1. ai [ai]：前响复韵母

发音要领：起点元音 a [a] 是比单元音 a [A] 舌位靠前的前低不圆唇元音，简称"前a"。发音时，口大开，舌尖抵住下齿背，舌面前部微微隆起，声带振动，后舌位向 i 移动升高。

例词：

爱戴 àidài　　海带 hǎidài　　拍卖 pāimài

2. ao [au]：前响复韵母

发音要领：起点元音 a [a] 是比单元音 a [A] 舌位靠后的后低不圆唇元音，简称"后a"。发音时，口大开，舌体后缩，舌面后部微微隆起，声带振

动，后舌位向 u（拼写作 –o，实际发音接近 u）的方向滑动升高。

例词：

懊恼 àonǎo　　骚扰 sāorǎo　　早操 zǎocāo

3. ei［ei］：前响复韵母

发音要领：起点元音是前半高不圆唇元音 e［e］，实际发音舌位略靠后靠下，接近央元音［ə］。发音时，开头的元音 e［e］清晰响亮，舌尖抵住下齿背，使舌面前部隆起与硬腭中部相对。从 e［e］开始舌位升高，向 i［i］的方向往前往高滑动，i［i］的发音含混模糊，只表示舌位滑动的方向。

例词：

肥美 féiměi　　配备 pèibèi　　蓓蕾 bèiléi

4. ou［ou］：前响复韵母

发音要领：起点元音比单元音 o［o］的舌位略高、略前，唇形略圆。发音时，开头的元音 o［o］清晰响亮，舌位向 u［u］的方向滑动，u［u］的发音含混模糊，实际终点位置是略低于 u［u］的［ʊ］。ou［ou］是普通话复韵母中动程最短的复合元音。

例词：

丑陋 chǒulòu　　漏斗 lòudǒu　　喉头 hóutóu

5. iao［iau］：中响复韵母

发音要领：发音时，由前高不圆唇元音 i［i］开始，舌位降至后低元音 a［ɑ］，唇形从中间的元音 a［ɑ］开始由不圆唇变为圆唇。

例词：

吊销 diàoxiāo　　调料 tiáoliào　　苗条 miáotiao

6. iou［iou］：中响复韵母

发音要领：发音时，由前高不圆唇元音 i［i］开始，舌位后移且降至后半高元音 o［o］，然后向后高圆唇元音 u［u］的方向滑升。发音过程中，舌位先降后升，由前到后。唇形由不圆唇开始到后元音 o［o］时，逐渐圆唇。

例词：

绣球 xiùqiú　　优秀 yōuxiù　　悠久 yōujiǔ

7. uai［uai］：中响复韵母

发音要领：发音时，由圆唇的后高元音 u［u］开始，舌位向前滑降到前低不圆唇元音 a［a］（前 a），然后向前高不圆唇元音 i［i］的方向滑升。舌位动程先降后升，由后到前。唇形从最圆开始，逐渐减弱圆唇度，至发前元音 a［a］开始渐变为不圆唇。

例词：

外快 wàikuài　　怀揣 huáichuāi　　摔坏 shuāihuài

8. uei［uei］：中响复韵母

发音要领：发音时，由后高圆唇元音 u［u］开始，舌位向前向下滑到前半高不圆唇元音 e［e］的位置，然后向前高不圆唇元音 i［i］的方向滑升。发音过程中，舌位先降后升，由后到前。唇形从最圆开始，随着舌位的前移，渐变为不圆唇。

例词：

归队 guīduì　　追悔 zhuīhuǐ　　推诿 tuīwěi

9. ia［iA］：后响复韵母

发音要领：发音时，从前高元音 i［i］开始，舌位滑向央低元音 a［A］结束。i［i］的发音较短，a［A］的发音响亮且时间较长。

例词：

假牙 jiǎyá　　压价 yājià　　下家 xiàjiā

10. ie［iɛ］：后响复韵母

发音要领：发音时，从前高元音 i［i］开始，舌位滑向前半低元音 ê［ɛ］结束。i［i］发音较短，ê［ɛ］发音响亮且时间较长。

例词：

贴切 tiēqiè　　铁屑 tiěxiè　　谢谢 xièxie

11. ua［uA］：后响复韵母

发音要领：发音时，从后高圆唇元音 u［u］开始，舌位滑向央低元音 a［A］结束。唇形由最圆逐步展开到不圆。u［u］发音较短，a［A］发音响亮且时间较长。

例词：

耍滑 shuǎhuá　　娃娃 wáwa　　画画 huàhuà

12. uo［uo］：后响复韵母

发音要领：由圆唇后元音复合而成。发音时，从后高元音 u［u］开始，舌位向下滑到后半高元音 o［o］结束。发音过程中，唇形保持圆唇，开头最圆，结尾圆唇度略减。u［u］发音较短，o［o］发音响亮且时间较长。

例词：

硕果 shuòguǒ　　阔绰 kuòchuò　　骆驼 luòtuo

13. üe［yɛ］：后响复韵母

发音要领：由前元音复合而成。发音时，从圆唇的前高元音 ü［y］开始，舌位下滑到前半低元音 ê［ɛ］，唇形由圆到不圆。ü［y］的发音时间较短，ê［ɛ］发音响亮且时间较长。

例词：

雀跃 quèyuè　　约略 yuēlüè　　雪月 xuěyuè

（三）鼻韵母

1. an［an］：前鼻音韵母

发音要领：发音时，起点元音是前低不圆唇元音 a［a］，舌尖抵住下齿背，舌位降到最低，软腭上升，关闭鼻腔通路。口形由开到合，舌位移动较大。

例词：

烂漫 lànmàn　　谈判 tánpàn　　赞叹 zàntàn

2. en［ən］：前鼻音韵母

发音要领：发音时，起点元音是央元音 e［ə］，舌位中性不高、不低、不前、不后，舌尖接触下齿背，舌面隆起部位受韵尾影响略靠前。口形由开到闭，舌位移动较小。

例词：

人参 rénshēn　　认真 rènzhēn　　振奋 zhènfèn

3. in［in］：前鼻音韵母

发音要领：发音时，起点元音是前高不圆唇元音 i［i］，舌尖抵住下齿背，软腭上升，关闭鼻腔通路。从舌位最高的前元音 i［i］开始，舌面升高，舌面前部抵住硬腭前部，当两者将要接触时，软腭下降，打开鼻腔通路，紧接着舌面前部与硬腭前部闭合，使在口腔受到阻碍的气流从鼻腔透出。开口度几乎没有变化，舌位动程很小。

例词：

信心 xìnxīn　　辛勤 xīnqín　　濒临 bīnlín

4. ün［yn］：前鼻音韵母

发音要领：发音时，起点元音是前高圆唇元音 ü［y］。其与 in 的发音过程基本相同，只是唇形变化不同。从圆唇的前元音 ü［y］开始，唇形从圆唇逐步展开，而 in 的唇形始终是展唇。

例词：

群众 qúnzhòng　　循环 xúnhuán　　允许 yǔnxǔ

5. ian［iɛn］：前鼻音韵母

发音要领：发音时，从前高不圆唇元音 i［i］开始，舌位向前低元音 a［a］（前 a）的方向滑降，舌位只降到半低前元音。

例词：

前天 qiántiān　　浅显 qiǎnxiǎn　　田间 tiánjiān

6. uan［uan］：前鼻音韵母

发音要领：发音时，由圆唇的后高元音 u［u］开始，口形迅速由合口变为开口状，舌位向前迅速滑降到不圆唇的前低元音 a［a］（前 a）的位置就开始升高。

例词：

贯穿 guànchuān　　婉转 wǎnzhuǎn　　专款 zhuānkuǎn

7. üan［yɛn］：前鼻音韵母

发音要领：发音时，由圆唇的后高元音 ü［y］开始，向前低元音 a［a］的方向滑降。舌位只降到前半低元音 ê［ɛ］略后的位置就开始升高。

例词：

轩辕 xuānyuán　　　圆圈 yuánquān　　　渊源 yuānyuán

8. uen [uən]：前鼻音韵母

发音要领：发音时，由圆唇的后高元音 u [u] 开始，向央元音 e [ə] 的位置滑降，然后舌位升高。发 e [ə] 后，软腭下降，逐渐增强鼻音色彩，舌尖迅速移到上齿龈，最后抵住上齿龈做出发鼻音 –n 的状态。唇形由圆唇在向中间折点元音滑动的过程中渐变为展唇。

例词：

论文 lùnwén　　　馄饨 húntun　　　谆谆 zhūnzhūn

《汉语拼音方案》规定，韵母 uen 和辅音声母相拼时，受声母和声调的影响，中间的元音（韵腹）产生弱化，写作 un。例如，"论"写作 lùn，不写作 luèn。

9. ang [aŋ]：后鼻音韵母

发音要领：发音时，起点元音是后低不圆唇元音 a [ɑ]（后 ɑ），后 ɑ 的舌位比单韵母 a [A] 偏后，口腔开度更大。口大开，舌尖离开下齿背，舌体后缩。从后 ɑ 开始，舌面后部抬起，当贴近软腭时，软腭下降，打开鼻腔通路，紧接着舌根与软腭接触，封闭口腔通路，气流从鼻腔里透出。

例词：

帮忙 bāngmáng　　　当场 dāngchǎng　　　商场 shāngchǎng

10. eng [əŋ]：后鼻音韵母

发音要领：发音时，起点元音是央元音 e [ə]。央元音 e [ə] 的舌位比单韵母 e [ɤ] 偏前偏低。从 e [ə] 开始，舌面后部抬起，贴向软腭。当两者将要接触时，软腭下降，打开鼻腔通路，紧接着舌面后部抵住软腭，使在口腔受到阻碍的气流从鼻腔里透出。为了使声音饱满，发音时可适当增大口腔开度，增强响度。

例词：

丰盛 fēngshèng　　　萌生 méngshēng　　　声称 shēngchēng

11. ing [iŋ]：后鼻音韵母

发音要领：发音时，起点元音是前高不圆唇元音 i [i]，舌尖接触下齿背，舌面前部隆起。从 i [i] 开始，舌面隆起部位不降低，一直后移，舌尖离开下齿背，逐步使舌面后部隆起，贴向软腭。当两者将要接触时，软腭下降，打开鼻腔通路，紧接着舌面后部抵住软腭，封闭口腔通路，气流从鼻腔透出。口形没有明显变化。

例词：

经营 jīngyíng　　　命令 mìnglìng　　　清静 qīngjìng

12. ong [uŋ]：后鼻音韵母

发音要领：发音时，起点元音是介于 o [o] 和 u [u] 之间的后高圆唇元音 u，口腔开度比 u 稍大，舌位比 u 稍低。舌尖离开下齿背，舌头后缩，舌面后部隆起，软腭上升，关闭鼻腔通路。唇形始终拢圆。

例词：

共同 gòngtóng　　　隆重 lóngzhòng　　　通融 tōngróng

13. iang [iaŋ]：后鼻音韵母

发音要领：发音时，由前高不圆唇元音 i [i] 开始，舌位向后滑降到后低元音 a [ɑ]（后 a），然后舌位升高。

（☆提示：这里的 a 受到 i 的影响，口腔开度稍小，唇形稍扁。此外，i 的发音轻而短，ang 较为响亮。）

例词：

洋相 yángxiàng　　　响亮 xiǎngliàng　　　长江 chángjiāng

14. uang [uaŋ]：后鼻音韵母

发音要领：发音时，由圆唇的后高元音 u [u] 开始，舌位滑降至后低元音 a [ɑ]（后 a），然后舌位升高。从后低元音 a [ɑ] 开始，舌面后部贴向软腭。唇形从圆唇在向折点元音的滑动中渐变为展唇。

例词：

双簧 shuānghuáng　　　状况 zhuàngkuàng　　　装潢 zhuānghuáng

15. ueng [uəŋ]：后鼻音韵母

发音要领：发音时，由圆唇的后高元音 u [u] 开始，舌位滑降到央元音 e [ə] 的位置，然后舌位升高。从央元音 e [ə] 开始，舌面后部贴向软腭。唇形从圆唇在向中间折点元音滑动过程中渐变为展唇。在普通话里，韵母 ueng 只有一种零声母的音节形式 weng。

（☆提示：这里的 u 比单独读 u 时唇形更圆一些。此外，不要将 u 读成唇齿音。）

例词：

水瓮 shuǐwèng　　主人翁 zhǔrénwēng　　老翁 lǎowēng

16. iong［yŋ］：后鼻音韵母

发音要领：发音时，起点元音是舌面前高圆唇元音 ü［y］，发 ü［y］后，软腭下降，打开鼻腔通路，紧接着舌面后部抵住软腭，封闭口腔通路，气流从鼻腔里透出。

为避免字母相混，《汉语拼音方案》规定，用字母 io 表示起点元音 ü［y］，写作 iong。

例词：

汹涌 xiōngyǒng　　穷困 qióngkùn　　窘境 jiǒngjìng

四、韵母辨析

（一）鼻韵母辨析

普通话发音中，前鼻韵母和后鼻韵母的发音辨识度较高，如"蓝"读 lán，"郎"读 láng；"晨"读 chén，"成"读 chéng；"因"读 yīn，"英"读 yīng。但是，部分方言区的考生仍不能分清部分前后鼻韵母的区别，主要表现为 an 和 ang、en 和 eng、in 和 ing 的混读。

1. an 和 ang

（1）发音辨析

an 和 ang 在发音上有三点不同之处。第一，韵腹 a 的舌位不同。an 由前 a 开始发音，ang 由后 a 开始发音。第二，舌位不同。an 在发音时舌尖由下齿背到硬腭前端，ang 在发音时舌尖离开下齿背，舌体后缩，舌根抬起与软腭接触。第三，归音时口形不同。an 在归音时上下齿之间留有一条窄缝，ang 在归音时口微开。

（2）对比练习

①字对比练习。

an—ang　　瞒—忙　　蓝—郎　　单—当　　赞—藏　　饭—放　　山—尚

　　　　　　展—掌　　寒—杭　　刊—康　　餐—苍　　三—桑　　晚—汪

②词语对比练习。

an—ang　　烂漫—浪漫　　胆量—当量　　反问—访问　　赞颂—葬送

　　　　　　心烦—新房

【绕口令】

扁担和板凳：

扁担长，板凳宽，

扁担没有板凳宽，板凳没有扁担长，

扁担绑在板凳上，板凳不让扁担绑在板凳上，

扁担偏要绑在板凳上。

船和床：

对河过来一只船，这边漂去一张床，

行到河中互相撞，不知床撞船，还是船撞床。

2. en 和 eng

（1）发音辨析

en 和 eng 在发音上有三点不同之处。第一，起点元音不同。en 由央 e [ə] 开始发音，而 eng 从比央 e [ə] 稍后的位置开始发音。第二，舌的运动前后不同。en 舌体前伸，eng 舌体后缩。第三，归音时口形不同，发 en 时上下齿之间留有一道窄缝，而 eng 音口微开。

（2）对比练习

①字对比练习。

en—eng　　根—庚　　深—生　　陈—程　　盆—鹏　　分—封

笨—蹦 门—萌 森—僧 痕—横 真—蒸

②词语对比练习。

en—eng 晨曦—乘机 申明—声明 吩咐—丰富 秋分—秋风
诊治—整治

【绕口令】

一条藤：

高高山上一条藤，藤条头上挂铜铃。

风吹藤动铜铃动，风停藤停铜铃停。

盆和瓶：

桌上放个盆，盆里有个瓶，

砰砰啪啪，啪啪砰砰，

不知是瓶碰盆，还是盆碰瓶。

3. in 和 ing

（1）发音辨析

in 在发音时由 i 音开始，双唇微开，舌尖从下向上，归音时，舌尖抵住上牙床。ing 在发音时也是由 i 音开始，双唇微开，不同的是，舌尖离开下齿背，舌体后移，抵住软腭。需要特别注意的是，在从 i 到 n、ng 的运动过程中，舌位不要下降，不能发成 ien、ieng。

（2）对比练习

①字对比练习。

in—ing 音—英 近—镜 贫—瓶 民—名 新—兴
紧—井 宾—冰 心—星 您—宁 信—姓

②词语对比练习。

in—ing 音信—英雄 人民—人名 亲生—轻生 贫民—平民
临时—零食

💡【绕口令】

同姓与通信：

同姓不能说成通信，通信不能说成同姓。

同姓可以互相通信，通信并不一定是同姓。

擦镜：

小胜、小庆和小静，

给五保户擦玻璃镜。

小静说小胜比小庆擦得净，

小胜说小庆比小静擦得净，

小庆说小静比小胜擦得净。

玻璃镜越擦越干净，

乐坏了小胜、小庆和小静。

✏【链接】

en 和 eng 韵母代表字类推表

（1）en 韵母代表字

门：mēn 闷（闷热），mén 门、们（图们江）、扪，mèn 焖，men 们（我们）。

刃：rěn 忍，rèn 刃、仞、纫、韧、轫。

分：pén 盆；fēn 分（分析）、芬、吩、纷、氛、酚，fén 汾、棼，fěn 粉，fèn 份、忿。

壬：rén 壬、任（姓），rěn 荏，rèn 饪、妊、衽。

本：běn 本、苯，bèn 笨。

申：shēn 申、伸、呻、绅、砷，shén 神，shěn 审、婶。

珍：zhēn 珍，zhěn 诊、疹；chèn 趁。

贞：zhēn 贞、侦、祯、桢、帧。

艮：gēn 根、跟，gèn 艮、茛；kěn 垦、恳；hén 痕，hěn 很、狠，hèn 恨。

辰：zhèn 振、赈、震；chén 辰、宸、晨；shēn 娠，shèn 蜃。

枕：zhěn 枕；chén 忱；shěn 沈。

肯：kěn 肯、啃。

参：cēn 参（参差）；shèn 渗。

贲：bēn 贲；pēn 喷（喷泉）；fèn 愤。

甚：zhēn 斟；shèn 甚（甚至）；rèn 葚（桑葚儿）。

真：zhēn 真，zhěn 缜，zhèn 镇；chēn 嗔；shèn 慎。

类推表之外的字：chén 陈、沉、尘、臣，chèn 衬、称（对称），fén 坟、焚，fèn 粪，gèn 亘，nèn 嫩，rén 仁，sēn 森，shēn 身，shén 什，zěn 怎，zhèn 阵、朕。

（2）eng 韵母代表字

风：fēng 风、枫、疯，fěng 讽。

正：zhēng 正（正月）、怔、征、症（症结），zhěng 整，zhèng 证、政；chéng 惩。

生：shēng 生、牲、甥、笙，shèng 胜。

成：chéng 成、诚、城；shèng 盛（盛会）。

争：zhēng 争、挣（挣扎）、峥、狰、睁、铮、筝，zhèng 诤。

丞：zhēng 蒸，zhěng 拯；chéng 丞。

亨：pēng 烹；hēng 亨、哼。

更：gēng 更（更正），gěng 埂、绠、哽、梗、鲠。

呈：chéng 呈、程、醒，chěng 逞。

庚：gēng 庚、赓。

奉：pěng 捧；fèng 奉、俸。

朋：bēng 崩，běng 绷（绷着脸），bèng 蹦；péng 朋、棚、硼、鹏。

孟：měng 勐、猛、锰、蜢、艋，mèng 孟。

峰：péng 蓬、篷；fēng 峰、烽、蜂，féng 逢，fèng 缝（门缝）。

乘：chéng 乘；shèng 剩、嵊。

曾：zēng 曾（姓）、憎、增、缯，zèng 赠；céng 层，cèng 蹭；sēng 僧。

彭：péng 彭、澎（澎湖）、膨。

塄：léng 塄、楞。

登：dēng 登、蹬（蹬水车），dèng 凳、澄（把水澄清）、磴、镫、瞪；chéng 澄（澄清混乱）。

誊：téng 誊、腾、滕、藤。

蒙：mēng 蒙（蒙骗），méng 檬、朦（朦胧）、艨，měng 懵。

类推表之外的字：béng 甭，bèng 迸、泵，céng 层，chēng 撑、瞠、称（称赞），chéng 承，chěng 骋，chèng 秤，dēng 灯，děng 等，dèng 邓，féng 冯，gēng 羹、耕，gěng 耿，héng 恒、横、衡，kēng 铿，léng 棱，lěng 冷，néng 能，pèng 碰，shēng 声、升，shéng 绳，shěng 省，shèng 圣，téng 疼，zhèng 郑。

in 和 ing 韵母代表字类推表

（1）in 韵母代表字

心：qìn 沁；xīn 心、芯（灯芯）。

今：jīn 今、衿、矜，jìn 妗；qīn 衾，qín 琴、芩；yín 吟。

斤：jīn 斤，jìn 近、靳；qín 芹；xīn 忻、昕、欣、新、薪。

民：mín 民、岷，mǐn 泯、抿。

因：yīn 因、茵、姻、氤（氤氲）、铟。

阴：yīn 阴、荫（树荫）。

尽：jǐn 尽（尽管），jìn 尽（尽力）、烬。

辛：qīn 亲；xīn 辛、莘（莘庄）、锌。

林：bīn 彬；lín 林、淋、琳、霖。

侵：jìn 浸；qīn 侵，qǐn 寝。

宾：bīn 宾、傧、滨、缤、槟、镔，bìn 摈、殡、鬓；pín 嫔。

堇：jǐn 谨、馑、瑾、槿；qín 勤；yín 鄞。

禽：qín 禽、擒、噙。

禁：jīn 禁（禁受）、襟，jìn 噤。

嶙：lín 邻、遴、嶙、磷、辚、粼、鳞、麟。

类推表之外的字：bīn 斌，jīn 津、巾、金、筋，jǐn 锦、仅，jìn 晋、进，lín 临，lìn 吝，mǐn 皿、敏、闽，nín 您，pín 贫，pǐn 品，pìn 聘，qīn 亲、钦，qín 秦，xīn 馨，

xìn 信、衅，yīn 音、殷，yín 寅，yǐn 饮、尹，yìn 印。

（2）ing 韵母代表字

丁：dīng 丁、仃、疔、盯、钉（钉子）、酊（碘酊），dǐng 顶，dìng 订；tīng 厅、汀。

并：bǐng 饼、屏（屏除），bìng 并；píng 瓶。

宁：níng 宁（安宁）、咛、狞、柠，nǐng 拧（拧螺丝钉），nìng 泞。

丙：bǐng 丙、炳、柄，bìng 病。

平：píng 平、评、苹、坪、枰、萍。

令：líng 伶、泠、苓、玲、瓴、铃、聆、蛉、翎、零、龄，lǐng 岭、领，lìng 令（命令）。

名：míng 名、茗、铭，mǐng 酩。

廷：tíng 廷、庭、蜓、霆，tǐng 挺、梃、铤、艇。

形：jīng 荆；xíng 刑、邢、形、型。

京：jīng 京、惊、鲸；qíng 黥。

定：dìng 定、腚、碇、锭。

英：yīng 英、瑛。

茎：jīng 泾、茎、经，jǐng 刭、颈，jìng 劲（劲敌）、胫、径、痉；qīng 轻、氢。

青：jīng 菁、睛、精，jìng 靖、静；qīng 青、清、蜻、鲭，qíng 情、晴、氰，qǐng 请。

冥：míng 冥、溟、暝、瞑、螟。

亭：tíng 亭、停、葶、婷。

凌：líng 凌、陵、菱、绫。

竟：jìng 竟、境、镜。

莺：yīng 莺，yíng 荧、莹、萤、营、萦、滢。

婴：yīng 婴、撄、嘤、缨、樱、鹦、罂。

敬：jǐng 儆、警，jìng 敬；qíng 擎。

景：jǐng 景、憬；yǐng 影。

类推表之外的字：bīng 冰，bǐng 秉、禀，dǐng 鼎，jīng 旌、兢、晶，líng 灵，lìng 另，míng 明、鸣，mìng 命，níng 凝，píng 凭，qīng 卿，qìng 庆，tīng 听，xīng 兴（兴奋），xíng 行，xǐng 省（反省），xìng 杏、兴（高兴），yīng 应（应该）、鹰，yíng 赢、蝇、迎，yǐng 颖，yìng 应（应试）、硬、映。

（二）单韵母辨析

1. ü 和 i

（1）发音辨析

ü 和 i 的区别在于唇形的不同。在保持舌位不变的状态下，ü 为圆唇，i 为展唇。

（2）对比练习

①字对比练习。

i—ü	立—绿	七—区	你—女	吸—虚	气—去
ie—üe	切—雀	节—决	页—月	谢—穴	斜—学
ian—üan	演—远	见—倦	言—员	间—捐	钱—全
in—ün	心—训	秦—群	音—韵	近—俊	引—允

②词语对比练习。

i—ü	比翼—比喻	板栗—伴侣	磁力—次氯
ie—üe	蝎子—靴子	协会—学会	切实—确实
ian—üan	油盐—游园	钱财—全才	潜水—泉水
in—ün	白银—白云	心智—熏制	餐巾—参军

💡【绕口令】

驴踢梨：

一头驴，驮框梨，驴一跑，滚了梨。

驴跑梨滚梨绊驴，梨绊驴蹄驴踢梨。

小曲小菊去储蓄：

小曲小菊去储蓄。

小菊存两千一百七十一元一角七，

小曲存一千七百一十七元七角一。

储蓄员小余告诉小曲和小菊，

七年以后所得利息每人可买一台电视机。

2. ü 和 u

（1）发音辨析

ü 和 u 的区别在于三点：第一，ü 舌位在前，u 舌位在后；第二，ü 和 u 虽都为圆唇，但形状略有不同，u 最圆，ü 略扁；第三，u 双唇向前突出，ü 双唇不太突出。

（2）对比练习

①字对比练习。

u—ü	如—余	路—绿	书—虚	出—居	熟—徐
uan—üan	转—犬	栓—轩	欢—萱	观—捐	软—选
uen—ün	顺—训	顿—俊	春—军	文—云	吮—允

②词语对比练习。

u—ü	数目—畜牧	技术—继续	记录—纪律
uan—üan	传说—劝说	划船—划拳	捐款—楦子
uen—ün	温顺—驯顺	水温—水运	顺道—训导

💡【绕口令】

吴先生和余先生：

徐州吴先生骑车去泸州，路上屡次遇见雨和雾。

苏州余先生上路去徐州，五次买回布和醋。

金锯子锯金柱子：

张家有个金柱子，江家有个金锯子，

江家的主人，拘住张家的举人，金锯子锯断了金柱子。

3. e 和 o

（1）发音辨析

e 和 o 最大的区别在于唇形不同，e 是不圆唇，o 是圆唇。

（2）对比练习

①字对比练习。

e—o　　哥—播　　科—坡　　和—佛　　合—坡　　格—博

②词语对比练习。

e—o　　特色—叵测　　大河—大佛　　合格—破格　　磕破—磨破

　　　　　哥哥—伯伯

💡【绕口令】

鹅过河：

哥哥弟弟坡前坐，

坡上卧着一只鹅，

坡下流着一条河。

哥哥说：宽宽的河。

弟弟说：白白的鹅。

鹅要过河，河要渡鹅，

不知是鹅过河，还是河渡鹅。

大哥二哥：

大哥有大锅，二哥有二锅。

大哥要换二哥的二锅，二哥不换大哥的大锅。

（三）复韵母辨析

1. 发音辨析

发好复韵母，就要处理好韵头、韵腹、韵尾的关系，在发音过程中，做到规范饱满。许多方言中存在丢失韵头、归音不到位、圆唇不够等问题，这需要我们在练习时多加注意。

2. 辨音练习

（1）字对比练习

u—ou　　组—走　　度—斗　　叔—收　　录—漏　　醋—凑

i—ei	比—北	迷—没	碧—背	密—妹	你—馁
ü—ou	驴—楼	玉—又	绿—漏	鱼—肉	句—愁
ü—iou	区—邱	句—就	局—酒	娶—求	巨—舅
ü—ei	绿—类	女—内	渠—雷	旅—泪	句—背
uo—o	拖—佛	罗—摩	锁—跛	做—破	昨—博
ai—e	拆—车	窄—者	该—哥	买—么	才—册
ai—a	派—怕	买—马	猜—擦	灾—扎	塞—洒
ia—a	恰—爬	下—哈	掐—尬	夹—杂	卡—洒
iao—ao	巧—吵	肖—招	乔—潮	苗—毛	笑—扫
ian—an	钱—缠	先—餐	偏—攀	面—慢	线—扇
uen—en	孙—森	吞—深	顺—甚	准—诊	混—很
uei—ei	嘴—贼	随—谁	鬼—给		

（2）词语对比练习

u—ou	小组—小邹	毒针—斗争	大陆—大楼	苏州—胡诌
i—ei	自闭—自卑	寻觅—寻梅	迷离—魅力	批复—赔付
ü—ou	蓄意—受益	局势—楼市	区长—手掌	毓秀—肉球
ü—iou	畜牧—朽木	取材—秀才	句子—舅子	语言—油盐
ü—ei	屡次—累次	女人—内人	趣味—美味	距离—费力
uo—o	琢磨—捉摸	菠萝—剥夺	啰唆—摸索	薄弱—落魄
ai—e	开拔—磕巴	木柴—木车	比赛—闭塞	才略—策略
ai—a	菜地—擦地	海拔—哈达	摘要—炸药	开始—喀什
ia—a	夹子—叉子	恰似—杀死	夏天—沙田	假发—杀伐
iao—ao	交费—高飞	敲打—拷打	戏票—戏袍	苗头—矛头
ian—an	线头—山头	闲人—山人	棉衣—满意	篇章—盘账
uen—en	吞吐—身手	损人—森林	困乏—垦荒	遵守—怎样
uei—ei	灰色—黑色	小嘴—小贼	对换—得亏	

第三节　普通话声调

一、什么是声调

声调就是语言的音调的变化[①]。在《现代汉语大词典》中，声调有以下三种意思。吕叔湘在《语文常谈》中写道："有人能用马头琴等乐器模仿唱戏，熟习那段戏词的人就能从那声调的高低升降上听出字眼来。"这里的声调指音乐的曲调或诗文的节奏。阿英在《城隍庙的书市》中提道："一脸的忧郁，声调也很凄楚。"这里的声调指的是说话时的腔调。还有一种意思是指汉字字音的高低升降，也就是我们通常意义上的声调。古汉语的声调有平、上、去、入四类，普通话的声调有阴平、阳平、上声、去声四类，另有轻声。王力在《中国古典文论中谈到的语言形式美》中说道："汉语是元音占优势的语言，而又有声调的区别，这样就使它特别富于音乐性。"

在普通话教学中，声调是指汉语音节中所固有的，用来区别意义的声音的高低。音乐中的音阶也是由音高决定的，学习声调也可以借助于自己的音乐感，用音阶模拟。但声调的高低和音乐中音阶的音高是有区别的。同样是音高的变化，声调的音高变化是相对的，不要求音高频率的绝对值。由于人们性别、年龄的差异，声带的薄厚、长短不一，再加上说话时的心情、语气、内容等的变化，声音会各有不同。因此，声调的音高是相对的，不是绝对的。并且要注意的是，这里我们所说的"相对音高"指的是相对于自己，在自身音域中进行由 1 到 5 的高低区分，而不是广泛意义上的音高比较。

---

① 邵静敏.现代汉语通论［M］.上海：上海教育出版社，2001.

二、调值与调类

（一）调值

调值是指依附在音节里高低升降的音高变化的固定格式，也就是声调的实际音值或读法。调值主要由音高构成，音的高低取决于频率的高低。也就是声调高低、升降、曲直的变化，即声调的实际音值，就是调值。

声调的高低通常用五度标记法划分：最低为 1，最高为 5。普通话调值中有四个声调：阴平 55，阳平 35，上声 214，去声 51。

（二）调类

调类就是声调的类别，它是按声调的实际读法归纳的。调类的名称只代表声调的某种类型，而不表示实际的调值。普通话声调有四个调类，即阴平、阳平、上声、去声，就是常说的四声。有时也称阴平是第一声，阳平是第二声，上声是第三声，去声是第四声。

三、调型与调号

调型，是指音调的变化形式，有高平调、高升调、降升调、全降调四种。

调号是调类的标记符号，汉语拼音方案中所规定的调号是 ˉ、ˊ、ˇ、ˋ 四种。由于声调属于整个音节，声调的高低变化主要体现在韵腹，即主要元音上，所以调号一般标在主要元音上，如青菜 qīngcài、历届 lìjiè 等。

需要注意的是，普通话中除了阴平、阳平、上声、去声四个调类，还有轻声，如桌子、孩子里的"子"，舌头、木头里的"头"，发音都轻而短，其调值不同于上述四声的任何一个。需要分清的是，轻声不是一个独立的调类，而是一种音变现象。

四、声调发声要领

（一）阴平

阴平又称高平调，55调值，调形是"—"。发声时，声带绷到最紧，从发声部位最高的5度开始平行运行至5度，始终无明显升降变化，保持音高。

（二）阳平

阳平又称高升调，35调值，调形是"／"。发音时，声音走势跟调形一样，从发声部位中部3度向上运行至5度。起音比阴平稍低，然后升到高。声带从不松不紧开始，逐步绷紧，直到最紧，声音从不低不高到最高。

（三）上声

上声又称降升调，214调值，调形写作"Ｖ"。发音时，声音走势跟调形一样，从发声部位半低的2度向下运行至1度，立即向上运行至半高的4度，在最低的1度不断开、不停顿、不拖音。起音半低，先降后升，声带从略微有些紧张开始，立刻松弛下来，稍稍延长，然后迅速绷紧，但不用绷到最紧。

（四）去声

去声又称高降调（或称全降），51调值，调形是"＼"。发音时，声音的走势跟调形一样，从发声部位高处的5度下行至最低1度。起音高，接着往下滑，声带从紧开始到完全松弛为止，声音从高到低，音长是最短的。

总的来说，声调的发音特点可以总结为：一声平、二声扬、三声转弯、四声降。

（五）调值的变化

值得注意的是，调值并不是一成不变的，在不同的语流和语境当中，语音之间互相影响，调值也会发生变化。

1. 阴平、阳平的动态变化

阴平、阳平音节在非同调音节前，保持本调。两字词同调相连，前一个音节的声调会发生变化。阴阴相连，前一个音节调值可变为44，如播音、丰收、鲜花、江山等。阳阳相连，前一个音节调值可变为34，如人民、学习、儿童等。

2. 上声的动态变化

上声音节在非上，即阴平、阳平、去声和轻声音节前，调值由214转为21，也记作211，如北京、祖国、品味、好吧等。上上相连，前面一个音节的调值由214变为接近35，如北纬、选取、感想、友好等。三个上声相连，变调规律为：单双格——211，35，214，如纸老虎、党小组等；双单格——35，35，214，如选举法、保守党等。

3. 去声的动态变化

去声音节在非去声音节前一律不变调，如卫星、调查、治理等。在去声音节前则由全降变成半降（调值由51变成53），如记录、摄像、电话、报告等。

五、综合练习

声调训练可采用音节声调的练习和多种组合方式结合的音节练习。声调的练习应结合气息、声带、共鸣的控制同步进行。

（一）训练要领

第一声，起音高平莫低昂，气势平匀不紧张；

第二声，从中起音向上扬，用气弱气逐渐强；

第三声，上声先将转上挑，降时起稳扬时强；

第四声，高起直送向低唱，强起到弱要通畅。

（二）按调值读音节

一　姨　乙　艺　yī　yí　yǐ　yì

辉　回　毁　惠　huī　huí　huǐ　huì

风　冯　讽　奉　fēng　féng　fěng　fèng

飞　肥　匪　费　fēi　féi　fěi　fèi

通　同　桶　痛　tōng　tóng　tǒng　tòng

迂　于　雨　遇　yū　yú　yǔ　yù

（三）四声调发音混合练习

1. 阴阴

☆**提示：**两个阴平相连时，容易偏低的是第二个字。正确的调值可以读成44 和 55，也可以是 55 和 55。

播音　丰收　江山　精心　公安　咖啡　拥军　端庄　司机　丹青

2. 阴阳

新闻　昆明　资源　金鱼　签名　经营　飞翔　飘扬　沙尘　夕阳

3. 阴上

歌曲　批准　发展　签署　根本　编审　争取　焦点　拉美　花朵

4. 阴去

播送　规范　音乐　通讯　观众　军队　经济　希望　苍翠　干脆

5. 阳阴

革新　难堪　国歌　年轻　财经　节约　联播　营私　南瓜　航班

6. 阳阳

☆**提示：**两个阳平相连时，第一个阳平调值可以读成 34，第二个仍读成35。

吉祥　学习　红旗　题材　驰名　临时　合格　石油　人文　习俗

7. 阳上

明显　民主　结果　存款　读者　难免　黄海　全体　茶点

8. 阳去

同志　革命　排练　豪迈　援助　评论　勤奋　宁夏　格调　狂放

9. 上阴

☆**提示**：上声在非上声之前调值念成211。

北京　导播　讲师　统一　指标　影星　纺织　掌声　处方　剪刀

10. 上阳

主持　考察　语言　改革　解决　指南　敏捷　宝石　考勤　种族

11. 上上

☆**提示**：上上相连时，前一个上声读成24调值。

总理　友好　领导　感想　鼓掌　选举　北海　主导　甲板　起止

12. 上去

理论　党性　舞剧　土地　企盼　想象　法律　典范　扰乱　角度

13. 去阴

下乡　客观　健康　印刷　信息　列车　特约　竞争　热衷　气功

14. 去阳

特别　漫谈　变革　配合　照明　动员　化学　杜绝　社团　告白

15. 去上

上海　日本　电影　外语　戏曲　撰稿　记者　办法　泰斗　纳米

16. 去去

☆**提示**：两个去声相连时，前一个去声读成53调值，后一个仍读成51调值。

电视　纪念　画像　大厦　配乐　复制　示范　庆贺　大麦　亮相

17. 轻声

妈妈　风筝　高粱　玻璃　葡萄　柴火　和尚　云彩　咳嗽　文凭
你们　宝贝　买卖　打扮　痛快　爸爸　漂亮　奉承　芥末　清楚

18. 阴阳上去

花红柳绿　风调雨顺　中国伟大　工农子弟　中流砥柱　高扬转降

19. 去上阳阴

智勇无双　厚古薄今　热火朝天　万里长征　调虎离山　顺理成章

20. 综合

暴风骤雨　排山倒海　满园春色　翻江倒海　大快人心　推陈出新

鸟语花香　龙飞凤舞　高瞻远瞩　慷慨激昂　呼风唤雨　继往开来

气壮山河　喜笑颜开　朝气蓬勃　超群绝伦　生龙活虎　饶有风趣

☆提示：发音要领口诀——

学好声韵辨四声，阴阳上去要分明。

部位方法须找准，开齐合撮属口形。

双唇班报必百波，舌尖当地斗点丁；

舌根高狗坑耕故，舌面积结教坚精；

翘舌主争真志照，平舌资则早在增。

前鼻恩因烟弯稳，后鼻昂迎中拥生。

咬紧字头归字尾，阴阳上去记变声。

循序渐进坚持练，不难达到纯和清。

第四节　普通话的语流音变

语流，是指人们在说话时，不是孤立地发出一个个音节，而是根据需要把音节连贯发出。音变，就是语音的变化。在这个过程中，相邻的音素、音节、声调之间相互影响，使语音产生一定的变化，这种现象就是语流音变。普通话中的语流音变主要表现为变调、轻声、儿化、语气词"啊"的音变四个方面。

语流音变是普通话发音中的自然现象，学习和掌握语流音变的各种规律，能使我们的语言自然和谐。普通话水平测试的第二项内容"读双音节字词"中明确要求了对语流音变的考查。

一、变调

在语流中，由于相连音节的相互影响，使某个音节原本的调值产生了变化，这种变化就叫作变调。常见的变调现象有三种：上声的变调、"一"的变调、"不"的变调。

（一）上声的变调

普通话上声在单独念或者在词尾、句尾时读原调214，其他情况下都要发生音变。上声的变调分为以下几种情况。

1. 上声与上声的连读变调

①两个上声连读，前一个上声的调值由214变读为35，读作35+214。

词语练习：

友好　彼此　老板　饱满　采访　理想

管理　陕北　总理　反省　勇敢　美好

②三个上声连读，分为两种变调形式。

第一种变调形式是当词语的结构为双音节+单音节（双单格）时，前面两个音节的调值变为35，读作35+35+214。

词语练习：

展览馆　选举法　管理组　洗脸水　手写体

水彩笔　打靶场　勇敢者　跑马场　演讲稿

第二种变调形式是当词语的结构为单音节+双音节（单双格）时，第一个音节的调值变为半上21，其后的双音节遵循两字组的规律变为35+214，读作21+35+214。

词语练习：

小组长　好领导　纸老虎　小拇指　小两口

冷处理　苦水井　主考场　炒米粉　耍笔杆

③三个以上的上声连读，可以先进行结构切分，然后根据上述变调规律进

行处理。

语句练习：

我想 / 请你 / 给奶奶 / 买 / 五两 / 老酒。

你给 / 小王 / 写 / 演讲稿。

2. 上声与非上声的连读变调

上声在非上声（阴平、阳平、去声、轻声）前，调值由 214 变为半上 21。

词语练习：

上声 + 阴平	导师	许昌	语音	演出	老师	北方	许多	指标	卷烟
上声 + 阳平	语言	祖国	旅行	选择	总结	美德	坦白	口才	羽毛
上声 + 去声	体育	考试	满意	坦率	品味	笔记	比较	准确	法制
上声 + 轻声	哑巴	骨头	嫂子	打听	讲究	起来	暖和	本事	点心

（二）"一"的变调

"一"单独念或在词句末尾以及充当序数词"一"时调值不变，读原调 55，如"第一"。当"一"处于其他音节前时，调值往往发生变化。"一"的变调分为下列三种情况。

1. 去声前

"一"在去声前读阳平，调值由 55 变为 35。

词语练习：

| 一 + 去声 | 一致 | 一律 | 一个 | 一共 | 一粒 | 一瞬 | 一段 | 一路 | 一贯 | 一刻 |

2. 非去声前

"一"在非去声（阴平、阳平、上声）前读去声，调值由 55 变为 51。

词语练习：

一 + 阴平	一发	一些	一千	一天	一忽	一惊	一心	一夕	一朝
一 + 阳平	一人	一直	一年	一头	一行	一盒	一如	一叠	一条
一 + 上声	一体	一口	一种	一准	一水	一场	一脸	一览	一起

3. 夹在重叠式动词间

"一"夹在重叠式的动词间读轻声。

词语练习：

听一听　看一看　瞅一瞅　拍一拍　想一想　学一学

（三）"不"的变调

"不"的变调与"一"的变调规律大体相同。当"不"单独念或在词句末尾时调值不变，读原调51，如"我不"。

① "不"的变调只有一种形式，即在去声前读阳平。

词语练习：

不怕　不但　不幸　不论　不利　不懈　不错　不见　不像　不大

② "不"夹在重叠动词或重叠形容词之间、夹在动词和补语之间读轻声。

词语练习：

懂不懂　走不走　会不会　学不学　听不懂　看不清　记不住

二、轻声

在普通话发音时，除了阴平、阳平、上声、去声四个声调，还有一种特殊情况。有些词里的音节或句子里的词语，失去原有语调，读作又轻又短的调子，这种音节叫轻声。

（一）轻声的作用

1. 区别词义

自在 zìzài（自由）　　　　自在 zìzai（安逸闲适）

大意 dàyì（主要意思）　　　大意 dàyi（粗心）

东西 dōngxī（指方位）　　　东西 dōngxi（指物品）

2. 区别词性

对头 duìtóu（形容词，表示正确、合适）

对头 duìtou（名词，表示仇敌、对手）

地道 dìdào（名词，表示在地面以下的通道）

地道 dìdao（形容词，表示纯正、正宗）

开通 kāitōng（动词，表示可以通行）

开通 kāitong（形容词，不守旧、不拘谨）

（二）轻声的规律

在普通话中，大多数轻声词都与词汇、语法意义有密切关系。

1. 助词

（1）结构助词"的、地、得"

他的　好的　我的　唱歌的　愉快地　写得好

（2）时态助词"着、了、过"

看着　看了　看过　来过　走了　想着

（3）语气组词"啊、吧、了、吗、呢、的"

好啊　去吧　好了　知道吗　怎么呢　是的

2. 名词后缀"子、儿、头、们"

椅子　鸟儿　石头　我们　馒头　孙子

3. 名词后表示方位的"上、下、里"

板凳上　台阶下　口袋里　头上　地下　水里

4. 趋向动词

回去　过来　坐下　路上　进去　出来

5. 叠音词和单音节动词重叠的第二个音节

妈妈　爸爸　爷爷　奶奶　看看　谢谢

6. 联绵词的第二个音节

伶俐　琵琶　萝卜　哆嗦　疙瘩　鹦鹉

【普通话水平测试用轻声词语专项练习】

①本部分内容参照《普通话水平测试实施纲要》（2021 年版）中《普通话水平测试用普通话词语表》及《现代汉语词典》（第 7 版）等编制。

②仅供普通话水平测试第二项（读多音节词语）备考时练习使用。

③遵照《汉语拼音正词法基本规则》（GB/T 16159—2012）的标调规则，必读轻声音节不标调号，如"明白 míngbai"。

练习一

爱人 àiren　　　　案子 ànzi

练习二

巴掌 bāzhang	把子 bǎzi	爸爸 bàba
白净 báijing	帮手 bāngshou	棒槌 bàngchui
刨子 bàozi	本事 běnshi	本子 běnzi
鼻子 bízi	比方 bǐfang	鞭子 biānzi
扁担 biǎndan	别扭 bièniu	薄荷 bòhe

练习三

财主 cáizhu	苍蝇 cāngying	差事 chāishi
厂子 chǎngzi	称呼 chēnghu	虫子 chóngzi
出息 chūxi	除了 chúle	锄头 chútou
窗户 chuānghu	伺候 cìhou	刺猬 cìwei

练习四

答应 dāying	打扮 dǎban	打发 dǎfa
打量 dǎliang	打算 dǎsuan	打听 dǎting
大方 dàfang	大意 dàyi	耽搁 dānge
胆子 dǎnzi	道士 dàoshi	凳子 dèngzi
提防 dīfang	滴水 dīshui	嘀咕 dígu
地道 dìdao	地方 dìfang	点心 diǎnxin
豆腐 dòufu	嘟囔 dūnang	端详 duānxiang
对付 duìfu	多么 duōme	哆嗦 duōsuo

练习五

儿子 érzi　　　　耳朵 ěrduo

练习六

房子 fángzi	斧子 fǔzi	富余 fùyu

份子 fènzi　　　　风筝 fēngzheng　　　　福气 fúqi

练习七

甘蔗 gānzhe　　　　高粱 gāoliang　　　　膏药 gāoyao

告诉 gàosu　　　　疙瘩 gēda　　　　　胳膊 gēbo

跟头 gēntou　　　　工夫 gōngfu　　　　骨头 gǔtou

寡妇 guǎfu　　　　怪不得 guàibude　　　官司 guānsi

规矩 guīju　　　　闺女 guīnü　　　　　棍子 gùnzi

练习八

孩子 háizi　　　　含糊 hánhu　　　　　蛤蟆 háma

行当 hángdang　　　合同 hétong　　　　和尚 héshang

核桃 hétao　　　　恨不得 hènbude　　　红火 hónghuo

厚道 hòudao　　　　狐狸 húli　　　　　皇上 huángshang

活泼 huópo　　　　伙计 huǒji　　　　　护士 hùshi

练习九

记性 jìxing　　　　机灵 jīling　　　　家伙 jiāhuo

架势 jiàshi　　　　嫁妆 jiàzhuang　　　见识 jiànshi

将就 jiāngjiu　　　叫唤 jiàohuan　　　　街坊 jiēfang

戒指 jièzhi　　　　芥末 jièmo　　　　　精神 jīngshen

镜子 jìngzi　　　　橘子 júzi　　　　　卷子 juànzi

练习十

咳嗽 késou　　　　客气 kèqi　　　　　靠得住 kàodezhù

口袋 kǒudai　　　　窟窿 kūlong　　　　快活 kuàihuo

筷子 kuàizi　　　　框子 kuàngzi　　　　阔气 kuòqi

练习十一

喇嘛 lǎma　　　　懒得 lǎnde　　　　　浪头 làngtou

唠叨 láodao　　　　老婆 lǎopo　　　　　累赘 léizhui

篱笆 líba　　　　　里头 lǐtou　　　　　力气 lìqi

痢疾 lìji　　　　　粮食 liángshi　　　　两口子 liǎngkǒuzi

铃铛 língdang　　翎子 língzi　　溜达 liūda

啰唆 luōsuo　　萝卜 luóbo　　骆驼 luòtuo

练习十二

麻利 máli　　买卖 mǎimai　　忙活 mánghuo

冒失 màoshi　　门道 méndao　　眯缝 mīfeng

苗条 miáotiao　　蘑菇 mógu　　模糊 móhu

练习十三

脑袋 nǎodai　　能耐 néngnai　　念叨 niàndao

娘家 niángjia　　女婿 nǔxu　　疟疾 nüèji

练习十四

盘算 pánsuan　　狍子 páozi　　朋友 péngyou

脾气 píqi　　痞子 pǐzi　　便宜 piányi

漂亮 piàoliang　　婆家 pójia　　铺盖 pūgai

练习十五

欺负 qīfu　　茄子 qiézi　　亲戚 qīnqi

勤快 qínkuai　　清楚 qīngchu　　亲家 qìngjia

曲子 qǔzi　　拳头 quántou　　裙子 qúnzi

练习十六

热闹 rènao　　人们 rénmen　　认识 rènshi

练习十七

嗓子 sǎngzi　　扫帚 sàozhou　　商量 shāngliang

上司 shàngsi　　烧饼 shāobing　　舌头 shétou

舍不得 shěbude　　什么 shénme　　牲口 shēngkou

绳子 shéngzi　　石榴 shíliu　　时辰 shíchen

时候 shíhou　　实在 shízai　　拾掇 shíduo

使唤 shǐhuan　　世故 shìgu　　似的 shìde

收成 shōucheng　　首饰 shǒushi　　爽快 shuǎngkuai

练习十八

踏实 tāshi	特务 tèwu	甜头 tiántou
挑剔 tiāoti	跳蚤 tiàozao	亭子 tíngzi
头发 tóufa	妥当 tuǒdang	唾沫 tuòmo

练习十九

挖苦 wāku	尾巴 wěiba	委屈 wěiqu
位置 wèizhi	温和 wēnhuo	蚊子 wénzi
稳当 wěndang	窝囊 wōnang	我们 wǒmen

练习二十

稀罕 xīhan	媳妇 xífu	喜欢 xǐhuan
瞎子 xiāzi	下巴 xiàba	吓唬 xiàhu
先生 xiānsheng	相声 xiàngsheng	消息 xiāoxi
小气 xiǎoqi	歇息 xiēxi	谢谢 xièxie
心思 xīnsi	行李 xíngli	兄弟 xiōngdi
秀才 xiùcai	靴子 xuēzi	学问 xuéwen

练习二十一

鸭子 yāzi	胭脂 yānzhi	烟筒 yāntong
秧歌 yāngge	养活 yǎnghuo	样子 yàngzi
吆喝 yāohe	钥匙 yàoshi	一辈子 yībèizi
衣裳 yīshang	影子 yǐngzi	应酬 yìngchou
芋头 yùtou	冤枉 yuānwang	月亮 yuèliang

练习二十二

在乎 zàihu	早上 zǎoshang	怎么 zěnme
扎实 zhāshi	寨子 zhàizi	丈夫 zhàngfu
帐篷 zhàngpeng	招呼 zhāohu	招牌 zhāopai
枕头 zhěntou	知识 zhīshi	种子 zhǒngzi
主意 zhǔyi（zhúyi）	转悠 zhuànyou	庄稼 zhuāngjia
粽子 zòngzi	作坊 zuōfang	做作 zuòzuo

三、儿化

er 可自成音节，也可以与前一个音节结合，使前一个音节的主要元音起卷舌作用，使韵母发生变化，成为卷舌韵母，这种音变的现象叫作"儿化"。儿化的韵母叫作"儿化韵"。

（一）儿化的作用

1. 区别词义

信（信件）—信儿（消息）

头（脑袋）—头儿（首领、老大）

眼（眼睛）—眼儿（小洞、小窟窿）

2. 改变词性、词义

画（动词）—画儿（名词，表示一张画）

尖（形容词）—尖儿（名词，表示针尖）

盖（动词）—盖儿（名词，表示盖东西的器具）

3. 表示"轻""小""少""细微"

一点儿（表示数量很少）

小事儿（表示不重要的事情）

4. 表示亲切、喜爱、蔑视、鄙视等感情色彩或语气

脸蛋儿、老头儿、小孩儿、鲜花儿、臭味儿、小偷儿

（二）儿化的规律

具体儿化的规律可见表 2-1。

表 2-1　儿化的规律

韵母	儿化	实际发音
韵腹（尾）是 a、o、e、u	不变，加 r	唱歌儿 chànggēr 打球儿 dǎqiúr

韵母	儿化	实际发音
韵尾是 i、n（in、ün 除外）	丢 i 或 n，加 r	心眼儿 xīnyǎr 花园儿 huāyuár
韵尾是 ng	去 ng，加 r，元音鼻化	电影儿 diànyǐr（鼻化） 香肠儿 xiāngchár（鼻化）
韵尾是 i、ü	不变，加 er	有趣儿 yǒuqùr 小鸡儿 xiǎojīr
韵母是 –i、ê	丢 –i 或 ê，加 er	事儿 shèr 词儿 cér
韵母是 ui、in、un、ün	丢 i 或 n，加 er	干劲儿 gànjìer 麦穗儿 màisuèr

拼写儿化音时，只需要在音节末尾加"r"即可，语音上的实际变化不需要在拼音上标记。

【普通话水平测试用儿化词语专项练习】

①本部分内容参照《普通话水平测试实施纲要》（2021 年版）中《普通话水平测试用普通话词语表》及《现代汉语词典》（第 7 版）等编制。

②仅供普通话水平测试第二项（读多音节词语）备考时练习使用。以下儿化音节，在书面上一律加"儿"，但并不表明所列词语在任何语用场合下都必须儿化。

③以下列出原形韵母和所对应的儿化韵，用符号">"表示由哪个原形韵母变为儿化韵。用符号"："表示其前为韵腹，而非韵头。

④以下汉语拼音注音，只在基本形式后面加"r"，如"一块儿 yīkuàir"，不标语音上的实际变化。

练习一

☆**提示：**声母不卷舌，韵母在发音规范的前提下按要求卷舌。特别需要注意 a 音的口腔开合度。

a>ar

没法儿 méifǎ	号码儿 hàomǎr	戏法儿 xìfǎr
刀把儿 dāobàr	打杂儿 dǎzár	板擦儿 bǎncār

ia>iar

一下儿 yīxiàr	掉价儿 diàojiàr	豆芽儿 dòuyár

ua>uar

笑话儿 xiàohuar	脑瓜儿 nǎoguār	麻花儿 máhuār
牙刷儿 yáshuār	马褂儿 mǎguàr	大褂儿 dàguàr

练习二

☆**提示：**当前鼻音 n 做儿化音韵尾时，–n 不再发音，卷舌动作发生在韵腹位置。比如，在词语"烟卷儿 yānjuǎnr"中，卷舌的动作发生在韵腹 a 处，实际上的发音为烟卷儿 yānjuǎr。

an>ar

包干儿 bāogānr	快板儿 kuàibǎnr	老伴儿 lǎobànr
蒜瓣儿 suànbànr	脸盘儿 liǎnpánr	门槛儿 ménkǎnr

ian>iar

馅儿饼 xiànrbǐng	小辫儿 xiǎobiànr	照片儿 zhàopiānr
牙签儿 yáqiānr	露馅儿 lòuxiànr	心眼儿 xīnyǎnr
差点儿 chàdiǎnr	冒尖儿 màojiānr	坎肩儿 kǎnjiānr

uan>uar

茶馆儿 cháguǎnr	好玩儿 hǎowánr	火罐儿 huǒguànr
落款儿 luòkuǎnr	打转儿 dǎzhuànr	大腕儿 dàwànr

üan>üar

手绢儿 shǒujuànr	人缘儿 rényuánr	出圈儿 chūquānr
包圆儿 bāoyuánr	绕远儿 ràoyuǎnr	杂院儿 záyuànr

en>er

花盆儿 huāpénr　　　哥们儿 gēmenr　　　嗓门儿 sǎngménr

纳闷儿 nàmènr　　　后跟儿 hòugēnr　　　高跟儿鞋　gāogēnrxié

别针儿 biézhēnr　　　走神儿 zǒushénr　　　刀刃儿 dāorènr

uen>uer

光棍儿 guānggùnr　　　打盹儿 dǎdǔnr　　　胖墩儿 pàngdūnr

冰棍儿 bīnggùnr　　　没准儿 méizhǔnr　　　开春儿 kāichūnr

in>i：er

脚印儿 jiǎoyìnr　　　有劲儿 yǒujìnr　　　送信儿 sòngxìnr

练习三

☆**提示：** 后鼻音韵母的儿化是普通话测试中极易失分的部分，特别需要注意的是，卷舌的动作发生在韵尾 –ng 前。比如，在词语"药方儿 yàofāngr"中，卷舌的动作发生在韵腹 a 处，而韵尾 –ng 与韵腹合并成鼻化元音，实际上的发音为药方儿 yàofār（鼻化）。另外，如考生存在前后鼻音等相关问题，建议先行解决该类问题后，再进行儿化音的练习。

ang>ar（鼻化）

赶趟儿 gǎntàngr　　　香肠儿 xiāngchángr　　　瓜瓤儿 guāràngr

iang>iar（鼻化）

花样儿 huāyàngr　　　鼻梁儿 bíliángr　　　透亮儿 tòuliàngr

uang>uar（鼻化）

天窗儿 tiānchuāngr　　　蛋黄儿 dànhuángr　　　打晃儿 dǎhuàngr

eng>er（鼻化）

提成儿 tíchéngr　　　钢镚儿 gāngbèngr　　　夹缝儿 jiāfèngr

ueng>uer（鼻化）

小瓮儿 xiǎowèngr

ing>i：er（鼻化）

人影儿 rényǐngr　　　花瓶儿 huāpíngr　　　蛋清儿 dànqīngr

图钉儿 túdīngr　　　眼镜儿 yǎnjìngr　　　火星儿 huǒxīngr

ong>or（鼻化）

小葱儿 xiǎocōngr　　　果冻儿 guǒdòngr　　　抽空儿 chōukòngr

iong>ior（鼻化）

小熊儿 xiǎoxióngr

练习四

☆**提示**：当 i 做韵尾时，–i 不再发音，卷舌动作发生在韵腹位置。比如，在词语"刀背儿 dāobèir"中，卷舌的动作发生在韵腹 e 处，实际上的发音为刀背儿 dāobèr。

ai>ar

名牌儿 míngpáir　　　加塞儿 jiāsāir　　　鞋带儿 xiédàir

uai>uar

一块儿 yīkuàir

（☆**提示**："一"在去声前调值变为阳平 35，在非去声前调值变为去声 51。因此，"一块儿"中的"一"读阳平 35。）

ei>er

摸黑儿 mōhēir

uei>uer

跑腿儿 pǎotuǐr　　　耳垂儿 ěrchuír　　　墨水儿 mòshuǐr

i>i：er

垫底儿 diàndǐr　　　肚脐儿 dùqír　　　玩意儿 wányìr

练习五

e>er

逗乐儿 dòulèr　　　模特儿 mótèr　　　唱歌儿 chànggēr

挨个儿 āigèr　　　打嗝儿 dǎgér　　　饭盒儿 fànhér

ie>ier

半截儿 bànjiér　　　小鞋儿 xiǎoxiér

üe>üer

旦角儿 dànjuér　　　主角儿 zhǔjuér

练习六

–i（前）>er

| 瓜子儿 guāzǐr | 石子儿 shízǐr | 挑刺儿 tiāocìr |

–i（后）>er

| 记事儿 jìshìr | 墨汁儿 mòzhīr | 锯齿儿 jùchǐr |

练习七

u>ur

| 碎步儿 suìbùr | 没谱儿 méipǔr | 媳妇儿 xífur |
| 梨核儿 líhúr | 泪珠儿 lèizhūr | 有数儿 yǒushùr |

ou>our

| 衣兜儿 yīdōur | 老头儿 lǎotóur | 小偷儿 xiǎotōur |
| 门口儿 ménkǒur | 小丑儿 xiǎochǒur | |

iou>iour

| 顶牛儿 dǐngniúr | 抓阄儿 zhuājiūr | 棉球儿 miánqiúr |

练习八

ü>ü：er

| 毛驴儿 máolǘr | 小曲儿 xiǎoqǔr | |

ün>ü：er

| 合群儿 héqúnr | | |

练习九

ao>aor

| 蜜枣儿 mìzǎor | 红包儿 hóngbāor | 灯泡儿 dēngpàor |
| 跳高儿 tiàogāor | 叫好儿 jiàohǎor | 口罩儿 kǒuzhàor |

iao>iaor

| 火苗儿 huǒmiáor | 跑调儿 pǎodiàor | 面条儿 miàntiáor |

uo>uor

| 火锅儿 huǒguōr | 大伙儿 dàhuǒr | 邮戳儿 yóuchuōr |

（o）>or

耳膜儿 ěrmór　　　　粉末儿 fěnmòr

四、"啊"的音变

普通话中的"啊"是一个表达语气情感的词，有阴平、阳平、上声、去声和轻声的变化，读哪种声调和说话人的思想情感有非常密切的关联，如"啊（á），你说什么？""啊（ǎ），怎么是她？""啊（à），你吓我一跳。"

但是，当"啊"作为语气词出现在句尾，其声调会受到前一个音节末尾音素的影响而发生变化，出现音变现象。

（一）"啊"的音变规律

"啊"的变读规律见表 2-2。

表 2-2　"啊"的变读规律

"啊"前的韵母	"啊"前一音节末尾音素	"啊"的音变	汉字写法	举例
a ia ua o uo e ie üe	a o e ê	ya	呀	是他呀！你怎么不反驳呀！快喝呀！好大的雪呀！
i ai uai ei uei ü	i、ü	ya	呀	对呀！真绿呀！快去呀！
u ou iou ao iao	u	wa	哇	真热闹哇！
an ian uan en in uen ün	n	na	哪	开门哪！小心哪！真晕啊！
ang iang uang eng ing ueng ong iong	ng	nga	啊	真安静啊！长城长啊！行不行啊！
舌尖韵母 -i	-i（前）	ra [ʐ, ʌ]	啊	谁写的字啊？
	-i（后）	ra [ʐ, ʌ]	啊	是啊！什么事啊？
er	儿韵和儿化	ra [ʐ, ʌ]	啊	多美的花儿啊！是第二啊！

①当"啊"前面音节的末尾音素是 a、o（不包括 ao、iao）、e、ê、i、ü 时，"啊"读作 ya，也可以写作"呀"。

【例】

真大啊（dà ya）！　　　　真多啊（duō ya）！　　火车啊（chē ya）！

满月啊（yuè ya）！　　　　美丽啊（lì ya）！　　　快去啊（qù ya）！

②当"啊"前面音节的末尾音素是 u（包括 ao、iao）时，"啊"读作 wa，也可以写作"哇"。

【例】

有没有啊（yǒu wa）？　　　　　　好不好啊（hǎo wa）？

你真是心灵手巧啊（qiǎo wa）！

③当"啊"前面音节的末尾音素是 –n 时，"啊"读作 na，也可以写作"哪"。

【例】

这菜可真咸啊（xián na）！　　　你要天天开心啊（xīn na）！

④当"啊"前面音节的末尾音素是 –ng 时，"啊"读作 nga，仍写作"啊"。

【例】

这衣服洗得真干净啊（jìng nga）！　真亮堂啊（táng nga）！

⑤当"啊"前面音节的末尾音素是舌尖前元音 –i［ɿ］时，"啊"读作 za，仍写作"啊"。

【例】

你是个好孩子啊（zi za）！　你去过很多次啊（cì za）？

⑥当"啊"前面音节的末尾音素是舌尖后元音 –i［ʅ］和卷舌韵母 er 时，"啊"读作 ra，仍写作"啊"。

【例】

这是一件大喜事啊（shì ra）！　　　这是你老师啊（shī ra）！

（二）"啊"的音变练习

打岔啊（ya）　　　　喝茶啊（ya）　　　　广播啊（ya）

上坡啊（ya）　　　　唱歌啊（ya）　　　　合格啊（ya）

祝贺啊（ya）	上街啊（ya）	快写啊（ya）
白雪啊（ya）	节约啊（ya）	可爱啊（ya）
喝水啊（ya）	早起啊（ya）	东西啊（ya）
不去啊（ya）	大雨啊（ya）	别哭啊（wa）
没有啊（wa）	巧手啊（wa）	跳舞啊（wa）
中秋啊（wa）	里头啊（wa）	可笑啊（wa）
真好啊（wa）	报告啊（wa）	小心啊（na）
家人啊（na）	围裙啊（na）	大干啊（na）
真准啊（na）	联欢啊（na）	太脏啊（nga）
不用啊（nga）	好冷啊（nga）	小熊啊（nga）
好听啊（nga）	劳动啊（nga）	完成啊（nga）
写字啊（za）	一次啊（za）	蚕丝啊（za）
公司啊（za）	可耻啊（ra）	老师啊（ra）
花儿啊（ra）	先吃啊（ra）	小曲儿啊（ra）

注：括号里是音变后"啊"的读音。

第五节　普通话音节

一、音节的结构和特点

（一）音节的结构

音节是语音的基本结构单位，也是听觉上最易分辨的语音单位。一般来说，一个汉字就是一个音节，儿化词是两个汉字一个音节，如"画儿（huàr）"。普通话音节由声母、韵母（韵头、韵腹、韵尾）、声调组成。其中，韵腹是不可或缺的要素，见表2-3。

表2-3 普通话音节结构表

例字	声母	韵母			声调
		韵头	韵腹	韵尾	
鹅	零		e		阳平
我	零	u	o		上声
昂	零		a	ng	阳平
马	m		a		上声
全	q	ü	a	n	阳平
威	零	u	e	i	阴平
桃	t		a	o	阳平
页	零	i	ê		去声

（二）音节的特点

①每个音节最少由三部分构成，分别为声母、韵母、声调。声母可以是零声母，韵母可以没有韵头和韵尾，但是必须有韵腹，如"鹅（é）"由零声母、韵腹"e"和阳平声调构成。

②一个音节最多由五部分构成，分别为声母、韵头、韵腹、韵尾、声调，如"全（quán）"由声母"q"、韵头"ü"、韵腹"a"、韵尾"n"和阳平声调构成。

③元音在音节中占据优势，一个音节中必须有元音音素，并且至少一个，最多三个，连续排列，分别充当韵母的韵头、韵腹和韵尾。

④辅音只能出现在音节的开头（作声母）和末尾（作韵尾），没有辅音连续排列的情况。

⑤韵头只能由i、u、ü充当。

⑥元音韵尾由i、o、u充当，辅音韵尾只能由n、ng充当。

⑦元音都能充当韵腹，如果韵母中不止一个元音，那么一般总是开口度较

大、舌位较低的元音充当韵腹（如 a、o、e）。只有在韵母中没有其他元音成分时，i、u、ü 才能充当韵腹。

二、音节的拼读

音节的拼读就是按照普通话音节的构成规律，把声母、韵母、声调组合成有声音节的过程。

（一）拼读要领

①声母发本音。拼读时，声母不能用单念时的呼读法音，而是要读得轻短一些，韵母要读得长一些、重一些。

②声母、韵母一气呵成。拼读时，要注意拼合方法，声母和韵母之间不要停顿，要一口气连贯流畅地读出来。

③读准介音。音节拼读时，如遇有介音 i、u、ü 的音节，不要丢失韵头，避免拼合不自然，如"鸟（niǎo）"，不能失去韵头变为"脑（nǎo）"。

☆提示：声母念本音，韵母紧紧跟。声韵一口气，保你拼得准。

（二）拼读方法

初学者可用两拼法、三拼法、声介合拼法。

①两拼法。将音节分为声母和韵母两部分进行拼读，如酸 s-uān → suān。

②三拼法。将音节分为声母、韵头、韵腹（如有韵尾，要包含在内）进行拼读，这种方法仅适用于有介音的音节，如酸 s-u-ān → suān。

③声介合拼法。先将音节中的声母和介音 i、u、ü 拼合，然后与韵母相拼，这种方法只适用于有介音的音节，如酸 su-ān → suān。

三、普通话声韵拼合规律

普通话声母、韵母和声调的配合有其规律，各地方言声韵调的配合也有自己的规律。学习并掌握普通话声韵拼合规律，不仅可以进一步了解普通话的语音系统，也可以帮助考生区分普通话音节和方言音节的读音。普通话声韵拼合关系可见表2-4。

表2-4　普通话声韵拼合关系表

	开口呼	齐齿呼	合口呼	撮口呼
双唇音 b、p、m	+	+	只跟 u 相拼	
唇齿音 f	+		只跟 u 相拼	
舌尖中音 d、t	+	+	+	
舌尖中音 n、l	+	+	+	+
舌面后音 g、k、h	+		+	
舌面前音 j、q、x		+		+
舌尖后音 zh、ch、sh、r	+		+	
舌尖前音 z、c、s	+		+	
零声母	+	+	+	+

【普通话水平测试用精选词语练习表】

①本部分内容依据《普通话水平测试实施纲要》（2004版）、《普通话水平测试实施纲要》（2021年版）中的《普通话水平测试用普通话词语表》，《通用规范汉字表》（一、二级字），《现代汉语常用词表》（第2版）前20000词，中国社会科学院语言研究所词典编辑室编的《现代汉语词典》（第5—7版），国家语委现代汉语语料库等资料编写。

②仅供普通话水平测试第一项读单音节字词和第二项读多音节词语测试使用，也可作为普通话学习训练资料。

③本表中的多音字，在单字下标注多个读音，如"扒 bā/pá"。

④本表中除了必读轻声音节，一律只标本调，不标变调。

⑤本表中的轻声词条分为必读轻声和一般轻读、间或重读。必读轻声音节，注音不标调号，如"妈妈 māma"；一般轻读、间或重读音节，注音标调号，并在该音节前加圆点提示，如"母亲 mǔ·qin"。

⑥本表中的儿化音节，注音时只在基本形式后面加 r，如"一块儿 yīkuàir"，不标语音上的实际变化。部分儿化词语同时收录儿化形式和非儿化形式，如"把门儿（把门）bǎménr（bǎmén）"。

A

阿	ā/ē	庵	ān
哀悼	āidào	按摩	ànmó
哀愁	āichóu	按照	ànzhào
哀求	āiqiú	案	àn
癌	ái	案件	ànjiàn
矮小	ǎixiǎo	肮脏	āngzāng
爱	ài	昂	áng
爱好	àihào	盎然	àngrán
碍	ài	凹	āo
皑皑	ái' ái	凹陷	āoxiàn
癌症	áizhèng	遨游	áoyóu
爱戴	àidài	鳌	áo
安	ān	翱翔	áoxiáng
安定	āndìng	拗	ào/niù
安插	ānchā	奥	ào
安顿	āndùn	奥秘	àomì
安放	ānfàng	奥运会	Àoyùnhuì
安分	ānfèn	懊悔	àohuǐ
安居乐业	ānjū-lèyè	懊恼	àonǎo
安理会	Ānlǐhuì	懊丧	àosàng
安装	ānzhuāng	傲	ào
氨	ān	傲慢	àomàn
氨基酸	ānjīsuān		

B

扒	bā/pá	白薯	báishǔ
芭蕉	bājiāo	白天	bái·tiān
芭蕾舞	bālěiwǔ	白菜	báicài
八股	bāgǔ	白话文	báihuàwén
八卦	bāguà	白桦	báihuà
八仙桌	bāxiānzhuō	白糖	báitáng
八字	bāzì	白皙	báixī
巴结	bājie	白眼	báiyǎn
巴掌	bāzhang	白衣天使	báiyītiānshǐ
疤	bā	百	bǎi
疤痕	bāhén	百年	bǎinián
拔除	báchú	百分比	bǎifēnbǐ
拔地而起	bádì'érqǐ	百灵	bǎilíng
拔节	bájié	百折不挠	bǎizhé-bùnáo
拔腿	bátuǐ	柏油	bǎiyóu
把握	bǎwò	摆布	bǎi·bù
把柄	bǎbǐng	败坏	bàihuài
把门儿（把门）		败诉	bàisù
bǎménr（bǎmén）		拜托	bàituō
把手	bǎ·shǒu	班	bān
把守	bǎshǒu	班车	bānchē
把子	bǎzi	班级	bānjí
靶场	bǎchǎng	班主任	bānzhǔrèn
罢工	bàgōng	般	bān
罢官	bàguān	搬	bān
罢休	bàxiū	搬家	bānjiā
霸权	bàquán	搬迁	bānqiān

搬用	bānyòng	半圆	bànyuán
颁奖	bānjiǎng	扮	bàn
斑	bān	扮演	bànyǎn
斑驳	bānbó	伴	bàn
斑点	bāndiǎn	伴侣	bànlǚ
斑斓	bānlán	绊	bàn
斑纹	bānwén	瓣	bàn
板栗	bǎnlì	邦	bāng
版	bǎn	帮	bāng
版本	bǎnběn	帮忙	bāngmáng
版画	bǎnhuà	帮办	bāngbàn
版权	bǎnquán	帮扶	bāngfú
版图	bǎntú	帮工	bānggōng
办	bàn	帮手	bāngshou
办法	bànfǎ	帮凶	bāngxiōng
办公室	bàngōngshì	梆	bāng
办案	bàn'àn	梆子	bāngzi
办公	bàngōng	绑	bǎng
办学	bànxué	绑架	bǎngjià
半	bàn	榜	bǎng
半导体	bàndǎotǐ	榜样	bǎngyàng
半岛	bàndǎo	膀	bǎng/pāng/páng
半边	bànbiān	膀子	bǎngzi
半成品	bànchéngpǐn	棒	bàng
半点儿	bàndiǎnr	棒槌	bàngchui
半截儿	bànjiér	蚌	bàng
半数	bànshù	傍晚	bàngwǎn
半途	bàntú	磅	bàng/páng

包	bāo	保护色	bǎohùsè
包庇	bāobì	保洁	bǎojié
包涵	bāo·hán	保龄球	bǎolíngqiú
包括	bāokuò	保证金	bǎozhèngjīn
包围	bāowéi	保证人	bǎozhèngrén
包装	bāozhuāng	保值	bǎozhí
包办	bāobàn	保重	bǎozhòng
包罗万象	bāoluó-wànxiàng	报	bào
包扎	bāozā	报酬	bào·chóu
包子	bāozi	报刊	bàokān
苞	bāo	报案	bào'àn
孢子	bāozǐ	报表	bàobiǎo
胞	bāo	报仇	bàochóu
炮	bāo/páo/pào	报答	bàodá
剥	bāo/bō	报送	bàosòng
雹	báo	报喜	bàoxǐ
薄	báo/bó/bò	报销	bàoxiāo
宝	bǎo	报效	bàoxiào
宝贝	bǎobèi	报信	bàoxìn
堡	bǎo/bǔ/pù	报应	bào·yìng
堡垒	bǎolěi	豹	bào
饱含	bǎohán	暴动	bàodòng
保	bǎo	暴力	bàolì
保持	bǎochí	暴风雪	bàofēngxuě
保存	bǎocún	暴风雨	bàofēngyǔ
保卫	bǎowèi	暴君	bàojūn
保险	bǎoxiǎn	暴利	bàolì
保安	bǎo'ān	曝光	bàoguāng

爆	bào	北上	běishàng
爆发	bàofā	北方	běifāng
爆炸	bàozhà	贝	bèi
爆竹	bàozhú	贝壳	bèiké
刨	bào/páo	备	bèi
刨子	bàozi	备案	bèi'àn
抱	bào	备课	bèikè
抱不平	bàobùpíng	备忘录	bèiwànglù
抱负	bàofù	备用	bèiyòng
抱歉	bàoqiàn	备战	bèizhàn
抱怨	bào·yuàn	背心	bèixīn
杯	bēi	背影	bèiyǐng
杯子	bēizi	钡	bèi
卑	bēi	悖论	bèilùn
卑鄙	bēibǐ	被	bèi
背	bēi/bèi	被单	bèidān
背负	bēifù	被迫	bèipò
悲	bēi	被窝儿	bèiwōr
悲愤	bēifèn	被动	bèidòng
悲观	bēiguān	辈	bèi
悲苦	bēikǔ	奔	bēn/bèn
悲痛	bēitòng	奔波	bēnbō
悲壮	bēizhuàng	奔放	bēnfàng
碑	bēi	奔走	bēnzǒu
碑文	bēiwén	本	běn
北	běi	本部	běnbù
北半球	běibànqiú	本钱	běn·qián
北极星	běijíxīng	本色	běnsè

本地	běndì	笔试	bǐshì
本来	běnlái	笔直	bǐzhí
苯	běn	笔记	bǐjì
笨	bèn	鄙	bǐ
笨重	bènzhòng	鄙视	bǐshì
笨拙	bènzhuō	鄙夷	bǐyí
崩	bēng	币	bì
崩溃	bēngkuì	币制	bìzhì
绷	bēng/běng/bèng	必	bì
绷带	bēngdài	必备	bìbèi
泵	bèng	必将	bìjiāng
蹦	bèng	必需品	bìxūpǐn
逼	bī	必定	bìdìng
逼迫	bīpò	必要	bìyào
逼真	bīzhēn	毕	bì
鼻	bí	毕竟	bìjìng
鼻梁	bíliáng	闭	bì
鼻孔	bíkǒng	闭合	bìhé
匕首	bǐshǒu	庇护	bìhù
比	bǐ	毙	bì
比方	bǐfang	秘	Bì/mì
比分	bǐfēn	痹	bì
比例尺	bǐlìchǐ	辟	bì/pì
比价	bǐjià	碧	bì
彼	bǐ	蔽	bì
彼岸	bǐ'àn	壁画	bìhuà
彼此	bǐcǐ	避	bì
笔	bǐ	避风	bìfēng

避雷针	bìléizhēn	扁	biǎn/piān
避难	bìnàn	扁担	biǎndan
避暑	bìshǔ	匾	biǎn
避免	bìmiǎn	变	biàn
臂	bì	变故	biàngù
臂膀	bìbǎng	变幻	biànhuàn
陛下	bìxià	变性	biànxìng
婢女	bìnǚ	变压器	biànyāqì
碧波	bìbō	变样	biànyàng
边	biān	变动	biàndòng
边陲	biānchuí	变异	biànyì
边际	biānjì	便	biàn/pián
编	biān	便民	biànmín
编号	biānhào	便衣	biànyī
编剧	biānjù	便利	biànlì
编码	biānmǎ	遍	biàn
编纂	biānzuǎn	遍布	biànbù
编辑	biānjí	遍地	biàndì
蝙蝠	biānfú	遍及	biànjí
鞭	biān	辨	biàn
鞭子	biānzi	辨别	biànbié
鞭策	biāncè	辩证	biànzhèng
鞭打	biāndǎ	辩驳	biànbó
鞭炮	biānpào	辩护人	biànhùrén
贬	biǎn	辩解	biànjiě
贬低	biǎndī	辩论	biànlùn
贬义	biǎnyì	辫子	biànzi
贬值	biǎnzhí	标	biāo

标榜	biāobǎng	滨	bīn
标本兼治	biāoběn-jiānzhì	缤纷	bīnfēn
标兵	biāobīng	濒临	bīnlín
标签	biāoqiān	鬓	bìn
标新立异	biāoxīn-lìyì	冰	bīng
标的	biāodì	冰雹	bīngbáo
标准化	biāozhǔnhuà	冰天雪地	bīngtiān-xuědì
彪悍	biāohàn	冰箱	bīngxiāng
表	biǎo	冰川	bīngchuān
表层	biǎocéng	兵	bīng
表白	biǎobái	兵法	bīngfǎ
表格	biǎogé	丙	bǐng
表态	biǎotài	秉承	bǐngchéng
憋	biē	屏	bǐng/píng
鳖	biē	屏息	bǐngxī
别	bié/biè	禀	bǐng
别墅	biéshù	禀报	bǐngbào
别出心裁	biéchū-xīncái	并	bìng
别具一格	biéjù-yīgé	并存	bìngcún
别开生面	biékāi-shēngmiàn	并发症	bìngfāzhèng
别名	biémíng	并重	bìngzhòng
别有用心	biéyǒu-yòngxīn	并且	bìngqiě
别致	bié·zhì	病	bìng
瘪	biě	病程	bìngchéng
宾	bīn	病床	bìngchuáng
宾馆	bīnguǎn	病房	bìngfáng
宾客	bīnkè	病例	bìnglì
斌	bīn	病员	bìngyuán

病原体	bìngyuántǐ	铂	bó
病灶	bìngzào	泊	bó/pō
病症	bìngzhèng	脖	bó
病变	bìngbiàn	脖颈儿	bógěngr
拨	bō	博	bó
拨打	bōdǎ	博爱	bó'ài
拨付	bōfù	博大精深	bódà-jīngshēn
拨款	bōkuǎn	博物馆	bówùguǎn
波	bō	搏击	bójī
波谷	bōgǔ	渤	Bó
波及	bōjí	搏	bó
波澜壮阔	bōlán-zhuàngkuò	搏斗	bódòu
波涛	bōtāo	膊	bó
波长	bōcháng	箔	bó
玻璃	bō·lí	薄弱	bóruò
剥夺	bōduó	跛	bǒ
菠菜	bōcài	簸箕	bòji
播	bō	薄荷	bòhe
播放	bōfàng	卜	bǔ
播送	bōsòng	补	bǔ
播种	bōzhǒng	补丁	bǔding
播种	bōzhòng	补给	bǔjǐ
伯	bó	补救	bǔjiù
伯乐	Bólè	补偿	bǔcháng
伯母	bómǔ	捕	bǔ
伯父	bófù	捕杀	bǔshā
驳	bó	捕捞	bǔlāo
帛	bó	不	bù

不动产	bùdòngchǎn	不锈钢	bùxiùgāng
不动声色	bùdòng-shēngsè	不言而喻	bùyán'éryù
不乏	bùfá	不安	bù'ān
不敢当	bùgǎndāng	布	bù
不计其数	bùjì-qíshù	布局	bùjú
不见得	bùjiàn·dé	步	bù
不胫而走	bùjìng'érzǒu	步伐	bùfá
不可思议	bùkě-sīyì	部	bù
不可一世	bùkě-yīshì	部下	bùxià
不力	bùlì	部族	bùzú
不妙	bùmiào	部队	bùduì
不速之客	bùsùzhīkè	埠	bù
不像话	bùxiànghuà	簿	bù

C

擦	cā	财主	cáizhu
擦拭	cāshì	财产	cáichǎn
猜	cāi	裁	cái
猜测	cāicè	裁定	cáidìng
才	cái	裁缝	cáifeng
才干	cáigàn	裁员	cáiyuán
才华	cáihuá	采	cǎi
才能	cáinéng	采编	cǎibiān
材	cái	采风	cǎifēng
材料	cáiliào	采掘	cǎijué
财	cái	采矿	cǎikuàng
财团	cáituán	采纳	cǎinà
财物	cáiwù	采暖	cǎinuǎn
财源	cáiyuán	彩	cǎi

彩票	cǎipiào	残杀	cánshā
彩旗	cǎiqí	残酷	cánkù
彩塑	cǎisù	蚕	cán
彩陶	cǎitáo	蚕豆	cándòu
彩色	cǎisè	蚕食	cánshí
睬	cǎi	蚕丝	cánsī
踩	cǎi	惭愧	cánkuì
菜场	càichǎng	惨	cǎn
菜单	càidān	惨案	cǎn'àn
菜刀	càidāo	惨白	cǎnbái
菜园	càiyuán	惨败	cǎnbài
菜蔬	càishū	惨痛	cǎntòng
菜肴	càiyáo	惨重	cǎnzhòng
蔡	Cài	灿烂	cànlàn
参	cān/cēn/shēn	仓	cāng
参拜	cānbài	仓促	cāngcù
参见	cānjiàn	苍	cāng
参政	cānzhèng	沧桑	cāngsāng
参观	cānguān	沧海	cānghǎi
餐	cān	舱	cāng
餐馆	cānguǎn	藏	cáng/zàng
餐具	cānjù	藏身	cángshēn
餐厅	cāntīng	藏书	cángshū
餐桌	cānzhuō	操	cāo
残	cán	操办	cāobàn
残暴	cánbào	操场	cāochǎng
残存	cáncún	操纵	cāozòng
残忍	cánrěn	操作	cāozuò

曹	cáo	叉	chā/chǎ/chà
槽	cáo	叉腰	chāyāo
草	cǎo	差	chā/chà/chāi/chài/cī
草本	cǎoběn	差异	chāyì
草药	cǎoyào	插	chā
草案	cǎo'àn	插队	chāduì
册	cè	插话	chāhuà
厕所	cèsuǒ	插图	chātú
侧	cè	插秧	chāyāng
侧耳	cè'ěr	插嘴	chāzuǐ
侧重	cèzhòng	杈	chā/chà
测	cè	喳	chā/zhā
测控	cèkòng	茬	chá
测评	cèpíng	茶	chá
测试	cèshì	茶点	chádiǎn
测算	cèsuàn	茶馆儿（茶馆）	
测验	cèyàn	cháguǎnr（cháguǎn）	
策	cè	茶叶	cháyè
策动	cèdòng	查	chá
策划	cèhuà	查对	cháduì
策略	cèlüè	查封	cháfēng
层	céng	查验	cháyàn
层次	céngcì	查阅	cháyuè
层出不穷	céngchū-bùqióng	查找	cházhǎo
层面	céngmiàn	查证	cházhèng
曾	céng/zēng	查询	cháxún
曾经	céngjīng	察	chá
蹭	cèng	察觉	chájué

察看	chákàn	铲	chǎn
岔	chà	铲除	chǎnchú
刹	chà/shā	阐述	chǎnshù
刹那	chànà	颤	chàn
差不多	chà·bùduō	颤抖	chàndǒu
差点儿	chàdiǎnr	昌	chāng
拆	chāi	倡	chāng/chàng
拆除	chāichú	娼妓	chāngjì
柴	chái	长	cháng/zhǎng
豺狼	cháiláng	长征	chángzhēng
掺	chān/shǎn	长臂猿	chángbìyuán
掺杂	chānzá	长方形	chángfāngxíng
搀	chān	长颈鹿	chángjǐnglù
搀扶	chānfú	长治久安	chángzhì-jiǔ'ān
单	chán/dān/Shàn	长足	chángzú
馋	chán	场	cháng/chǎng
禅	chán/shàn	肠	cháng
禅宗	chánzōng	肠胃	chángwèi
缠	chán	尝	cháng
缠绵	chánmián	尝试	chángshì
缠绕	chánrào	常	cháng
蝉	chán	常委	chángwěi
产	chǎn	常温	chángwēn
产妇	chǎnfù	常务	chángwù
产能	chǎnnéng	常住	chángzhù
产权	chǎnquán	常数	chángshù
产销	chǎnxiāo	偿	cháng
产值	chǎnzhí	偿付	chángfù

偿还	chánghuán	超越	chāoyuè
嫦娥	Cháng'é	剿	chāo/jiǎo
厂	chǎng	巢	cháo
厂房	chǎngfáng	巢穴	cháoxué
厂家	chǎngjiā	朝	cháo/zhāo
厂矿	chǎngkuàng	嘲笑	cháoxiào
场地	chǎngdì	潮水	cháoshuǐ
敞	chǎng	潮头	cháotóu
畅	chàng	潮汐	cháoxī
畅所欲言	chàngsuǒyùyán	潮湿	cháoshī
畅谈	chàngtán	吵	chǎo
畅通	chàngtōng	吵架	chǎojià
畅销	chàngxiāo	吵闹	chǎonào
唱	chàng	炒	chǎo
唱词	chàngcí	车	chē/jū
唱片	chàngpiàn	车门	chēmén
唱腔	chàngqiāng	车身	chēshēn
唱戏	chàngxì	车水马龙	chēshuǐ-mǎlóng
抄	chāo	车头	chētóu
抄袭	chāoxí	车站	chēzhàn
抄写	chāoxiě	尺	chě/chǐ
钞	chāo	扯	chě
超	chāo	扯皮	chěpí
超人	chāorén	彻	chè
超声波	chāoshēngbō	彻夜	chèyè
超市	chāoshì	彻底	chèdǐ
超脱	chāotuō	撤	chè
超载	chāozài	撤换	chèhuàn

撤回	chèhuí	称道	chēngdào
撤销	chèxiāo	称颂	chēngsòng
澈	chè	撑	chēng
抻	chēn	成	chéng
臣	chén	成材	chéngcái
尘	chén	成交	chéngjiāo
尘埃	chén'āi	成名	chéngmíng
辰	chén	成形	chéngxíng
沉	chén	成型	chéngxíng
沉寂	chénjì	成长	chéngzhǎng
沉稳	chénwěn	丞	chéng
沉吟	chényín	丞相	chéngxiàng
沉郁	chényù	呈	chéng
沉醉	chénzuì	呈现	chéngxiàn
沉着	chénzhuó	诚	chéng
陈	chén	诚挚	chéngzhì
陈述	chénshù	承	chéng
晨	chén	承载	chéngzài
晨光	chénguāng	承受	chéngshòu
晨曦	chénxī	城	chéng
衬	chèn	城堡	chéngbǎo
衬衫	chènshān	城池	chéngchí
趁	chèn	城郊	chéngjiāo
趁势	chènshì	城镇	chéngzhèn
趁早	chènzǎo	城池	chéngchí
称	chèn/chēng/chèng	城郊	chéngjiāo
称赞	chēngzàn	乘	chéng/shèng
称霸	chēngbà	乘客	chéngkè

乘务员	chéngwùyuán	赤	chì
乘坐	chéngzuò	赤手空拳	chìshǒu-kōngquán
盛	chéng/shèng	翅膀	chìbǎng
程	chéng	炽烈	chìliè
程序	chéngxù	炽热	chìrè
惩	chéng	冲	chōng/chòng
惩罚	chéngfá	冲突	chōngtū
澄	chéng/dèng	充	chōng
秤	chèng	充溢	chōngyì
吃	chī	充值	chōngzhí
吃不消	chī·bùxiāo	充足	chōngzú
吃紧	chījǐn	虫	chóng
吃香	chīxiāng	虫害	chónghài
痴	chī	种	Chóng/zhǒng/zhòng
痴呆	chīdāi	重	chóng/zhòng
痴迷	chīmí	重叠	chóngdié
嗤	chī	重演	chóngyǎn
迟	chí	重组	chóngzǔ
迟早	chízǎo	宠	chǒng
持	chí	宠爱	chǒng'ài
持有	chíyǒu	宠儿	chǒng'ér
持之以恒	chízhīyǐhéng	宠物	chǒngwù
齿	chǐ	抽	chōu
齿轮	chǐlún	抽屉	chōu·tì
齿龈	chǐyín	抽查	chōuchá
耻辱	chǐrǔ	抽搐	chōuchù
斥	chì	抽空	chōukòng
斥责	chìzé	抽泣	chōuqì

抽样	chōuyàng	出租车	chūzūchē
抽象	chōuxiàng	出血	chūxiě
仇	chóu/Qiú	初	chū
仇恨	chóuhèn	初中	chūzhōng
绸	chóu	初春	chūchūn
稠	chóu	初等	chūděng
稠密	chóumì	初衷	chūzhōng
愁	chóu	除非	chúfēi
愁苦	chóukǔ	除尘	chúchén
筹	chóu	除法	chúfǎ
筹措	chóucuò	除外	chúwài
丑	chǒu	除夕	chúxī
瞅	chǒu	除了	chúle
臭	chòu/xiù	厨房	chúfáng
臭氧	chòuyǎng	锄	chú
出	chū	锄头	chútou
出兵	chūbīng	雏	chú
出海	chūhǎi	雏形	chúxíng
出活儿	chūhuór	橱	chú
出谋划策	chūmóu-huàcè	橱窗	chúchuāng
出品	chūpǐn	处	chǔ/chù
出其不意	chūqí-bùyì	处方	chǔfāng
出奇	chūqí	处死	chǔsǐ
出气	chūqì	储	chǔ
出勤	chūqín	储蓄	chǔxù
出让	chūràng	储藏	chǔcáng
出人意料	chūrén-yìliào	楚	chǔ
出生率	chūshēnglǜ	畜	chù/xù

触	chù	创	chuāng/chuàng
触目惊心	chùmù-jīngxīn	创伤	chuāngshāng
矗立	chùlì	创口	chuāngkǒu
揣	chuāi/chuǎi/chuài	疮	chuāng
揣摩	chuǎimó	疮疤	chuāngbā
川	chuān	窗	chuāng
川流不息	chuānliú-bùxī	窗台	chuāngtái
穿	chuān	窗子	chuāngzi
穿插	chuānchā	床	chuáng
穿行	chuānxíng	幢	chuáng/zhuàng
穿越	chuānyuè	闯	chuǎng
传	chuán/zhuàn	创造	chuàngzào
传承	chuánchéng	创汇	chuànghuì
传单	chuándān	创见	chuàngjiàn
传道	chuándào	创收	chuàngshōu
传教	chuánjiào	吹	chuī
传教士	chuánjiàoshì	吹拂	chuīfú
传统	chuántǒng	吹牛	chuīniú
船舶	chuánbó	吹嘘	chuīxū
船台	chuántái	吹奏	chuīzòu
船舷	chuánxián	炊烟	chuīyān
船员	chuányuán	垂	chuí
船闸	chuánzhá	垂钓	chuídiào
喘	chuǎn	垂直	chuízhí
喘气	chuǎnqì	捶	chuí
喘息	chuǎnxī	锤	chuí
串	chuàn	春季	chūnjì
串联	chuànlián	春节	Chūnjié

春秋	chūnqiū	次第	cìdì
春天	chūntiān	次品	cìpǐn
春分	chūnfēn	次日	cìrì
春风	chūnfēng	刺激	cì·jī
春耕	chūngēng	刺猬	cìwei
春光	chūnguāng	赐	cì
纯	chún	赐予	cìyǔ
纯度	chúndù	匆忙	cōngmáng
纯朴	chúnpǔ	匆匆	cōngcōng
纯真	chúnzhēn	葱	cōng
唇	chún	从	cóng
淳朴	chúnpǔ	丛	cóng
醇	chún	丛林	cónglín
蠢	chǔn	丛生	cóngshēng
蠢事	chǔnshì	丛书	cóngshū
戳	chuō	凑	còu
戳穿	chuōchuān	凑合	còuhe
绰号	chuòhào	凑巧	còuqiǎo
刺	cī/cì	粗	cū
词	cí	粗暴	cūbào
词句	cíjù	粗笨	cūbèn
磁头	cítóu	粗细	cūxì
磁性	cíxìng	粗心	cūxīn
雌蕊	círuǐ	粗野	cūyě
雌性	cíxìng	粗壮	cūzhuàng
雌雄	cíxióng	粗糙	cūcāo
此地	cǐdì	卒	cù/zú
次	cì	促	cù

促成	cùchéng	翠绿	cuìlǜ
促进	cùjìn	村庄	cūnzhuāng
促使	cùshǐ	皴	cūn
醋	cù	存款	cúnkuǎn
簇	cù	存储	cúnchǔ
簇拥	cùyōng	存放	cúnfàng
蹿	cuān	存活	cúnhuó
攒	cuán/zǎn	存货	cúnhuò
窜	cuàn	存量	cúnliàng
篡夺	cuànduó	存折	cúnzhé
篡改	cuàngǎi	寸	cùn
衰	cuī/shuāi	搓	cuō
崔	Cuī	撮	cuō/zuǒ
摧残	cuīcán	磋商	cuōshāng
摧毁	cuīhuǐ	挫	cuò
璀璨	cuǐcàn	错过	cuòguò
脆	cuì	错位	cuòwèi
脆弱	cuìruò	错误	cuò·wù
萃取	cuìqǔ	错综复杂	cuòzōng-fùzá
淬火	cuìhuǒ		

D

答	dā/dá	打	dá/dǎ
答应	dāying	打岔	dǎchà
耷拉	dāla	打的	dǎdī
搭车	dāchē	打垮	dǎkuǎ
搭档	dādàng	打捞	dǎlāo
搭讪	dā·shàn	打猎	dǎliè
答卷	dájuàn	打趣	dǎqù

打扰	dǎrǎo	大选	dàxuǎn
打盹儿	dǎdǔnr	大意	dàyi
大	dà/dài	大有可为	dàyǒu-kěwéi
大白	dàbái	大张旗鼓	dàzhāng-qígǔ
大半	dàbàn	呆	dāi
大本营	dàběnyíng	呆板	dāibǎn
大车	dàchē	呆滞	dāizhì
大刀阔斧	dàdāo-kuòfǔ	待	dāi/dài
大道	dàdào	歹徒	dǎitú
大抵	dàdǐ	逮	dǎi/dài
大副	dàfù	大夫	dàifu
大公无私	dàgōng-wúsī	代表	dàibiǎo
大鼓	dàgǔ	代价	dàijià
大惊小怪	dàjīng-xiǎoguài	带	dài
大局	dàjú	带头	dàitóu
大举	dàjǔ	贷	dài
大理石	dàlǐshí	袋	dài
大力	dàlì	逮捕	dàibǔ
大陆架	dàlùjià	丹	dān
大路	dàlù	丹顶鹤	dāndǐnghè
大气层	dàqìcéng	担	dān/dàn
大气压	dàqìyā	担保	dānbǎo
大权	dàquán	担当	dāndāng
大人物	dàrénwù	担架	dānjià
大赛	dàsài	单产	dānchǎn
大同小异	dàtóng-xiǎoyì	单词	dāncí
大显身手	dàxiǎn-shēnshǒu	单方	dānfāng
大修	dàxiū	单子	dānzi

胆	dǎn	党纪	dǎngjì
胆固醇	dǎngùchún	党建	dǎngjiàn
胆量	dǎnliàng	党务	dǎngwù
胆略	dǎnlüè	党校	dǎngxiào
胆小鬼	dǎnxiǎoguǐ	当天	dàngtiān
胆汁	dǎnzhī	当铺	dàng·pù
胆子	dǎnzi	荡	dàng
掸	dǎn/Shàn	荡漾	dàngyàng
石	dàn/shí	档	dàng
但是	dànshì	档案	dàng'àn
担子	dànzi	档次	dàngcì
诞辰	dànchén	档期	dàngqī
淡水	dànshuǐ	刀	dāo
弹	dàn/tán	刀把儿	dāobàr
弹头	dàntóu	导	dǎo
弹丸之地	dànwánzhīdì	导电	dǎodiàn
蛋白质	dànbáizhì	导读	dǎodú
氮	dàn	导航	dǎoháng
氮肥	dànféi	导热	dǎorè
氮气	dànqì	导致	dǎozhì
当	dāng/dàng	岛	dǎo
当差	dāngchāi	捣	dǎo
当权	dāngquán	倒	dǎo/dào
当日	dāngrì	倒霉	dǎoméi
当务之急	dāngwùzhījí	倒闭	dǎobì
裆	dāng	倒伏	dǎofú
党	dǎng	倒卖	dǎomài
党风	dǎngfēng	倒塌	dǎotā

祷告	dǎogào	得知	dézhī
到来	dàolái	德	dé
到场	dàochǎng	德才兼备	décái-jiānbèi
到访	dàofǎng	灯光	dēngguāng
到家	dàojiā	灯火	dēnghuǒ
到期	dàoqī	灯笼	dēnglong
盗	dào	灯泡儿	dēngpàor
盗窃	dàoqiè	登	dēng
盗版	dàobǎn	登记	dēngjì
悼念	dàoniàn	登高	dēnggāo
道	dào	登陆	dēnglù
道理	dào·lǐ	登山	dēngshān
倒挂	dàoguà	登台	dēngtái
倒立	dàolì	登载	dēngzǎi
倒数	dàoshǔ	蹬	dēng/dèng
倒数	dàoshù	等于	děngyú
倒转	dàozhuǎn	等号	děnghào
倒转	dàozhuàn	等价	děngjià
稻谷	dàogǔ	瞪眼	dèngyǎn
得	dé/děi	邓	Dèng
得逞	déchěng	低	dī
得当	dédàng	低矮	dī'ǎi
得失	déshī	低能	dīnéng
得手	déshǒu	低碳	dītàn
得体	détǐ	低洼	dīwā
得天独厚	détiāndúhòu	堤	dī
得心应手	déxīn-yìngshǒu	提	dī/tí
得益	déyì	提防	dīfang

滴	dī	地热	dìrè
滴灌	dīguàn	地铁	dìtiě
的确	díquè	地下室	dìxiàshì
敌	dí	地主	dìzhǔ
敌国	díguó	地租	dìzū
敌后	díhòu	弟弟	dìdi
敌寇	díkòu	弟妹	dìmèi
笛	dí	弟兄	dìxiong
嫡	dí	弟子	dìzǐ
嘀咕	dígu	帝	dì
诋毁	dǐhuǐ	帝王	dìwáng
抵	dǐ	缔造	dìzào
抵抗	dǐkàng	颠	diān
抵制	dǐzhì	颠覆	diānfù
底	dǐ	掂	diān
底片	dǐpiàn	典	diǎn
底气	dǐqì	典籍	diǎnjí
地下	dì·xià	典型	diǎnxíng
地下水	dìxiàshuǐ	点	diǎn
地产	dìchǎn	电表	diànbiǎo
地磁	dìcí	电冰箱	diànbīngxiāng
地道	dìdào	电波	diànbō
地道	dìdao	电车	diànchē
地段	dìduàn	电磁场	diàncíchǎng
地核	dìhé	电镀	diàndù
地基	dìjī	电工	diàngōng
地窖	dìjiào	电光	diànguāng
地平线	dìpíngxiàn	电焊	diànhàn

电机	diànjī	雕堡	diāobǎo
电极	diànjí	雕	diāo
电解	diànjiě	雕刻	diāokè
电解质	diànjiězhì	吊	diào
电缆	diànlǎn	吊唁	diàoyàn
电信	diànxìn	钓	diào
电讯	diànxùn	调	diào/tiáo
电影院	diànyǐngyuàn	调任	diàorèn
电站	diànzhàn	调研	diàoyán
电视剧	diànshìjù	调运	diàoyùn
佃	diàn/tián	调子	diàozi
甸	diàn	跌落	diēluò
店	diàn	碟子	diézi
店铺	diànpù	蝶	dié
店堂	diàntáng	丁	dīng
店员	diànyuán	钉	dīng/dìng
玷污	diànwū	叮咛	dīngníng
垫	diàn	叮嘱	dīngzhǔ
垫圈	diànquān	顶	dǐng
奠	diàn	顶峰	dǐngfēng
奠基	diànjī	顶级	dǐngjí
奠定	diàndìng	鼎盛	dǐngshèng
殿	diàn	订	dìng
殿堂	diàntáng	订购	dìnggòu
殿下	diànxià	定	dìng
刁	diāo	定购	dìnggòu
叼	diāo	定价	dìngjià
貂	diāo	定居	dìngjū

定论	dìnglùn	动车	dòngchē
定名	dìngmíng	动画片	dònghuàpiàn
定神	dìngshén	动乱	dòngluàn
定时	dìngshí	动情	dòngqíng
定位	dìngwèi	动容	dòngróng
定员	dìngyuán	动身	dòngshēn
定罪	dìngzuì	动弹	dòngtan
丢	diū	动听	dòngtīng
丢掉	diūdiào	动武	dòngwǔ
丢脸	diūliǎn	动物园	dòngwùyuán
丢失	diūshī	动向	dòngxiàng
东	dōng	动心	dòngxīn
东西	dōngxī	动用	dòngyòng
东西	dōngxi	动辄	dòngzhé
东边	dōng·biān	动作	dòngzuò
东道主	dōngdàozhǔ	冻	dòng
东风	dōngfēng	冻疮	dòngchuāng
东经	dōngjīng	冻结	dòngjié
冬	dōng	栋	dòng
冬眠	dōngmián	洞	dòng
冬至	dōngzhì	都	dōu/dū
董	dǒng	兜	dōu
董事	dǒngshì	兜售	dōushòu
董事会	dǒngshìhuì	斗	dǒu/dòu
懂	dǒng	斗争	dòuzhēng
懂得	dǒng·dé	斗笠	dǒulì
动	dòng	抖	dǒu
动产	dòngchǎn	抖动	dǒudòng

抖擞	dǒusǒu	独自	dúzì
陡	dǒu	读	dú/dòu
陡坡	dǒupō	读者	dúzhě
陡然	dǒurán	读数	dúshù
陡峭	dǒuqiào	读物	dúwù
逗	dòu	读音	dúyīn
逗乐儿	dòulèr	犊	dú
豆	dòu	笃信	dǔxìn
窦	dòu	堵	dǔ
都市	dūshì	堵塞	dǔsè
督	dū	赌	dǔ
督办	dūbàn	赌气	dǔqì
督察	dūchá	杜	dù
督促	dūcù	渡	dù
督导	dūdǎo	肚子	dùzi
嘟囔	dūnang	妒忌	dùjì
毒	dú	度	dù/duó
毒素	dúsù	端	duān
毒打	dúdǎ	端详	duānxiáng
毒害	dúhài	短	duǎn
毒蛇	dúshé	短波	duǎnbō
独	dú	短跑	duǎnpǎo
独立	dúlì	断	duàn
独特	dútè	断言	duànyán
独创	dúchuàng	断定	duàndìng
独到	dúdào	煅	duàn
独断	dúduàn	缎	duàn
独占	dúzhàn	锻	duàn

堆	duī	囤	dùn/tún
堆砌	duīqì	钝	dùn
队伍	duìwu	盾	dùn
队列	duìliè	炖	dùn
对	duì	顿	dùn
对等	duìděng	多	duō
对接	duìjiē	多边	duōbiān
对口	duìkǒu	多元	duōyuán
对联	duìlián	多嘴	duōzuǐ
对路	duìlù	咄咄逼人	duōduō-bīrén
对不起	duì·bùqǐ	哆嗦	duōsuo
兑	duì	夺冠	duóguàn
兑付	duìfù	夺目	duómù
兑换	duìhuàn	垛	duǒ/duò
兑现	duìxiàn	躲避	duǒbì
吨	dūn	剁	duò
敦促	dūncù	堕落	duòluò
墩	dūn	驮	duò/tuó

E

鹅	é	厄运	èyùn
鹅卵石	éluǎnshí	扼	è
蛾子	ézi	扼杀	èshā
额定	édìng	鄂	È
额外	éwài	腭	è
恶	ě/è/wū/wù	遏止	èzhǐ
恶化	èhuà	愕然	èrán
恶果	èguǒ	恩	ēn
恶狠狠	èhěnhěn	恩赐	ēncì

恩情	ēnqíng		耳光	ěrguāng
儿	ér		耳闻目睹	ěrwén-mùdǔ
儿孙	érsūn		耳语	ěryǔ
儿戏	érxì		耳朵	ěrduo
儿女	érnǚ		饵	ěr
而	ér		饵料	ěrliào
而今	érjīn		二	èr
而后	érhòu		二胡	èrhú
尔	ěr		二维码	èrwéimǎ
尔后	ěrhòu		贰	èr
耳	ěr			

F

发	fā/fà		发动机	fādòngjī
发报	fābào		发抖	fādǒu
发兵	fābīng		发挥	fāhuī
发放	fāfàng		发起	fāqǐ
发疯	fāfēng		发热	fārè
发光	fāguāng		发射	fāshè
发还	fāhuán		发展	fāzhǎn
发散	fāsàn		发作	fāzuò
发烧	fāshāo		乏	fá
发问	fāwèn		乏力	fálì
发笑	fāxiào		乏善可陈	fáshàn-kěchén
发泄	fāxiè		乏味	fáwèi
发言人	fāyánrén		伐	fá
发表	fābiǎo		伐木	fámù
发病	fābìng		罚	fá
发电	fādiàn		罚金	fájīn

法	fǎ	繁多	fánduō
法案	fǎ'àn	繁茂	fánmào
法宝	fǎbǎo	反	fǎn
法典	fǎdiǎn	反比	fǎnbǐ
法定	fǎdìng	反驳	fǎnbó
法官	fǎguān	反差	fǎnchā
法规	fǎguī	反常	fǎncháng
法制	fǎzhì	反刍	fǎnchú
帆	fān	反倒	fǎndào
帆布	fānbù	反攻	fǎngōng
帆船	fānchuán	反顾	fǎngù
番	fān	反思	fǎnsī
番茄	fānqié	反响	fǎnxiǎng
翻	fān	反省	fǎnxǐng
翻动	fāndòng	反义词	fǎnyìcí
翻天覆地	fāntiān-fùdì	反证	fǎnzhèng
翻阅	fānyuè	反动	fǎndòng
翻腾	fān·téng	反对	fǎnduì
翻译	fānyì	反而	fǎn'ér
藩镇	fānzhèn	反应	fǎnyìng
凡	fán	反正	fǎn·zhèng
凡人	fánrén	反之	fǎnzhī
凡事	fánshì	返	fǎn
凡是	fánshì	返航	fǎnháng
烦	fán	返还	fǎnhuán
烦闷	fánmèn	返青	fǎnqīng
烦躁	fánzào	返回	fǎnhuí
繁	fán	贩毒	fàndú

犯	fàn	妨害	fánghài
犯罪	fànzuì	房	fáng
饭	fàn	房产	fángchǎn
饭店	fàndiàn	房东	fángdōng
泛	fàn	房租	fángzū
范	fàn	仿	fǎng
贩	fàn	仿效	fǎngxiào
贩卖	fànmài	仿照	fǎngzhào
贩运	fànyùn	仿真	fǎngzhēn
贩子	fànzi	仿佛	fǎngfú
方	fāng	访	fǎng
方向盘	fāngxiàngpán	纺	fǎng
方兴未艾	fāngxīng-wèi'ài	纺织品	fǎngzhīpǐn
方圆	fāngyuán	放	fàng
方阵	fāngzhèn	放大镜	fàngdàjìng
方案	fāng'àn	放电	fàngdiàn
方便	fāngbiàn	放映	fàngyìng
方才	fāngcái	放置	fàngzhì
方式	fāngshì	放纵	fàngzòng
防	fáng	放大	fàngdà
防暴	fángbào	放射性	fàngshèxìng
防备	fángbèi	放肆	fàngsì
防盗	fángdào	飞	fēi
防毒	fángdú	飞奔	fēibēn
防范	fángfàn	飞碟	fēidié
防疫	fángyì	飞驰	fēichí
防御	fángyù	飞船	fēichuán
妨碍	fáng'ài	妃	fēi

非	fēi	分辩	fēnbiàn
非同小可	fēitóng-xiǎokě	分辨	fēnbiàn
非议	fēiyì	分兵	fēnbīng
非常	fēicháng	分寸	fēn·cùn
肥	féi	分红	fēnhóng
肥大	féidà	分家	fēnjiā
肥水	féishuǐ	分居	fēnjū
肥效	féixiào	分流	fēnliú
肥料	féiliào	分清	fēnqīng
匪	fěi	分手	fēnshǒu
匪帮	fěibāng	分数	fēnshù
匪徒	fěitú	分水岭	fēnshuǐlǐng
诽谤	fěibàng	分摊	fēntān
吠	fèi	分头	fēntóu
肺	fèi	分明	fēnmíng
肺病	fèibìng	分配	fēnpèi
肺活量	fèihuóliàng	分歧	fēnqí
肺结核	fèijiéhé	分散	fēnsàn
肺炎	fèiyán	分析	fēnxī
废	fèi	纷纭	fēnyún
废话	fèihuà	纷争	fēnzhēng
沸	fèi	氛围	fēnwéi
沸腾	fèiténg	坟	fén
费	fèi	坟墓	fénmù
费力	fèilì	坟头	féntóu
费心	fèixīn	焚	fén
费用	fèi·yòng	焚毁	fénhuǐ
分	fēn/fèn	焚烧	fénshāo

粉	fěn	风波	fēngbō
粉笔	fěnbǐ	风采	fēngcǎi
粉尘	fěnchén	风潮	fēngcháo
粉饰	fěnshì	风车	fēngchē
粉末	fěnmò	风度	fēngdù
粉碎	fěnsuì	风帆	fēngfān
分量	fèn·liàng	风范	fēngfàn
分子	fènzǐ	风寒	fēnghán
分外	fènwài	风化	fēnghuà
份	fèn	风浪	fēnglàng
份儿	fènr	风流	fēngliú
份子	fènzi	风貌	fēngmào
奋发图强	fènfā-túqiáng	风起云涌	fēngqǐ-yúnyǒng
奋进	fènjìn	风尚	fēngshàng
奋不顾身	fènbùgùshēn	风生水起	fēngshēng-shuǐqǐ
奋发	fènfā	风声	fēngshēng
奋力	fènlì	风水	fēng·shuǐ
奋起	fènqǐ	风暴	fēngbào
粪	fèn	风驰电掣	fēngchí-diànchè
愤	fèn	风格	fēnggé
愤慨	fènkǎi	风筝	fēngzheng
丰	fēng	枫	fēng
丰年	fēngnián	封	fēng
丰盛	féngshèng	封闭	fēngbì
丰腴	fēngyú	疯	fēng
丰富	fēngfù	疯狂	fēngkuáng
丰收	fēngshōu	峰	fēng
风	fēng	锋	fēng

锋芒	fēngmáng	夫人	fū·rén
蜂	fēng	肤浅	fūqiǎn
蜂蜜	fēngmì	肤色	fūsè
蜂王	fēngwáng	孵	fū
冯	Féng/píng	孵化	fūhuà
缝	féng/fèng	敷	fū
缝合	fénghé	敷衍	fūyǎn
缝纫	féngrèn	弗	fú
缝纫机	féngrènjī	伏	fú
缝隙	fèngxì	伏击	fújī
讽	fěng	伏特	fútè
讽刺	fěngcì	服	fú/fù
凤	fèng	服从	fúcóng
凤凰	fèng·huáng	服务	fúwù
奉	fèng	俘	fú
奉命	fèngmìng	俘获	fúhuò
奉行	fèngxíng	俘虏	fúlǔ
奉献	fèngxiàn	氟	fú
佛	fó/fú	浮	fú
佛典	fódiǎn	浮动	fúdòng
佛法	fófǎ	符	fú
佛经	fójīng	符号	fúhào
佛寺	fósì	符合	fúhé
佛教	Fójiào	幅	fú
否	fǒu/pǐ	幅度	fúdù
否定	fǒudìng	辐	fú
夫	fū	辐射	fúshè
夫妇	fūfù	福	fú

福利	fúlì	附近	fùjìn
抚	fǔ	赴	fù
抚摸	fǔmō	复	fù
甫	fǔ	复出	fùchū
斧头	fǔ·tóu	复发	fùfā
斧子	fǔzi	复古	fùgǔ
府	fǔ	复核	fùhé
辅	fǔ	复辟	fùbì
辅助	fǔzhù	复制	fùzhì
腐	fǔ	副	fù
腐败	fǔbài	副业	fùyè
父辈	fùbèi	赋	fù
父亲	fù·qīn	赋予	fùyǔ
付	fù	富	fù
付出	fùchū	富强	fùqiáng
负	fù	富饶	fùráo
负担	fùdān	富翁	fùwēng
负极	fùjí	富丽	fùlì
负离子	fùlízǐ	腹	fù
妇	fù	腹膜	fùmó
妇女	fùnǚ	腹腔	fùqiāng
附	fù	覆盖	fùgài
附加	fùjiā	覆灭	fùmiè

G

夹	gā/jiā/jiá	改写	gǎixiě
该	gāi	改选	gǎixuǎn
改	gǎi	改制	gǎizhì
改行	gǎiháng	改编	gǎibiān

改变	gǎibiàn	赶	gǎn
改革	gǎigé	赶场	gǎnchǎng
钙	gài	赶路	gǎnlù
盖	gài	敢	gǎn
概	gài	敢于	gǎnyú
概况	gàikuàng	感	gǎn
概论	gàilùn	感触	gǎnchù
概括	gàikuò	感冒	gǎnmào
干	gān/gàn	感人	gǎnrén
干枯	gānkū	感激	gǎn·jī
干净	gān·jìng	感觉	gǎnjué
干扰	gānrǎo	橄榄	gǎnlǎn
干涉	gānshè	擀	gǎn
甘	gān	干劲	gànjìn
甘露	gānlù	干流	gànliú
甘愿	gānyuàn	干事	gànshi
甘蔗	gānzhe	赣	Gàn
甘薯	gānshǔ	冈	gāng
杆	gān/gǎn	刚	gāng
杆子	gānzi	刚强	gāngqiáng
肝	gān	刚毅	gāngyì
肝脏	gānzàng	刚健	gāngjiàn
柑	gān	岗	gāng/gǎng
柑橘	gānjú	肛门	gāngmén
竿	gān	纲	gāng
尴尬	gāngà	纲要	gāngyào
杆子	gǎnzi	钢	gāng/gàng
秆	gǎn	钢琴	gāngqín

钢铁	gāngtiě	糕	gāo
缸	gāng	糕点	gāodiǎn
岗位	gǎngwèi	搞	gǎo
港	gǎng	稿	gǎo
港湾	gǎngwān	稿件	gǎojiàn
港口	gǎngkǒu	告	gào
杠	gàng	告辞	gàocí
杠杆	gànggǎn	告示	gào·shì
杠子	gàngzi	咯	gē/kǎ/luò
高	gāo	戈壁	gēbì
高昂	gāo'áng	疙瘩	gēda
高倍	gāobèi	哥哥	gēge
高产	gāochǎn	哥们儿	gēmenr
高校	gāoxiào	胳膊	gēbo
高兴	gāoxìng	鸽子	gēzi
高压	gāoyā	搁	gē/gé
高中	gāozhōng	搁浅	gēqiǎn
高价	gāojià	搁置	gēzhì
高举	gāojǔ	割	gē
高考	gāokǎo	歌	gē
高科技	gāokējì	歌手	gēshǒu
高龄	gāolíng	歌星	gēxīng
高明	gāomíng	歌谣	gēyáo
羔	gāo	歌唱	gēchàng
羔羊	gāoyáng	歌舞	gēwǔ
膏	gāo/gào	革	gé
膏药	gāoyao	革除	géchú
篙	gāo	革命家	gémìngjiā

阁	gé	耕	gēng
阁楼	gélóu	羹	gēng
阁下	géxià	埂	gěng
格	gé	耿	gěng
格外	géwài	梗	gěng
格式	gé·shì	颈	gěng/jǐng
格言	géyán	更加	gèngjiā
格子	gézi	工	gōng
格格不入	gégé-bùrù	工分	gōngfēn
膈	gé	工程师	gōngchéngshī
葛	gé/Gě	工地	gōngdì
个	gě/gè	工夫	gōngfu
个别	gèbié	工人	gōng·rén
个案	gè'àn	工商业	gōngshāngyè
各	gè	工业	gōngyè
各自	gèzì	工业化	gōngyèhuà
给	gěi/jǐ	工艺	gōngyì
给力	gěilì	弓	gōng
根	gēn	公	gōng
根本	gēnběn	公安	gōng'ān
根深蒂固	gēnshēn-dìgù	公布	gōngbù
跟	gēn	公平	gōng·píng
跟前	gēn·qián	公婆	gōngpó
更	gēng/gèng	公差	gōngchāi
更新	gēngxīn	公道	gōng·dào
更迭	gēngdié	公德	gōngdé
更改	gēnggǎi	公害	gōnghài
庚	gēng	公函	gōnghán

公会	gōnghuì	恭喜	gōngxǐ
公认	gōngrèn	躬	gōng
公社	gōngshè	龚	Gōng
公式	gōngshì	巩固	gǒnggù
公有制	gōngyǒuzhì	汞	gǒng
公元	gōngyuán	拱	gǒng
功	gōng	拱桥	gǒngqiáo
功夫	gōngfu	拱手	gǒngshǒu
功绩	gōngjì	共	gòng
功劳	gōng·láo	共存	gòngcún
功力	gōnglì	共和	gònghé
功利	gōnglì	共计	gòngjì
攻	gōng	共生	gòngshēng
攻读	gōngdú	共通	gòngtōng
攻坚	gōngjiān	共同体	gòngtóngtǐ
攻势	gōngshì	共产党	gòngchǎndǎng
攻陷	gōngxiàn	共和国	gònghéguó
攻占	gōngzhàn	贡	gòng
攻击	gōngjī	贡献	gòngxiàn
供	gōng/gòng	勾	gōu/gòu
供不应求	gōngbùyìngqiú	勾画	gōuhuà
供销	gōngxiāo	勾结	gōujié
供需	gōngxū	句	gōu/jù
供养	gōngyǎng	沟	gōu
宫	gōng	沟通	gōutōng
宫殿	gōngdiàn	钩	gōu
宫廷	gōngtíng	苟且	gǒuqiě
恭维	gōng·wéi	狗	gǒu

勾当	gòu·dàng	股东	gǔdōng
构	gòu	股票	gǔpiào
构筑	gòuzhù	贾	gǔ/Jiǎ
购	gòu	鼓	gǔ
购买	gòumǎi	鼓动	gǔdòng
购销	gòuxiāo	鼓膜	gǔmó
估	gū/gù	鼓吹	gǔchuī
估量	gū·liáng	鼓励	gǔlì
估算	gūsuàn	鼓舞	gǔwǔ
估计	gūjì	固	gù
沽	gū	固守	gùshǒu
孤	gū	固定	gùdìng
孤独	gūdú	固然	gùrán
辜负	gūfù	固执	gù·zhí
骨	gū/gǔ	故	gù
骨气	gǔqì	故事	gùshi
骨肉	gǔròu	顾	gù
骨髓	gǔsuǐ	顾客	gùkè
古	gǔ	顾名思义	gùmíng-sīyì
古诗	gǔshī	雇	gù
古书	gǔshū	雇用	gùyòng
古玩	gǔwán	雇员	gùyuán
古文	gǔwén	雇主	gùzhǔ
古代	gǔdài	瓜	guā
古典	gǔdiǎn	瓜子	guāzǐ
谷	gǔ	刮	guā
谷物	gǔwù	刮目相看	guāmù-xiāngkàn
股	gǔ	寡	guǎ

寡妇	guǎfu	官府	guānfǔ
卦	guà	官司	guānsi
挂	guà	官职	guānzhí
挂号	guàhào	官兵	guānbīng
挂念	guàniàn	冠	guān/guàn
挂牌	guàpái	棺材	guāncai
褂子	guàzi	馆	guǎn
乖	guāi	管	guǎn
拐	guǎi	管道	guǎndào
拐弯	guǎiwān	冠名	guànmíng
拐杖	guǎizhàng	惯	guàn
怪	guài	惯性	guànxìng
怪物	guàiwu	灌	guàn
怪不得	guàibude	灌溉	guàngài
关	guān	罐	guàn
关税	guānshuì	罐头	guàntou
关押	guānyā	罐子	guànzi
关闭	guānbì	光	guāng
观	guān/guàn	光彩	guāngcǎi
观光	guānguāng	光头	guāngtóu
观摩	guānmó	光纤	guāngxiān
观测	guāncè	光阴	guāngyīn
观察	guānchá	光照	guāngzhào
观点	guāndiǎn	光棍儿	guānggùnr
观看	guānkàn	广	guǎng
观念	guānniàn	广袤	guǎngmào
观众	guānzhòng	广播	guǎngbō
官	guān	广场	guǎngchǎng

逛	guàng	桂圆	guìyuán
归	guī	过	Guō/guò
归队	guīduì	郭	guō
归结	guījié	涡	Guō/wō
龟	guī/jūn/qiū	锅	guō
规	guī	国	guó
规定	guīdìng	国防	guófáng
规范	guīfàn	国宝	guóbǎo
规格	guīgé	国策	guócè
规程	guīchéng	国货	guóhuò
规范化	guīfànhuà	国籍	guójí
硅	guī	国务院	guówùyuàn
瑰丽	guīlì	国营	guóyíng
轨	guǐ	国有	guóyǒu
轨道	guǐdào	果	guǒ
诡辩	guǐbiàn	果木	guǒmù
诡秘	guǐmì	果断	guǒduàn
鬼	guǐ	裹	guǒ
鬼子	guǐzi	过程	guòchéng
癸	guǐ	过度	guòdù
柜	guì/jǔ	过来	guò·lái
柜台	guìtái	过敏	guòmǐn
贵	guì	过去	guò·qù
贵族	guìzú	过滤	guòlǜ
桂	guì	过期	guòqī

H

哈	hā/Hǎ	哈欠	hāqian
哈密瓜	hāmìguā	蛤蟆	háma

咳	hāi/ké	涵义	hányì
还	hái/huán	韩	Hán
孩提	háití	寒	hán
孩子	háizi	寒潮	háncháo
海	hǎi	寒冬	hándōng
海岸	hǎi'àn	寒假	hánjià
海外	hǎiwài	寒噤	hánjìn
海湾	hǎiwān	寒流	hánliú
海洋	hǎiyáng	寒气	hánqì
海报	hǎibào	寒冷	hánlěng
海盗	hǎidào	罕	hǎn
海域	hǎiyù	罕见	hǎnjiàn
亥	hài	喊	hǎn
骇	hài	喊叫	hǎnjiào
氦	hài	汉	hàn
害	hài	汉奸	hànjiān
害羞	hàixiū	旱	hàn
害虫	hàichóng	捍卫	hànwèi
酣睡	hānshuì	悍然	hànrán
蚶	hān	焊	hàn
憨	hān	焊接	hànjiē
憨厚	hānhòu	翰林	hànlín
汗	hán/hàn	憾	hàn
含	hán	旱灾	hànzāi
含量	hánliàng	夯实	hāngshí
含义	hányì	行	
函	hán	háng/hàng/héng/xíng	
函数	hánshù	行家	háng·jiā

行情	hángqíng	呵	hē
航	háng	呵斥	hēchì
航运	hángyùn	呵护	hēhù
巷	hàng/xiàng	喝	hē/hè
巷道	hàngdào	禾	hé
号	háo/hào	合	hé
号啕	háotáo	合影	héyǐng
毫	háo	合用	héyòng
豪	háo	合并	hébìng
豪爽	háoshuǎng	合成	héchéng
壕	háo	合法	héfǎ
壕沟	háogōu	合格	hégé
嚎	háo	合乎	héhū
好	hǎo/hào	合作社	hézuòshè
好玩儿	hǎowánr	何	hé
好笑	hǎoxiào	何必	hébì
好心	hǎoxīn	何等	héděng
好比	hǎobǐ	何况	hékuàng
好处	hǎo·chù	何以	héyǐ
郝	Hǎo	和	hé/hè/hú/huó/huò
好事	hǎoshì	和蔼	hé'ǎi
好事	hàoshì	和睦	hémù
好奇	hàoqí	和平	hépíng
耗	hào	和尚	héshang
耗费	hàofèi	和谐	héxié
耗资	hàozī	和气	hé·qì
号称	hàochēng	河	hé
号角	hàojiǎo	河山	héshān

河滩	hétān	很	hěn
河流	héliú	狠	hěn
河豚	hétún	狠心	hěnxīn
荷	hé/hè	恨	hèn
荷包	hé·bāo	哼	hēng
荷尔蒙	hé'ěrméng	恒	héng
核	hé/hú	恒星	héngxīng
核查	héchá	横	héng/hèng
核电	hédiàn	横贯	héngguàn
核算	hésuàn	横渡	héngdù
核心	héxīn	衡	héng
盒	hé	衡量	héngliáng
吓	hè/xià	轰	hōng
贺	hè	轰动	hōngdòng
贺卡	hèkǎ	哄	hōng/hǒng/hòng
贺喜	hèxǐ	烘	hōng
赫	hè	烘托	hōngtuō
赫然	hèrán	弘扬	hóngyáng
壑	hè	红	hóng/gōng
褐	hè	红薯	hóngshǔ
鹤	hè	红外线	hóngwàixiàn
黑	hēi	红军	hóngjūn
黑白	hēibái	宏图	hóngtú
黑板	hēibǎn	虹	hóng
黑暗	hēi'àn	洪	hóng
嘿	hēi	洪水	hóngshuǐ
痕	hén	鸿沟	Hónggōu
痕迹	hénjì	侯	hóu/hòu

喉	hóu	狐狸	húli
喉舌	hóushé	狐疑	húyí
喉咙	hóu·lóng	弧	hú
猴子	hóuzi	弧光	húguāng
吼	hǒu	胡	hú
吼叫	hǒujiào	胡说八道	húshuō-bādào
吼声	hǒushēng	胡萝卜	húluóbo
后	hòu	壶	hú
后备	hòubèi	核儿	húr
后继	hòujì	葫芦	húlu
后边	hòu·biān	湖	hú
后代	hòudài	湖泊	húpō
后面	hòu·miàn	蝴蝶	húdié
后期	hòuqī	糊涂	hútu
后人	hòurén	虎	hǔ
后世	hòushì	唬	hǔ
后天	hòutiān	互	hù
厚	hòu	互联网	hùliánwǎng
厚道	hòudao	互补	hùbǔ
厚积薄发	hòujī-bófā	户	hù
厚度	hòudù	户籍	hùjí
候	hòu	户口	hùkǒu
候鸟	hòuniǎo	护	hù
乎	hū	护照	hùzhào
呼喊	hūhǎn	护士	hùshi
呼吁	hūyù	沪	Hù
忽而	hū'ér	花	huā
糊	hū/hú/hù	花萼	huā'è

花朵	huāduǒ	话剧	huàjù
花园	huāyuán	桦	huà
花岗岩	huāgāngyán	怀	huái
划	huá/huà	怀旧	huáijiù
华	huá/Huà	怀抱	huáibào
华人	huárén	淮	Huái
华北	Huáběi	槐	huái
华丽	huálì	坏	huài
哗然	huárán	坏人	huàirén
滑	huá	坏死	huàisǐ
滑轮	huálún	欢	huān
滑动	huádòng	欢呼	huānhū
滑稽	huá·jī	欢欣鼓舞	huānxīn-gǔwǔ
化	huà	还原	huányuán
化身	huàshēn	环	huán
化纤	huàxiān	环节	huánjié
化验	huàyàn	环境	huánjìng
化肥	huàféi	环保	huánbǎo
化合物	huàhéwù	环抱	huánbào
化石	huàshí	环流	huánliú
化学	huàxué	缓	huǎn
划分	huàfēn	缓刑	huǎnxíng
画	huà	缓和	huǎnhé
画外音	huàwàiyīn	缓慢	huǎnmàn
画像	huàxiàng	幻	huàn
画院	huàyuàn	幻觉	huànjué
画家	huàjiā	幻想	huànxiǎng
话	huà	幻影	huànyǐng

宦官	huànguān	簧	huáng
换	huàn	恍惚	huǎng·hū
换取	huànqǔ	恍然	huǎngrán
换算	huànsuàn	晃	huǎng/huàng
唤	huàn	晃动	huàngdòng
唤醒	huànxǐng	谎	huǎng
唤起	huànqǐ	谎话	huǎnghuà
涣散	huànsàn	幌子	huǎngzi
患	huàn	灰	huī
患难	huànnàn	灰烬	huījìn
患者	huànzhě	灰尘	huīchén
焕发	huànfā	灰色	huīsè
焕然一新	huànrán-yīxīn	诙谐	huīxié
荒	huāng	挥	huī
荒凉	huāngliáng	挥动	huīdòng
荒诞	huāngdàn	恢复	huīfù
荒唐	huāng·táng	辉	·huī
荒野	huāngyě	辉煌	huīhuáng
慌	huāng	徽	huī
皇	huáng	回	huí
皇帝	huángdì	回复	huífù
皇后	huánghòu	回归线	huíguīxiàn
黄	huáng	回合	huíhé
黄疸	huángdǎn	回敬	huíjìng
黄澄澄	huángdēngdēng	回避	huíbì
黄昏	huánghūn	悔	huǐ
黄土	huángtǔ	悔恨	huǐhèn
黄莺	huángyīng	毁	huǐ

毁灭	huǐmiè	婚礼	hūnlǐ
毁坏	huǐhuài	婚配	hūnpèi
汇	huì	浑	hún
汇集	huìjí	浑身	húnshēn
汇聚	huìjù	魂	hún
汇报	huìbào	魂魄	húnpò
会	huì/kuài	混合	hùnhé
会展	huìzhǎn	混沌	hùndùn
会战	huìzhàn	混合物	hùnhéwù
会诊	huìzhěn	混凝土	hùnníngtǔ
会场	huìchǎng	豁	huō/huò
讳言	huìyán	豁口	huōkǒu
荟萃	huìcuì	活	huó
彗星	huìxīng	活期	huóqī
绘	huì	活塞	huósāi
绘画	huìhuà	活动	huó·dòng
贿赂	huìlù	活力	huólì
晦气	huì·qì	火	huǒ
惠	huì	火红	huǒhóng
溃	huì/kuì	火候	huǒhou
慧	huì	火花	huǒhuā
喙	huì	火柴	huǒchái
昏	hūn	火焰	huǒyàn
昏黄	hūnhuáng	火热	huǒrè
昏迷	hūnmí	火速	huǒsù
昏睡	hūnshuì	火线	huǒxiàn
荤	hūn	伙	huǒ
婚	hūn	伙计	huǒji

伙食	huǒ·shí	获	huò
伙伴	huǒbàn	获释	huòshì
或	huò	获悉	huòxī
或许	huòxǔ	获得	huòdé
或者	huòzhě	获取	huòqǔ
货	huò	祸	huò
货场	huòchǎng	祸害	huò·hài
货色	huòsè	惑	huò
货源	huòyuán	霍	huò
货币	huòbì	霍乱	huòluàn
货物	huòwù		

J

击	jī	奇	jī/qí
击败	jībài	唧	jī
叽	jī	积	jī
饥	jī	积蓄	jīxù
饥饿	jī'è	积极	jījí
机	jī	积极性	jījíxìng
机枪	jīqiāng	积累	jīlěi
机遇	jīyù	积压	jīyā
机缘	jīyuán	基	jī
机场	jīchǎng	基点	jīdiǎn
机制	jīzhì	基调	jīdiào
姬	jī	基石	jīshí
肌	jī	基数	jīshù
肌肤	jīfū	基本	jīběn
肌肉	jīròu	基本功	jīběngōng
鸡	jī	基层	jīcéng

基督教	jīdūjiào	急功近利	jígōng-jìnlì
基建	jījiàn	急救	jíjiù
基金	jījīn	急忙	jímáng
畸形	jīxíng	急迫	jípò
激	jī	急切	jíqiè
激化	jīhuà	急事	jíshì
激活	jīhuó	急速	jísù
激进	jījìn	疾	jí
激动	jīdòng	疾病	jíbìng
羁绊	jībàn	疾驰	jíchí
及	jí	疾苦	jíkǔ
及格	jígé	棘手	jíshǒu
及早	jízǎo	集	jí
及时	jíshí	集思广益	jísī-guǎngyì
吉	jí	集合	jíhé
吉利	jílì	辑	jí
吉普车	jípǔchē	嫉妒	jídù
级	jí	几何	jǐhé
极	jí	几经	jǐjīng
极端	jíduān	几时	jǐshí
极力	jílì	己	jǐ
即	jí	纪	Jǐ/jì
即兴	jíxìng	挤	jǐ
即将	jíjiāng	挤压	jǐyā
即使	jíshǐ	济	Jǐ/jì
急	jí	济济	jǐjǐ
急剧	jíjù	给予	jǐyǔ
急促	jícù	脊	jǐ

脊梁	jǐ·liáng	继续	jìxù
脊髓	jǐsuǐ	继往开来	jìwǎng-kāilái
脊柱	jǐzhù	祭	jì
脊椎	jǐzhuī	祭奠	jìdiàn
戟	jǐ	祭祀	jìsì
计	jì	寄	jì
计策	jìcè	寄居	jìjū
计算机	jìsuànjī	寄宿	jìsù
记	jì	寄生虫	jìshēngchóng
记得	jì·dé	寄托	jìtuō
纪录	jìlù	寄主	jìzhǔ
技术	jìshù	寂	jì
技术员	jìshùyuán	鲫	jì
技艺	jìyì	暨	jì
系	jì/xì	髻	jì
忌	jì	冀	jì
忌讳	jì·huì	加	jiā
妓女	jìnǚ	加工	jiāgōng
季	jì	加紧	jiājǐn
季节	jìjié	加剧	jiājù
剂	jì	加班	jiābān
迹象	jìxiàng	加倍	jiābèi
既	jì	佳话	jiāhuà
既是	jìshì	佳节	jiājié
继	jì	枷锁	jiāsuǒ
继而	jì'ér	家	jiā
继承	jìchéng	家常	jiācháng
继承人	jìchéngrén	家底	jiādǐ

家访	jiāfǎng	嫁	jià
家教	jiājiào	嫁接	jiàjiē
家境	jiājìng	尖	jiān
家畜	jiāchù	尖刀	jiāndāo
家族	jiāzú	尖端	jiānduān
家喻户晓	jiāyù-hùxiǎo	尖利	jiānlì
嘉奖	jiājiǎng	尖锐	jiānruì
嘉宾	jiābīn	奸	jiān
荚	jiá	歼	jiān
颊	jiá	歼灭	jiānmiè
甲	jiǎ	坚	jiān
甲虫	jiǎchóng	坚韧不拔	jiānrèn-bùbá
甲骨文	jiǎgǔwén	坚守	jiānshǒu
甲板	jiǎbǎn	坚硬	jiānyìng
钾	jiǎ	间	jiān/jiàn
钾肥	jiǎféi	浅	jiān/qiǎn
假	jiǎ/jià	肩	jiān
假定	jiǎdìng	肩膀	jiānbǎng
假说	jiǎshuō	艰巨	jiānjù
价	jià	艰苦	jiānkǔ
价格	jiàgé	艰难	jiānnán
价钱	jià·qián	艰险	jiānxiǎn
驾	jià	艰苦卓绝	jiānkǔ-zhuójué
驾驶	jiàshǐ	监	jiān/jiàn
驾驭	jiàyù	监察	jiānchá
架	jià	监工	jiāngōng
架子	jiàzi	监督	jiāndū
架构	jiàgòu	兼	jiān

145

兼备	jiānbèi	简直	jiǎnzhí
兼并	jiānbìng	碱	jiǎn
兼容	jiānróng	见	jiàn/xiàn
兼职	jiānzhí	见长	jiàncháng
煎	jiān	见地	jiàndì
拣	jiǎn	见识	jiànshi
茧	jiǎn	见解	jiànjiě
茧子	jiǎnzi	件	jiàn
柬	jiǎn	间谍	jiàndié
捡	jiǎn	建	jiàn
检	jiǎn	建国	jiànguó
检测	jiǎncè	建构	jiàngòu
检查	jiǎnchá	建交	jiànjiāo
检验	jiǎnyàn	建树	jiànshù
减	jiǎn	建制	jiànzhì
减肥	jiǎnféi	荐	jiàn
减负	jiǎnfù	贱	jiàn
减缓	jiǎnhuǎn	剑	jiàn
减免	jiǎnmiǎn	健儿	jiàn·ér
减弱	jiǎnruò	健身	jiànshēn
减少	jiǎnshǎo	健壮	jiànzhuàng
剪	jiǎn	舰	jiàn
剪彩	jiǎncǎi	涧	jiàn
剪刀	jiǎndāo	渐变	jiànbiàn
简	jiǎn	渐次	jiàncì
简称	jiǎnchēng	践踏	jiàntà
简单	jiǎndān	溅	jiàn
简化	jiǎnhuà	鉴别	jiànbié

键	jiàn	奖励	jiǎnglì
箭	jiàn	桨	jiǎng
江	jiāng	蒋	Jiǎng
江南	Jiāngnán	匠	jiàng
将	jiāng/jiàng/qiāng	降	jiàng/xiáng
将功赎罪	jiānggōng-shúzuì	降级	jiàngjí
将近	jiāngjìn	降价	jiàngjià
将军	jiāngjūn	降落	jiàngluò
僵	jiāng	降水	jiàngshuǐ
僵化	jiānghuà	强	jiàng/qiáng/qiǎng
缰绳	jiāng·shéng	酱	jiàng
疆域	jiāngyù	交	jiāo
姜	jiāng	交道	jiāo·dào
浆	jiāng/jiàng	交点	jiāodiǎn
僵	jiāng	交锋	jiāofēng
讲	jiǎng	交付	jiāofù
讲解	jiǎngjiě	交互	jiāohù
讲理	jiǎnglǐ	交加	jiāojiā
讲求	jiǎngqiú	交接	jiāojiē
讲师	jiǎngshī	交叉	jiāochā
讲话	jiǎnghuà	交错	jiāocuò
奖	jiǎng	交代	jiāodài
奖牌	jiǎngpái	交换	jiāohuàn
奖品	jiǎngpǐn	郊	jiāo
奖券	jiǎngquàn	郊区	jiāoqū
奖赏	jiǎngshǎng	郊外	jiāowài
奖项	jiǎngxiàng	浇	jiāo
奖金	jiǎngjīn	娇	jiāo

骄傲	jiāo'ào	叫	jiào
胶	jiāo	叫喊	jiàohǎn
教	jiāo/jiào	叫嚣	jiàoxiāo
教学	jiāoxué	觉	jiào/jué
椒	jiāo	校	jiào/xiào
焦	jiāo	校正	jiàozhèng
焦躁	jiāozào	轿	jiào
焦灼	jiāozhuó	轿车	jiàochē
跤	jiāo	轿子	jiàozi
礁石	jiāoshí	较	jiào
矫	jiáo/jiǎo	较量	jiàoliàng
嚼	jiáo/jiào/jué	教训	jiàoxùn
角	jiǎo/jué	教养	jiàoyǎng
角度	jiǎodù	教义	jiàoyì
角膜	jiǎomó	教育	jiàoyù
角质	jiǎozhì	教员	jiàoyuán
饺子	jiǎozi	窖	jiào
绞	jiǎo	酵母	jiàomǔ
矫健	jiǎojiàn	节	jiē/jié
矫正	jiǎozhèng	阶	jiē
脚	jiǎo	阶层	jiēcéng
脚步	jiǎobù	皆	jiē
脚掌	jiǎozhǎng	结	jiē/jié
搅	jiǎo	结果	jiēguǒ
搅动	jiǎodòng	接	jiē
缴	jiǎo	接触	jiēchù
缴获	jiǎohuò	接连	jiēlián
缴纳	jiǎonà	接壤	jiērǎng

接合	jiēhé	睫毛	jiémáo
接济	jiējì	截	jié
接见	jiējiàn	截面	jiémiàn
接口	jiēkǒu	截取	jiéqǔ
接纳	jiēnà	竭	jié
接洽	jiēqià	竭力	jiélì
秸	jiē	姐夫	jiěfu
揭	jiē	解	jiě/jiè/xiè
揭幕	jiēmù	解冻	jiědòng
揭牌	jiēpái	解毒	jiědú
揭晓	jiēxiǎo	解读	jiědú
街	jiē	解除	jiěchú
街区	jiēqū	解放军	jiěfàngjūn
街道	jiēdào	解决	jiějué
节俭	jiéjiǎn	解脱	jiětuō
节目	jiémù	介	jiè
节日	jiérì	介入	jièrù
节律	jiélǜ	介绍	jièshào
节能	jiénéng	届	jiè
劫	jié	界	jiè
杰出	jiéchū	界限	jièxiàn
杰作	jiézuò	诫	jiè
洁	jié	借	jiè
洁白	jiébái	借鉴	jièjiàn
结算	jiésuàn	借助	jièzhù
桔	jié	巾	jīn
桔梗	jiégěng	斤	jīn
捷	jié	今	jīn

今后	jīnhòu	尽量	jìnliàng
今天	jīntiān	进	jìn
金	jīn	进化论	jìnhuàlùn
金黄	jīnhuáng	进军	jìnjūn
金刚石	jīngāngshí	进口	jìnkǒu
金牌	jīnpái	进展	jìnzhǎn
金钱	jīnqián	进犯	jìnfàn
金丝猴	jīnsīhóu	近	jìn
津	jīn	近代	jìndài
津贴	jīntiē	近海	jìnhǎi
筋	jīn	近郊	jìnjiāo
筋骨	jīngǔ	近邻	jìnlín
禁	jīn/jìn	劲	jìn/jìng
禁不住	jīn·bùzhù	劲头	jìntóu
襟	jīn	晋	jìn
仅	jǐn	晋级	jìnjí
尽	jǐn/jìn	晋升	jìnshēng
尽早	jǐnzǎo	浸	jìn
尽管	jǐnguǎn	靳	Jìn
紧	jǐn	禁止	jìnzhǐ
紧缩	jǐnsuō	禁毒	jìndú
紧要	jǐnyào	禁锢	jìngù
紧急	jǐnjí	禁忌	jìnjì
锦	jǐn	茎	jīng
锦标赛	jǐnbiāosài	京	jīng
谨	jǐn	京剧	jīngjù
谨慎	jǐnshèn	经	jīng/jìng
尽力	jìnlì	经常	jīngcháng

经贸	jīngmào	井	jǐng
经受	jīngshòu	景	jǐng
经营	jīngyíng	景象	jǐngxiàng
经度	jīngdù	警	jǐng
经纪人	jīngjìrén	警惕	jǐngtì
经久	jīngjiǔ	警戒	jǐngjiè
荆	jīng	警觉	jǐngjué
荆棘	jīngjí	径	jìng
惊	jīng	径流	jìngliú
惊愕	jīng'è	径直	jìngzhí
惊惶	jīnghuáng	净	jìng
惊疑	jīngyí	净土	jìngtǔ
惊异	jīngyì	净化	jìnghuà
精彩	jīngcǎi	竞	jìng
精度	jīngdù	竞技	jìngjì
精巧	jīngqiǎo	敬	jìng
精锐	jīngruì	敬佩	jìngpèi
精深	jīngshēn	敬畏	jìngwèi
精益求精	jīngyìqiújīng	敬仰	jìngyǎng
晶	jīng	靖	jìng
睛	jīng	静	jìng
兢兢业业	jīngjīngyèyè	静电	jìngdiàn
精	jīng	静脉	jìngmài
精力	jīnglì	境	jìng
精密	jīngmì	境地	jìngdì
精心	jīngxīn	境界	jìngjiè
精子	jīngzǐ	镜	jìng
鲸	jīng	镜头	jìngtóu

镜子	jìngzi	救灾	jiùzāi
窘	jiǒng	就	jiù
窘迫	jiǒngpò	就是	jiùshì
炯炯	jiǒngjiǒng	就业	jiùyè
纠	jiū	就学	jiùxué
纠缠	jiūchán	就医	jiùyī
纠纷	jiūfēn	就诊	jiùzhěn
究	jiū	舅舅	jiùjiu
究竟	jiūjìng	舅妈	jiùmā
揪	jiū	拘	jū
九	jiǔ	拘谨	jūjǐn
久	jiǔ	拘泥	jūnì
久违	jiǔwéi	居	jū
久远	jiǔyuǎn	居民	jūmín
玖	jiǔ	居高临下	jūgāo-línxià
灸	jiǔ	驹	jū
韭菜	jiǔcài	据	jū/jù
酒	jiǔ	鞠躬尽瘁	jūgōng-jìncuì
酒店	jiǔdiàn	局	jú
酒席	jiǔxí	局促	júcù
酒吧	jiǔbā	局限	júxiàn
旧	jiù	菊	jú
旧历	jiùlì	菊花	júhuā
臼齿	jiùchǐ	橘子	júzi
救	jiù	咀嚼	jǔjué
救国	jiùguó	沮丧	jǔsàng
救济	jiùjì	矩	jǔ
救死扶伤	jiùsǐ-fúshāng	矩形	jǔxíng

举	jǔ	圈	juān/juàn/quān
举办	jǔbàn	卷	juǎn/juàn
举报	jǔbào	卷尺	juǎnchǐ
举措	jǔcuò	卷子	juànzi
举例	jǔlì	倦	juàn
举足轻重	jǔzú-qīngzhòng	绢	juàn
巨	jù	眷恋	juànliàn
巨大	jùdà	撅	juē
巨头	jùtóu	决	jué
巨星	jùxīng	决定性	juédìngxìng
句子	jùzi	决心	juéxīn
拒	jù	决裂	juéliè
拒绝	jùjué	决赛	juésài
具	jù	诀	jué
具备	jùbèi	诀窍	juéqiào
俱	jù	角色	juésè
剧	jù	觉察	juéchá
剧本	jùběn	绝	jué
剧团	jùtuán	绝对	juéduì
剧种	jùzhǒng	绝技	juéjì
据点	jùdiǎn	倔	jué/juè
据说	jùshuō	掘	jué
距	jù	崛起	juéqǐ
距离	jùlí	爵	jué
锯	jù	爵士乐	juéshìyuè
捐	juān	厥	jué
捐款	juānkuǎn	蕨	jué
娟秀	juānxiù	军	jūn

153

军舰	jūnjiàn	君	jūn
军民	jūnmín	君主	jūnzhǔ
军区	jūnqū	钧	jūn
军火	jūnhuǒ	菌	jūn/jùn
均	jūn	竣工	jùngōng
均衡	jūnhéng	郡	jùn
均等	jūnděng		

K

开	kāi	看	kān/kàn
开场	kāichǎng	看守	kānshǒu
开车	kāichē	勘测	kāncè
开办	kāibàn	勘查	kānchá
开阔	kāikuò	堪	kān
开朗	kāilǎng	坎	kǎn
开门	kāimén	坎坷	kǎnkě
开幕	kāimù	砍	kǎn
开辟	kāipì	看待	kàndài
开设	kāishè	看法	kànfǎ
开玩笑	kāiwánxiào	看见	kàn·jiàn
开展	kāizhǎn	看望	kànwàng
开支	kāizhī	康	kāng
揩	kāi	慷慨	kāngkǎi
凯歌	kǎigē	糠	kāng
凯旋	kǎixuán	扛	káng
慨然	kǎirán	亢奋	kàngfèn
楷模	kǎimó	亢进	kàngjìn
刊	kān	抗	kàng
刊登	kāndēng	抗议	kàngyì

抗战	kàngzhàn	可	kě/kè
抗生素	kàngshēngsù	可爱	kě'ài
炕	kàng	可耻	kěchǐ
考	kǎo	可见	kějiàn
考察	kǎochá	可靠	kěkào
考古	kǎogǔ	可观	kěguān
考究	kǎo·jiū	可怕	kěpà
拷打	kǎodǎ	可取	kěqǔ
烤	kǎo	可恶	kěwù
靠	kào	渴	kě
靠拢	kàolǒng	渴望	kěwàng
靠山	kàoshān	克	kè
靠近	kàojìn	克服	kèfú
苛刻	kēkè	克制	kèzhì
苛求	kēqiú	刻	kè
科	kē	刻苦	kèkǔ
科班	kēbān	刻骨铭心	kègǔ-míngxīn
科室	kēshì	客	kè
科学家	kēxuéjiā	客观	kèguān
科学院	kēxuéyuàn	客车	kèchē
科研	kēyán	客气	kèqi
棵	kē	客人	kè·rén
颗	kē	课	kè
颗粒	kēlì	课本	kèběn
磕	kē	课程	kèchéng
蝌蚪	kēdǒu	肯	kěn
壳	ké/qiào	肯定	kěndìng
咳嗽	késou	垦	kěn

恳切	kěnqiè	扣子	kòuzi
垦荒	kěnhuāng	寇	kòu
啃	kěn	枯	kū
坑	kēng	哭	kū
吭声	kēngshēng	窟	kū
空	kōng/kòng	窟窿	kūlong
空中	kōngzhōng	苦	kǔ
空洞	kōngdòng	苦难	kǔnàn
空想	kōngxiǎng	苦果	kǔguǒ
孔	kǒng	苦力	kǔlì
孔雀	kǒngquè	苦闷	kǔmèn
恐	kǒng	苦头	kǔ·tóu
恐怖	kǒngbù	库	kù
恐怕	kǒngpà	库存	kùcún
空白	kòngbái	裤	kù
空隙	kòngxì	裤子	kùzi
控	kòng	酷	kù
控制	kòngzhì	酷爱	kù'ài
抠	kōu	酷热	kùrè
口	kǒu	酷暑	kùshǔ
口岸	kǒu'àn	夸	kuā
口碑	kǒubēi	夸大	kuādà
口服	kǒufú	夸奖	kuājiǎng
口袋	kǒudai	夸张	kuāzhāng
叩	kòu	垮	kuǎ
扣	kòu	挎	kuà
扣留	kòuliú	挎包	kuàbāo
扣押	kòuyā	跨	kuà

跨度	kuàdù	盔	kuī
会计	kuài·jì	窥	kuī
块	kuài	窥见	kuījiàn
快	kuài	葵花	kuíhuā
筷子	kuàizi	魁梧	kuí·wú
宽	kuān	奎	kuí
宽大	kuāndà	愧	kuì
款	kuǎn	馈赠	kuìzèng
筐	kuāng	坤	kūn
狂	kuáng	昆虫	kūnchóng
狂奔	kuángbēn	捆	kǔn
狂风	kuángfēng	困	kùn
狂笑	kuángxiào	困惑	kùnhuò
旷	kuàng	困苦	kùnkǔ
旷工	kuànggōng	困境	kùnjìng
旷野	kuàngyě	扩	kuò
况	kuàng	扩大	kuòdà
况且	kuàngqiě	扩充	kuòchōng
矿	kuàng	扩建	kuòjiàn
矿产	kuàngchǎn	括	kuò
框	kuàng	阔	kuò
眶	kuàng	阔气	kuòqi
亏	kuī	廓	kuò
亏损	kuīsǔn		

L

拉	lā/lá/lǎ/là	拉力赛	lālìsài
拉扯	lāche	拉拢	lā·lǒng
拉力	lālì	啦	lā

喇叭	lǎba	篮子	lánzi
喇嘛	lǎma	懒	lǎn
落	là/lào/luò	懒惰	lǎnduò
腊	là	懒得	lǎnde
腊梅	làméi	烂	làn
腊月	làyuè	烂泥	lànní
蜡	là/zhà	滥	làn
蜡烛	làzhú	滥用	lànyòng
辣	là	郎	láng
辣椒	làjiāo	狼	láng
癞	là/lài	狼狈	lángbèi
来	lái	廊	láng
来宾	láibīn	榔头	lángtou
来历	láilì	朗读	lǎngdú
来龙去脉	láilóng-qùmài	朗诵	lǎngsòng
来年	láinián	浪	làng
来去	láiqù	浪费	làngfèi
来自	láizì	浪花	lànghuā
来不及	lái·bùjí	捞	lāo
莱	lái	劳	láo
赖	lài	劳动	láodòng
兰	lán	劳动力	láodònglì
兰花	lánhuā	劳动日	láodòngrì
拦	lán	劳动者	láodòngzhě
拦截	lánjié	劳力	láolì
栏目	lánmù	劳工	láogōng
蓝图	lántú	劳驾	láojià
篮球	lánqiú	劳苦	láokǔ

劳累	láolèi	烙印	làoyìn
劳民伤财	láomín-shāngcái	涝	lào
劳模	láomó	乐	lè/yuè
牢	láo	乐观	lèguān
牢固	láogù	乐趣	lèqù
牢记	láojì	乐意	lèyì
牢笼	láolóng	乐于	lèyú
牢骚	láo·sāo	乐园	lèyuán
牢狱	láoyù	勒	lè/lēi
唠叨	láodao	了	le/liǎo
老	lǎo	累	léi/lěi/lèi
老百姓	lǎobǎixìng	累赘	léizhui
老板	lǎobǎn	雷	léi
老伴儿	lǎobànr	雷达	léidá
老太太	lǎotàitai	雷暴	léibào
老天爷	lǎotiānyé	雷电	léidiàn
老头子	lǎotóuzi	擂	léi/lèi
老乡	lǎoxiāng	镭	léi
老生	lǎoshēng	累积	lěijī
老式	lǎoshì	垒	lěi
老头儿	lǎotóur	磊落	lěiluò
老爷子	lǎoyézi	肋	lèi
老鹰	lǎoyīng	肋骨	lèigǔ
老者	lǎozhě	泪	lèi
老总	lǎozǒng	泪水	lèishuǐ
姥姥	lǎolao	泪痕	lèihén
络	lào/luò	类	lèi
烙	lào	类似	lèisì

类型	lèixíng	礼法	lǐfǎ
类推	lèituī	礼堂	lǐtáng
棱	lēng/léng/líng	礼仪	lǐyí
棱角	léngjiǎo	李	lǐ
棱镜	léngjìng	里	lǐ
冷	lěng	里边	lǐ·biān
冷静	lěngjìng	里头	lǐtou
冷不防	lěng·bùfáng	里程	lǐchéng
冷落	lěngluò	里程碑	lǐchéngbēi
冷门	lěngmén	理	lǐ
冷清	lěng·qīng	理解	lǐjiě
冷眼	lěngyǎn	理性	lǐxìng
冷遇	lěngyù	理由	lǐyóu
愣	lèng	理智	lǐzhì
哩	lī/lǐ	理财	lǐcái
厘	lí	理睬	lǐcǎi
离	lí	理事	lǐ·shì
离婚	líhūn	理所当然	lǐsuǒdāngrán
离别	líbié	理应	lǐyīng
离职	lízhí	理直气壮	lǐzhí-qìzhuàng
梨	lí	锂	lǐ
梨园	Líyuán	鲤	lǐ
黎明	límíng	力	lì
篱笆	líba	力量	lì·liàng
礼	lǐ	力不从心	lìbùcóngxīn
礼貌	lǐmào	力度	lìdù
礼物	lǐwù	力所能及	lìsuǒnéngjí
礼拜	lǐbài	力争	lìzhēng

力作	lìzuò	隶属	lìshǔ
历	lì	荔枝	lìzhī
历代	lìdài	栗子	lìzi
历来	lìlái	砾石	lìshí
历程	lìchéng	粒	lì
历次	lìcì	粒子	lìzǐ
历书	lìshū	痢疾	lìji
立	lì	俩	liǎ/liǎng
立场	lìchǎng	连	lián
立法	lìfǎ	连队	liánduì
立案	lì'àn	连贯	liánguàn
立方	lìfāng	连带	liándài
立功	lìgōng	连环	liánhuán
立国	lìguó	连环画	liánhuánhuà
立交桥	lìjiāoqiáo	连累	liánlei
立论	lìlùn	连绵	liánmián
吏	lì	连日	liánrì
利	lì	连声	liánshēng
利害	lìhài	连锁	liánsuǒ
利率	lìlǜ	连通	liántōng
利于	lìyú	连夜	liányè
沥青	lìqīng	连衣裙	liányīqún
例	lì	连载	liánzǎi
例外	lìwài	怜	lián
例子	lìzi	怜悯	liánmǐn
例行	lìxíng	怜惜	liánxī
例证	lìzhèng	帘	lián
隶	lì	帘子	liánzi

莲	lián	恋人	liànrén
莲子	liánzǐ	链	liàn
联	lián	链接	liànjiē
联合国	Liánhéguó	链条	liàntiáo
联结	liánjié	良	liáng
联络	liánluò	良种	liángzhǒng
联姻	liányīn	良策	liángcè
联营	liányíng	良机	liángjī
联手	liánshǒu	良久	liángjiǔ
联网	liánwǎng	良田	liángtián
联谊	liányì	凉	liáng/liàng
廉	lián	凉鞋	liángxié
廉价	liánjià	梁	liáng
廉洁	liánjié	量	liáng/liàng
廉政	liánzhèng	粮	liáng
镰	lián	粮食	liángshi
镰刀	liándāo	粮仓	liángcāng
敛	liǎn	两	liǎng
脸	liǎn	两岸	liǎng'àn
脸色	liǎnsè	两边	liǎngbiān
脸蛋儿	liǎndànr	两口子	liǎngkǒuzi
脸红	liǎnhóng	两难	liǎngnán
脸颊	liǎnjiá	两性	liǎngxìng
练	liàn	两样	liǎngyàng
练习	liànxí	两翼	liǎngyì
炼	liàn	亮	liàng
恋	liàn	亮点	liàngdiǎn
恋爱	liàn'ài	谅解	liàngjiě

辆	liàng	列	liè
量子	liàngzǐ	列队	lièduì
量刑	liàngxíng	列强	lièqiáng
踉跄	liàngqiàng	列车	lièchē
晾	liàng	列举	lièjǔ
撩	liāo/liáo	劣	liè
辽	liáo	劣势	lièshì
辽阔	liáokuò	劣质	lièzhì
疗	liáo	烈	liè
疗程	liáochéng	烈士	lièshì
疗效	liáoxiào	烈火	lièhuǒ
疗养	liáoyǎng	烈日	lièrì
疗养院	liáoyǎngyuàn	烈性	lièxìng
聊	liáo	烈焰	lièyàn
聊天儿	liáotiānr	猎	liè
潦倒	liáodǎo	猎狗	lièɡǒu
燎	liáo/liǎo	裂	liè
了不得	liǎo·bù·dé	裂隙	lièxì
了结	liǎojié	裂纹	lièwén
了然	liǎorán	拎	līn
了如指掌	liǎorúzhǐzhǎng	邻	lín
了事	liǎoshì	邻近	línjìn
料	liào	邻居	lín·jū
料理	liàolǐ	邻里	línlǐ
料想	liàoxiǎng	邻舍	línshè
廖	Liào	林	lín
瞭望	liàowàng	林业	línyè
咧	liē/liě	林带	líndài

临	lín	陵墓	língmù
临时	línshí	陵园	língyuán
临近	línjìn	聆听	língtīng
临摹	línmó	菱形	língxíng
临终	línzhōng	羚羊	língyáng
淋	lín/lìn	翎子	língzi
淋巴	línbā	绫	líng
淋巴结	línbājié	零	líng
淋漓尽致	línlí-jìnzhì	零件	língjiàn
琳琅满目	línláng-mǎnmù	零售	língshòu
磷	lín	零点	língdiǎn
嶙峋	línxún	零乱	língluàn
鳞	lín	零散	língsǎn
霖	lín	零碎	língsuì
凛冽	lǐnliè	零星	língxīng
吝啬	lìnsè	龄	líng
令	líng/lǐng/lìng	岭	líng
伶	líng	领	líng
伶俐	líng·lì	领导	lǐngdǎo
灵	líng	领带	lǐngdài
灵敏	língmǐn	领地	lǐngdì
灵芝	língzhī	领队	lǐngduì
玲珑	línglóng	领海	lǐnghǎi
铃	líng	领取	lǐngqǔ
铃铛	língdang	领事馆	lǐngshìguǎn
凌	líng	领受	lǐngshòu
凌乱	língluàn	领头	lǐngtóu
陵	líng	领悟	lǐngwù

领先	lǐngxiān	流水线	liúshuǐxiàn
领衔	lǐngxián	流速	liúsù
另	lìng	流淌	liútǎng
另外	lìngwài	流亡	liúwáng
另行	lìngxíng	流星	liúxīng
溜	liū/liù	流言	liúyán
溜达	liūda	流转	liúzhuǎn
刘	Liú	琉璃	liú·lí
浏览	liúlǎn	硫	liú
留	liú	硫酸	liúsuān
留学	liúxué	硫黄	liúhuáng
留成	liúchéng	瘤	liú
留存	liúcún	绺	liǔ
留恋	liúliàn	柳	liǔ
留念	liúniàn	六	liù
留意	liúyì	陆	liù/lù
流	liú	龙	lóng
流传	liúchuán	龙船	lóngchuán
流向	liúxiàng	聋	lóng
流行	liúxíng	聋子	lóngzi
流血	liúxuè	笼	lóng/lǒng
流域	liúyù	笼子	lóngzi
流产	liúchǎn	笼络	lǒngluò
流畅	liúchàng	笼统	lǒngtǒng
流程	liúchéng	笼罩	lǒngzhào
流毒	liúdú	隆冬	lóngdōng
流放	liúfàng	陇	Lǒng
流浪	liúlàng	拢	lǒng

垄	lǒng	陆军	lùjūn
垄断	lǒngduàn	陆续	lùxù
搂	lōu/lǒu	陆路	lùlù
娄	lóu	录	lù
楼	lóu	录取	lùqǔ
楼道	lóudào	录像	lùxiàng
楼房	lóufáng	鹿	lù
篓	lǒu	绿	lù/lǜ
陋	lòu	禄	lù
漏	lòu	路	lù
漏洞	lòudòng	路程	lùchéng
漏斗	lòudǒu	路过	lùguò
露	lòu/lù	路线	lùxiàn
露馅儿	lòuxiànr	路子	lùzi
卢	Lú	路标	lùbiāo
芦笙	lúshēng	路灯	lùdēng
芦苇	lúwěi	路段	lùduàn
炉	lú	路费	lùfèi
炉子	lúzi	路径	lùjìng
炉灶	lúzào	路口	lùkǒu
虏	lǔ	路面	lùmiàn
鲁	lǔ	路人	lùrén
鲁莽	lǔmǎng	路途	lùtú
卤	lǔ	麓	lù
卤水	lǔshuǐ	露骨	lùgǔ
卤素	lǔsù	露水	lù·shuǐ
掳	lǔ	驴	lú
陆地	lùdì	吕	lǚ

旅	lǚ	乱七八糟	luànqībāzāo
旅馆	lǚguǎn	掠	lüè
旅程	lǚchéng	掠夺	lüèduó
旅店	lǚdiàn	略	lüè
旅居	lǚjū	略微	lüèwēi
旅途	lǚtú	抡	lūn
铝	lǚ	伦理	lúnlǐ
屡	lǚ	沦陷	lúnxiàn
屡次	lǚcì	轮	lún
屡见不鲜	lǚjiàn-bùxiān	轮船	lúnchuán
缕	lǚ	轮班	lúnbān
履行	lǚxíng	轮番	lúnfān
履约	lǚyuē	轮换	lúnhuàn
律	lǜ	论	Lún/lùn
律师	lǜshī	论点	lùndiǎn
虑	lǜ	论述	lùnshù
率	lǜ/shuài	论坛	lùntán
绿化	lǜhuà	论战	lùnzhàn
绿灯	lǜdēng	论著	lùnzhù
绿地	lǜdì	啰唆	luōsuo
绿豆	lǜdòu	捋	luō/lǚ
氯	lǜ	罗	luó
氯气	lǜqì	罗汉	luóhàn
滤	lǜ	罗列	luóliè
峦	luán	罗盘	luópán
卵	luǎn	萝卜	luóbo
卵巢	luǎncháo	逻辑	luó·jí
乱	luàn	锣	luó

锣鼓	luógǔ	骆驼	luòtuo
箩	luó	落地	luòdì
箩筐	luókuāng	落差	luòchā
骡子	luózi	落成	luòchéng
螺	luó	落户	luòhù
螺旋	luóxuán	落脚	luòjiǎo
裸	luǒ	落空	luòkōng
裸体	luǒtǐ	摞	luò
洛	Luò		

M

妈妈	māma	马力	mǎlì
抹	mā/mǒ/mò	马匹	mǎpǐ
抹布	mābù	玛瑙	mǎnǎo
摩	mā/mó	码	mǎ
吗	má/mǎ/ma	码头	mǎtou
麻	má	蚂蚁	mǎyǐ
麻烦	máfan	骂	mà
麻痹	mábì	埋	mái/mán
麻子	mázi	埋伏	mái·fú
马	mǎ	埋没	máimò
马鞍	mǎ'ān	埋头	máitóu
马褂儿	mǎguàr	埋葬	máizàng
马铃薯	mǎlíngshǔ	买	mǎi
马不停蹄	mǎbùtíngtí	买卖	mǎimai
马达	mǎdá	买主	mǎizhǔ
马灯	mǎdēng	迈	mài
马虎	mǎhu	迈步	màibù
马拉松	mǎlāsōng	迈进	màijìn

麦	mài	忙	máng
卖	mài	忙碌	mánglù
卖命	màimìng	忙活	mánghuo
卖弄	mài·nòng	忙乱	mángluàn
卖主	màizhǔ	盲	máng
脉	mài/mò	盲目	mángmù
脉搏	màibó	盲肠	mángcháng
脉冲	màichōng	盲从	mángcóng
脉络	màiluò	盲流	mángliú
蛮	mán	盲人	mángrén
蛮横	mánhèng	茫然	mángrán
鳗	mán	蟒	mǎng
蔓	mán/màn/wàn	猫	māo
馒头	mántou	猫头鹰	māotóuyīng
瞒	mán	毛	máo
满	mǎn	毛病	máo·bìng
满不在乎	mǎnbùzàihu	毛笔	máobǐ
满腹	mǎnfù	毛虫	máochóng
满嘴	mǎnzuǐ	矛	máo
螨	mǎn	矛盾	máodùn
谩骂	mànmà	矛头	máotóu
曼	màn	茅草	máocǎo
漫	màn	锚	máo
漫长	màncháng	卯	mǎo
漫游	mànyóu	铆	mǎo
慢	màn	茂密	màomì
慢性	mànxìng	冒	mào
慢条斯理	màntiáo-sīlǐ	冒充	màochōng

冒火	màohuǒ	每年	měinián
冒昧	màomèi	美	měi
冒失	màoshi	美元	měiyuán
贸易	màoyì	美人	měirén
帽	mào	美容	měiróng
帽子	màozi	美食	měishí
貌	mào	美味	měiwèi
貌似	màosì	美育	měiyù
没	méi/mò	镁	měi
没法儿	méifǎr	妹妹	mèimei
没劲	méijìn	昧	mèi
玫瑰	méi·guī	媚	mèi
枚	méi	魅力	mèilì
眉	méi	闷	mēn/mèn
眉目	méi·mù	闷热	mēnrè
眉眼	méiyǎn	门	mén
梅	méi	门槛	ménkǎn
梅花	méihuā	门口	ménkǒu
梅雨	méiyǔ	门板	ménbǎn
媒	méi	门道	méndào
媒介	méijiè	门道	méndao
媒人	méiren	门第	méndì
媒体	méitǐ	门洞儿	méndòngr
煤	méi	门房	ménfáng
煤气	méiqì	门户	ménhù
煤炭	méitàn	门牙	ményá
霉	méi	门诊	ménzhěn
每	měi	蒙	mēng/méng/Měng

萌	méng	迷恋	míliàn
萌发	méngfā	迷路	mílù
萌芽	méngyá	迷蒙	míméng
萌动	méngdòng	迷失	míshī
萌生	méngshēng	迷惘	míwǎng
盟	méng	迷雾	míwù
朦胧	ménglóng	猕猴	míhóu
猛	měng	谜	mí
猛烈	měngliè	糜烂	mílàn
猛兽	měngshòu	米	mǐ
蒙古包	měnggǔbāo	米饭	mǐfàn
梦	mèng	觅	mì
梦幻	mènghuàn	秘密	mìmì
梦境	mèngjìng	密	mì
梦寐以求	mèngmèiyǐqiú	密度	mìdù
梦乡	mèngxiāng	密闭	mìbì
梦想	mèngxiāng	密布	mìbù
梦呓	mèngyì	秘诀	mìjué
咪	mī	蜜	mì
眯	mī/mí	蜜蜂	mìfēng
眯缝	mīfeng	蜜月	mìyuè
弥	mí	眠	mián
弥补	míbǔ	绵	mián
弥漫	mímàn	绵延	miányán
弥散	mísàn	绵羊	miányáng
迷	mí	棉	mián
迷茫	mímáng	棉花	mián·huā
迷宫	mígōng	棉布	miánbù

免	miǎn	瞄准	miáozhǔn
免疫	miǎnyì	秒	miǎo
免除	miǎnchú	渺	miǎo
免得	miǎn·dé	渺茫	miǎománg
免费	miǎnfèi	渺小	miǎoxiǎo
勉	miǎn	藐视	miǎoshì
勉励	miǎnlì	妙	miào
缅怀	miǎnhuái	庙	miào
面	miàn	庙宇	miàoyǔ
面积	miànjī	庙会	miàohuì
面孔	miànkǒng	灭	miè
面包	miànbāo	灭亡	mièwáng
面对	miànduì	灭火	mièhuǒ
面额	miàn'é	灭绝	mièjué
面试	miànshì	篾	miè
面谈	miàntán	蔑视	mièshì
面条儿	miàntiáor	民	mín
面值	miànzhí	民兵	mínbīng
面子	miànzi	民办	mínbàn
苗	miáo	民警	mínjǐng
苗木	miáomù	民居	mínjū
描	miáo	民意	mínyì
描绘	miáohuì	民营	mínyíng
描述	miáoshù	民用	mínyòng
描写	miáoxiě	民乐	mínyuè
描画	miáohuà	民政	mínzhèng
描摹	miáomó	皿	mǐn
瞄	miáo	闽	Mǐn

抿	mǐn	明年	míngnián
泯灭	mǐnmiè	明确	míngquè
敏感	mǐngǎn	明媚	míngmèi
敏捷	mǐnjié	明日	míngrì
敏锐	mǐnruì	明信片	míngxìnpiàn
名	míng	明星	míngxīng
名称	míngchēng	明智	míngzhì
名列前茅	mínglièqiánmáo	明珠	míngzhū
名义	míngyì	鸣	míng
名字	míngzi	鸣叫	míngjiào
名次	míngcì	冥想	míngxiǎng
名单	míngdān	铭	míng
名额	míng'é	铭记	míngjì
名牌	míngpái	铭文	míngwén
名片	míngpiàn	命	mìng
名气	míngqì	命令	mìnglìng
名人	míngrén	命脉	mìngmài
名山	míngshān	命中	mìngzhòng
名声	míngshēng	谬	miù
名胜	míngshèng	谬论	miùlùn
名师	míngshī	谬误	miùwù
名士	míngshì	摸	mō
名堂	míngtang	摸索	mō·suǒ
名望	míngwàng	摸底	mōdǐ
名下	míngxià	馍	mó
名言	míngyán	摹	mó
明	míng	模	mó/mú
明白	míngbai	模范	mófàn

模型	móxíng	默然	mòrán
模块	mókuài	谋	móu
模特儿	mótèr	谋害	móuhài
膜	mó	谋划	móuhuà
摩擦	mócā	谋略	móulüè
摩登	módēng	谋求	móuqiú
摩托	mótuō	谋取	móuqǔ
磨	mó/mò	谋杀	móushā
蘑菇	mógu	谋生	móushēng
魔	mó	眸	móu
魔爪	mózhǎo	某	mǒu
抹杀	mǒshā	模样	múyàng
末	mò	模板	múbǎn
末期	mòqī	模具	mújù
末端	mòduān	母	mǔ
没落	mòluò	母亲	mǔ·qīn
没收	mòshōu	母爱	mǔ'ài
茉莉	mòlì	母本	mǔběn
沫	mò	母系	mǔxì
陌生	mòshēng	母校	mǔxiào
莫	mò	母语	mǔyǔ
漠然	mòrán	牡丹	mǔ·dān
墨	mò	牡蛎	mǔlì
默	mò	亩	mǔ
默默	mòmò	拇指	mǔzhǐ
默默无闻	mòmò-wúwén	木	mù
默念	mòniàn	木材	mùcái
默契	mòqì	木本	mùběn

木星	mùxīng	牧民	mùmín
目	mù	牧区	mùqū
目标	mùbiāo	募	mù
目的	mùdì	募集	mùjí
目不转睛	mùbùzhuǎnjīng	募捐	mùjuān
目瞪口呆	mùdèng-kǒudāi	墓	mù
目睹	mùdǔ	墓碑	mùbēi
目录	mùlù	慕名	mùmíng
目送	mùsòng	幕	mù
沐浴	mùyù	暮	mù
牧	mù	暮色	mùsè
牧草	mùcǎo	穆	mù
牧场	mùchǎng	穆斯林	mùsīlín

N

那	Nā/nà	纳税	nàshuì
拿	ná	纳闷儿	nàmènr
拿手	náshǒu	钠	nà
哪	nǎ/né	娜	nà/nuó
哪怕	nǎpà	捺	nà
哪里	nǎ·lǐ	乃	nǎi
哪儿	nǎr	乃至	nǎizhì
哪些	nǎxiē	奶	nǎi
那里	nà·lǐ	奶粉	nǎifěn
那么	nàme	奈何	nàihé
呐喊	nàhǎn	耐	nài
纳	nà	耐心	nàixīn
纳粹	Nàcuì	耐力	nàilì
纳入	nàrù	耐人寻味	nàirénxúnwèi

耐用	nàiyòng	难为	nánwei
男	nán	难为情	nánwéiqíng
男子	nánzǐ	难民	nànmín
男儿	nán'ér	难友	nànyǒu
男方	nánfāng	囊	nāng/náng
南	nán	挠	náo
南北	nánběi	恼	nǎo
南方	nánfāng	恼怒	nǎonù
南极	nánjí	脑	nǎo
南半球	nánbànqiú	脑袋	nǎodai
南边	nán·biān	脑海	nǎohǎi
南瓜	nán·guā	脑筋	nǎojīn
南面	nán·miàn	脑力	nǎolì
南下	nánxià	闹	nào
南洋	Nányáng	闹市	nàoshì
难	nán/nàn	闹事	nàoshì
难道	nándào	闹钟	nàozhōng
难得	nándé	内	nèi
难题	nántí	内部	nèibù
难以	nányǐ	内脏	nèizàng
难于	nányú	内阁	nèigé
难处	nán·chù	内功	nèigōng
难点	nándiǎn	内情	nèiqíng
难度	nándù	内燃机	nèiránjī
难关	nánguān	内伤	nèishāng
难能可贵	nánnéng-kěguì	内务	nèiwù
难说	nánshuō	内线	nèixiàn
难听	nántīng	内向	nèixiàng

嫩	nèn		拟人	nǐrén
嫩绿	nènlǜ		你	nǐ
能	néng		你们	nǐmen
能动	néngdòng		逆	nì
能够	nénggòu		逆差	nìchā
能力	nénglì		逆转	nìzhuǎn
能量	néngliàng		匿名	nìmíng
能源	néngyuán		腻	nì
能干	nénggàn		溺	nì
能人	néngrén		溺爱	nì' ài
能手	néngshǒu		拈	niān
妮	nī		蔫	niān
尼	ní		年	nián
尼姑	nígū		年初	niánchū
尼龙	nílóng		年代	niándài
呢绒	níróng		年底	niándǐ
泥	ní/nì		年轻	niánqīng
泥泞	nínìng		年头儿	niántóur
泥土	nítǔ		年份	niánfèn
泥鳅	ní·qiū		年关	niánguān
泥塑	nísù		年终	niánzhōng
泥潭	nítán		黏	nián
泥炭	nítàn		粘	nián/zhān
倪	ní		捻	niǎn
霓虹灯	níhóngdēng		廿	niàn
拟	nǐ		念	niàn
拟订	nǐdìng		念叨	niàndao
拟定	nǐdìng		念白	niànbái

念念不忘	niànniàn-bùwàng	牛皮	niúpí
娘	niáng	扭	niǔ
娘家	niángjia	扭转	niǔzhuǎn
酿	niàng	扭曲	niǔqū
鸟	niǎo	扭头	niǔtóu
尿	niào	纽带	niǔdài
尿素	niàosù	纽扣	niǔkòu
捏	niē	农	nóng
捏造	niēzào	农产品	nóngchǎnpǐn
聂	Niè	农场	nóngchǎng
啮	niè	农村	nóngcūn
镊子	nièzi	农药	nóngyào
镍	niè	农业	nóngyè
孽	niè	农作物	nóngzuòwù
您	nín	农夫	nóngfū
宁	níng/nìng	农妇	nóngfù
宁静	níngjìng	农耕	nónggēng
拧	níng/nǐng/nìng	农忙	nóngmáng
狞笑	níngxiào	农事	nóngshì
柠檬	níngméng	农闲	nóngxián
凝	níng	浓	nóng
凝视	níngshì	浓度	nóngdù
凝神	níngshén	浓厚	nónghòu
凝重	níngzhòng	浓淡	nóngdàn
宁可	nìngkě	浓烈	nóngliè
牛	niú	浓眉	nóngméi
牛顿	niúdùn	脓	nóng
牛仔裤	niúzǎikù	弄	nòng

弄虚作假	nòngxū-zuòjiǎ	暖	nuǎn
奴	nú	暖和	nuǎnhuo
奴才	núcai	暖流	nuǎnliú
奴仆	núpú	暖瓶	nuǎnpíng
努力	nǔlì	暖气	nuǎnqì
怒	nù	疟疾	nüèji
怒放	nùfàng	虐待	nüèdài
怒吼	nùhǒu	挪	nuó
女	nǚ	挪动	nuó·dòng
女儿	nǚ'ér	挪用	nuóyòng
女士	nǚshì	诺言	nuòyán
女性	nǚxìng	懦弱	nuòruò
女皇	nǚhuáng	糯米	nuòmǐ
女王	nǚwáng		

O

区	Ōu/qū	呕心沥血	ǒuxīn-lìxuè
欧	Ōu	偶	ǒu
殴打	ōudǎ	偶尔	ǒu'ěr
鸥	ōu	偶然	ǒurán
讴歌	ōugē	偶然性	ǒuránxìng
呕	ǒu	偶像	ǒuxiàng
呕吐	ǒutù	藕	ǒu

P

趴	pā	拍	pāi
爬	pá	拍摄	pāishè
爬行	páxíng	拍板	pāibǎn
帕	pà	拍卖	pāimài
怕	pà	拍手	pāishǒu

拍子	pāizi	盘旋	pánxuán
排	pái	盘子	pánzi
排斥	páichì	判	pàn
排查	páichá	判处	pànchǔ
排场	pái·chǎng	判别	pànbié
排队	páiduì	判决书	pànjuéshū
排挤	páijǐ	判明	pànmíng
排练	páiliàn	判刑	pànxíng
排演	páiyǎn	盼	pàn
排忧解难	páiyōu-jiěnàn	盼望	pànwàng
徘徊	páihuái	叛	pàn
牌	pái	畔	pàn
牌坊	pái·fāng	磅礴	pángbó
牌子	pízi	庞	páng
牌匾	páibiǎn	庞大	pángdà
牌价	páijià	旁	páng
迫	pǎi/pò	旁边	pángbiān
派	pài	螃蟹	pángxiè
派出所	pàichūsuǒ	胖子	pàngzi
派遣	pàiqiǎn	抛	pāo
派驻	pàizhù	抛弃	pāoqì
潘	Pān	泡	pāo/pào
攀	pān	炮制	páozhì
攀比	pānbǐ	袍	páo
攀登	pāndēng	袍子	páozi
胖	pán/pàng	跑	páo/pǎo
盘	pán	跑步	pǎobù
盘问	pánwèn	跑道	pǎodào

泡菜	pàocài	喷嚏	pēn·tì
泡沫	pàomò	喷涂	pēntú
炮兵	pàobīng	盆	pén
炮弹	pàodàn	盆景	pénjǐng
胚	pēi	盆栽	pénzāi
胚胎	pēitāi	盆子	pénzi
胚芽	pēiyá	砰	pēng
陪	péi	烹饪	pēngrèn
陪伴	péibàn	烹调	pēngtiáo
陪衬	péichèn	抨击	pēngjī
陪同	péitóng	彭	Péng
培	péi	棚	péng
培育	péiyù	棚子	péngzi
培植	péizhí	硼	péng
裴	Péi	蓬	péng
赔	péi	蓬勃	péngbó
赔偿	péicháng	鹏程万里	péngchéng-wànlǐ
佩	pèi	澎湃	péngpài
佩服	pèi·fú	篷	péng
佩戴	pèidài	膨大	péngdà
配	pèi	膨胀	péngzhàng
配合	pèihé	捧	pěng
配偶	pèi'ǒu	碰	pèng
配送	pèisòng	碰见	pèng·jiàn
配伍	pèiwǔ	碰巧	pèngqiǎo
配种	pèizhǒng	碰头	pèngtóu
喷	pēn/pèn	批	pī
喷发	pēnfā	批发	pīfā

批驳	pībó	譬如	pìrú
批量	pīliàng	片	piān/piàn
坯	pī	片子	piānzi
披	pī	偏	piān
劈	pī/pǐ	偏见	piānjiàn
霹雳	pīlì	偏向	piānxiàng
皮	pí	偏爱	piān'ài
皮肤	pífū	偏重	piānzhòng
皮带	pídài	篇	piān
皮革	pígé	篇幅	piān·fú
皮毛	pímáo	篇章	piānzhāng
皮球	píqiú	翩翩起舞	piānpiān-qǐwǔ
疲	pí	便宜	piányi
疲惫	píbèi	片刻	piànkè
疲软	píruǎn	骗	piàn
琵琶	pí·pá	骗局	piànjú
啤酒	píjiǔ	骗取	piànqǔ
脾	pí	骗子	piànzi
脾气	píqi	漂	piāo/piǎo/piào
脾胃	píwèi	漂泊	piāobó
脾脏	pízàng	飘	piāo
癖	pǐ	飘零	piāolíng
痞子	pǐzi	飘落	piāoluò
匹	pǐ	飘然	piāorán
匹配	pǐpèi	飘忽	piāohū
屁	pì	朴	Piáo/pō/pò/pǔ
屁股	pìgu	瓢	piáo
僻静	pìjìng	漂白粉	piǎobáifěn

瞟	piǎo	乒乓球	pīngpāngqiú
票	piào	平	píng
票房	piàofáng	平常	píngcháng
票据	piàojù	平等	píngděng
票子	piàozi	平凡	píngfán
漂亮	piàoliang	平行	píngxíng
撇	piē/piě	平庸	píngyōng
撇开	piē·kāi	平原	píngyuán
瞥	piē	平安	píng'ān
拼	pīn	平板	píngbǎn
拼命	pīnmìng	平淡	píngdàn
拼搏	pīnbó	平衡木	pínghéngmù
拼凑	pīncòu	平滑	pínghuá
拼死	pīnsǐ	平缓	pínghuǎn
贫	pín	平价	píngjià
贫困	pínkùn	平米	píngmǐ
贫穷	pínqióng	平整	píngzhěng
贫瘠	pínjí	评	píng
贫苦	pínkǔ	评价	píngjià
频	pín	评比	píngbǐ
频率	pínlǜ	评点	píngdiǎn
品	pǐn	评定	píngdìng
品味	pǐnwèi	评分	píngfēn
品行	pǐnxíng	评估	pínggū
聘	pìn	评奖	píngjiǎng
聘请	pìnqǐng	评述	píngshù
聘任	pìnrèn	评说	píngshuō
聘用	pìnyòng	评弹	píngtán

评委	píngwěi	剖	pōu
评议	píngyì	剖面	pōumiàn
评语	píngyǔ	剖析	pōuxī
坪	píng	仆	pū/pú
苹果	píngguǒ	扑	pū
凭	píng	扑鼻	pūbí
凭借	píngjiè	扑克	pūkè
凭吊	píngdiào	扑灭	pūmiè
屏幕	píngmù	铺	pū/pù
瓶	píng	仆役	púyì
坡	pō	匍匐	púfú
坡度	pōdù	菩萨	pú·sà
泼	pō	葡萄	pú·táo
泼辣	pō·là	葡萄酒	pú·táojiǔ
婆家	pójia	葡萄糖	pú·táotáng
婆婆	pópo	蒲公英	púgōngyīng
迫害	pòhài	蒲扇	púshàn
迫不及待	pòbùjídài	朴素	pǔsù
迫于	pòyú	朴实	pǔshí
迫在眉睫	pòzàiméijié	圃	pǔ
破	pò	浦	pǔ
破产	pòchǎn	普	pǔ
破案	pò'àn	普遍	pǔbiàn
破除	pòchú	普及	pǔjí
破损	pòsǔn	普通	pǔtōng
破译	pòyì	普通话	pǔtōnghuà
魄	pò	普查	pǔchá
魄力	pò·lì	普法	pǔfǎ

谱	pǔ	瀑布	pùbù
瀑	pù	曝晒	pùshài

Q

七	qī	奇怪	qíguài
妻子	qī·zǐ	奇闻	qíwén
沏	qī	歧视	qíshì
柒	qī	歧途	qítú
栖息	qīxī	歧义	qíyì
凄惨	qīcǎn	祈	qí
凄然	qīrán	祈祷	qídǎo
戚	qī	祈求	qíqiú
期	qī	脐带	qídài
期待	qīdài	崎岖	qíqū
期限	qīxiàn	骑	qí
期刊	qīkān	棋	qí
欺	qī	旗	qí
欺压	qīyā	旗帜	qízhì
欺骗	qīpiàn	鳍	qí
欺侮	qīwǔ	畦	qí
欺诈	qīzhà	骑兵	qíbīng
漆	qī	乞丐	qǐgài
漆黑	qīhēi	乞求	qǐqiú
漆器	qīqì	乞讨	qǐtǎo
齐	qí	岂有此理	qǐyǒucǐlǐ
齐备	qíbèi	企图	qǐtú
其	qí	启	qǐ
其次	qícì	启迪	qǐdí
其中	qízhōng	启事	qǐshì

启用	qǐyòng	气力	qìlì
起	qǐ	气囊	qìnáng
起初	qǐchū	气恼	qìnǎo
起点	qǐdiǎn	气势	qìshì
起伏	qǐfú	气态	qìtài
起来	qǐ·lái	气虚	qìxū
起码	qǐmǎ	气旋	qìxuán
起兵	qǐbīng	气焰	qìyàn
起步	qǐbù	迄	qì
起草	qǐcǎo	迄今	qìjīn
起床	qǐchuáng	弃	qì
起飞	qǐfēi	弃权	qìquán
起哄	qǐhòng	汽	qì
绮丽	qǐlì	泣	qì
气	qì	契	qì
气氛	qì·fēn	契约	qìyuē
气愤	qìfèn	砌	qì
气体	qìtǐ	器	qì
气团	qìtuán	器重	qìzhòng
气味	qìwèi	掐	qiā
气温	qìwēn	洽谈	qiàtán
气质	qìzhì	恰巧	qiàqiǎo
气概	qìgài	恰如	qiàrú
气功	qìgōng	千	qiān
气管	qìguǎn	千方百计	qiānfāng-bǎijì
气急	qìjí	千克	qiānkè
气节	qìjié	千里迢迢	qiānlǐ-tiáotiáo
气孔	qìkǒng	千钧一发	qiānjūn-yīfà

千瓦	qiānwǎ	前仆后继	qiánpū-hòujì
迁	qiān	前卫	qiánwèi
迁徙	qiānxǐ	前沿	qiányán
迁移	qiānyí	前夜	qiányè
迁就	qiānjiù	钱	qián
迁居	qiānjū	钱财	qiáncái
扦	qiān	钳工	qiángōng
牵	qiān	钳子	qiánzi
铅	qiān	乾	qián
铅笔	qiānbǐ	乾坤	qiánkūn
谦虚	qiānxū	潜	qián
签	qiān	潜力	qiánlì
签订	qiāndìng	潜在	qiánzài
签署	qiānshǔ	潜藏	qiáncáng
签约	qiānyuē	潜伏	qiánfú
签证	qiānzhèng	潜能	qiánnéng
签字	qiānzì	潜入	qiánrù
前	qián	潜移默化	qiányí-mòhuà
前边	qián·biān	黔	Qián
前后	qiánhòu	浅	qiǎn
前进	qiánjìn	浅薄	qiǎnbó
前景	qiánjǐng	浅海	qiǎnhǎi
前面	qián·miàn	遣	qiǎn
前往	qiánwǎng	谴责	qiǎnzé
前夕	qiánxī	欠	qiàn
前辈	qiánbèi	纤	qiàn/xiān
前程	qiánchéng	嵌	qiàn
前额	qián'é	歉收	qiànshōu

歉意	qiànyì		跷	qiāo
抢	qiāng/qiǎng		锹	qiāo
呛	qiāng/qiàng		敲	qiāo
枪	qiāng		敲打	qiāo·dǎ
枪毙	qiāngbì		乔	qiáo
枪弹	qiāngdàn		侨胞	qiáobāo
腔	qiāng		桥	qiáo
强大	qiángdà		桥梁	qiáoliáng
强盗	qiángdào		桥头	qiáotóu
强烈	qiángliè		翘	qiáo/qiào
强制	qiángzhì		憔悴	qiáocuì
强国	qiángguó		瞧	qiáo
强加	qiángjiā		瞧不起	qiáo·bùqǐ
强劲	qiángjìng		瞧见	qiáo·jiàn
强力	qiánglì		巧	qiǎo
强盛	qiángshèng		巧妙	qiǎomiào
强势	qiángshì		巧合	qiǎohé
强手	qiángshǒu		巧克力	qiǎokèlì
强求	qiángqiú		悄然	qiǎorán
墙	qiáng		俏	qiào
蔷薇	qiángwēi		俏皮	qiào·pí
抢	qiǎng		峭壁	qiàobì
抢先	qiǎngxiān		窍	qiào
抢险	qiǎngxiǎn		窍门	qiàomén
抢修	qiǎngxiū		鞘	qiào/shāo
抢占	qiǎngzhàn		撬	qiào
抢救	qiǎngjiù		切	qiē/qiè
悄悄	qiāoqiāo		切除	qiēchú

切磋	qiēcuō	亲王	qīnwáng
切入	qiērù	亲吻	qīnwěn
切线	qiēxiàn	亲信	qīnxìn
茄子	qiézi	亲缘	qīnyuán
且	qiě	亲子	qīnzǐ
切合	qièhé	芹菜	qíncài
切实	qièshí	秦	Qín
怯	qiè	琴	qín
怯懦	qiènuò	禽	qín
窃	qiè	禽兽	qínshòu
窃取	qièqǔ	勤	qín
妾	qiè	勤奋	qínfèn
切忌	qièjì	勤快	qínkuai
切身	qièshēn	擒	qín
钦差	qīnchāi	寝	qǐn
侵	qīn	寝室	qǐnshì
侵犯	qīnfàn	沁	qìn
侵略	qīnlüè	青	qīng
亲	qīn/qìng	青蛙	qīngwā
亲密	qīnmì	青菜	qīngcài
亲朋	qīnpéng	青草	qīngcǎo
亲戚	qīnqi	青铜	qīngtóng
亲自	qīnzì	轻	qīng
亲笔	qīnbǐ	轻工业	qīnggōngyè
亲和力	qīnhélì	轻蔑	qīngmiè
亲生	qīnshēng	轻声	qīngshēng
亲事	qīn·shì	轻而易举	qīng'éryìjǔ
亲手	qīnshǒu	轻浮	qīngfú

轻快	qīngkuài	蜻蜓	qīngtíng
轻描淡写	qīngmiáo-dànxiě	情	qíng
轻骑	qīngqí	情况	qíngkuàng
轻巧	qīng·qiǎo	情侣	qínglǚ
轻柔	qīngróu	情趣	qíngqù
轻率	qīngshuài	情形	qíng·xíng
轻信	qīngxìn	情绪	qíng·xù
轻音乐	qīngyīnyuè	情不自禁	qíngbùzìjīn
轻盈	qīngyíng	情调	qíngdiào
氢	qīng	情怀	qínghuái
氢气	qīngqì	情结	qíngjié
氢弹	qīngdàn	情理	qínglǐ
倾	qīng	情人	qíngrén
倾听	qīngtīng	情势	qíngshì
卿	qīng	情书	qíngshū
清	qīng	情愿	qíngyuàn
清晨	qīngchén	晴	qíng
清除	qīngchú	晴朗	qínglǎng
清醒	qīngxǐng	晴空	qíngkōng
清退	qīngtuì	擎	qíng
清洗	qīngxǐ	请求	qǐngqiú
清闲	qīngxián	请示	qǐngshì
清香	qīngxiāng	请假	qǐngjià
清新	qīngxīn	请教	qǐngjiào
清秀	qīngxiù	顷刻	qǐngkè
清一色	qīngyīsè	磬	qìng
清早	qīngzǎo	庆	qìng
清真寺	qīngzhēnsì	庆祝	qìngzhù

穷	qióng	球面	qiúmiàn
穷人	qióngrén	球赛	qiúsài
穷尽	qióngjìn	球体	qiútǐ
穷苦	qióngkǔ	裘	qiú
穷困	qióngkùn	裘皮	qiúpí
琼	qióng	区别	qūbié
丘陵	qiūlíng	区域	qūyù
邱	Qiū	区划	qūhuà
秋	qiū	曲	qū/qǔ
秋季	qiūjì	曲线	qūxiàn
秋收	qiūshōu	驱	qū
蚯蚓	qiūyǐn	驱逐	qūzhú
囚	qiú	驱使	qūshǐ
囚犯	qiúfàn	屈	qū
囚禁	qiújìn	屈服	qūfú
囚徒	qiútú	屈从	qūcóng
求	qiú	屈辱	qūrǔ
求证	qiúzhèng	躯	qū
求爱	qiú'ài	躯干	qūgàn
求婚	qiúhūn	躯壳	qūqiào
求实	qiúshí	躯体	qūtǐ
求同存异	qiútóng-cúnyì	趋	qū
求学	qiúxué	趋势	qūshì
求医	qiúyī	趋向	qūxiàng
求援	qiúyuán	祛	qū
求知	qiúzhī	蛆	qū
酋长	qiúzhǎng	渠	qú
球	qiú	渠道	qúdào

取	qǔ	权限	quánxiàn
取代	qǔdài	全	quán
取长补短	qǔcháng-bǔduǎn	全部	quánbù
取缔	qǔdì	全额	quán'é
取而代之	qǔ'érdàizhī	全集	quánjí
取经	qǔjīng	全景	quánjǐng
取乐	qǔlè	全力	quánlì
取暖	qǔnuǎn	全力以赴	quánlìyǐfù
娶	qǔ	全貌	quánmào
曲	qǔ	全能	quánnéng
曲调	qǔdiào	泉	quán
曲目	qǔmù	拳	quán
曲牌	qǔpái	拳头	quántou
曲艺	qǔyì	拳击	quánjī
去	qù	痊愈	quányù
去年	qùnián	蜷	quán
去处	qù·chù	蜷缩	quánsuō
去路	qùlù	犬	quǎn
去向	qùxiàng	犬齿	quǎnchǐ
趣	qù	劝	quàn
趣味	qùwèi	劝慰	quànwèi
圈套	quāntào	劝导	quàndǎo
圈子	quānzi	劝告	quàngào
权	quán	券	quàn/xuàn
权力	quánlì	缺	quē
权贵	quánguì	缺点	quēdiǎn
权衡	quánhéng	缺乏	quēfá
权势	quánshì	缺口	quēkǒu

缺失	quēshī		确实	quèshí
缺损	quēsǔn		确信	quèxìn
缺席	quēxí		裙	qún
阙	quē/què		裙子	qúnzi
瘸	qué		群	qún
却	què		群岛	qúndǎo
雀	què		群居	qúnjū
确	què		群落	qúnluò
确保	quèbǎo		群体	qúntǐ
确定	quèdìng		群众	qúnzhòng

R

然	rán		扰	rǎo
然而	rán'ér		扰动	rǎodòng
然后	ránhòu		绕	rào
燃	rán		绕道	ràodào
燃放	ránfàng		惹	rě
燃眉之急	ránméizhījí		热	rè
冉冉	rǎnrǎn		热爱	rè'ài
染	rǎn		热忱	rèchén
染色	rǎnsè		热带	rèdài
染色体	rǎnsètǐ		热量	rèliàng
染料	rǎnliào		热烈	rèliè
嚷	rāng/rǎng		热潮	rècháo
瓤	ráng		热气	rèqì
让	ràng		热切	rèqiè
让步	ràngbù		热身	rèshēn
饶	ráo		热土	rètǔ
饶恕	ráoshù		热望	rèwàng

热心	rèxīn	人中	rénzhōng
人	rén	人种	rénzhǒng
人才	réncái	壬	rén
人格	réngé	仁	rén
人工	réngōng	仁慈	réncí
人口	rénkǒu	仁义	rényì
人类	rénlèi	任	Rén/rèn
人力	rénlì	忍	rěn
人民币	rénmínbì	忍痛	rěntòng
人群	rénqún	忍无可忍	rěnwúkěrěn
人身	rénshēn	忍心	rěnxīn
人生	rénshēng	刃	rèn
人士	rénshì	认	rèn
人事	rénshì	认定	rèndìng
人性	rénxìng	认识	rènshi
人影儿（人影）		认识论	rènshilùn
rényǐngr（rényǐng）		认真	rènzhēn
人员	rényuán	认错	rèncuò
人造	rénzào	认购	rèngòu
人丁	réndīng	认可	rènkě
人和	rénhé	认同	rèntóng
人流	rénliú	任何	rènhé
人马	rénmǎ	任务	rèn·wù
人脉	rénmài	任意	rènyì
人命	rénmìng	任重道远	
人品	rénpǐn	rènzhòng-dàoyuǎn	
人烟	rényān	韧	rèn
人质	rénzhì	韧带	rèndài

韧性	rènxìng	熔	róng
妊娠	rènshēn	熔点	róngdiǎn
扔	rēng	熔化	rónghuà
日	rì	融	róng
日报	rìbào	融合	rónghé
日常	rìcháng	融化	rónghuà
日趋	rìqū	融洽	róngqià
日夜	rìyè	融资	róngzī
日程	rìchéng	冗长	rǒngcháng
日光	rìguāng	柔	róu
日后	rìhòu	柔和	róuhé
日见	rìjiàn	柔软	róuruǎn
日新月异	rìxīn-yuèyì	柔道	róudào
日用	rìyòng	柔美	róuměi
戎装	róngzhuāng	揉	róu
茸毛	róngmáo	蹂躏	róulìn
荣	róng	肉	ròu
荣誉	róngyù	肉食	ròushí
荣获	rónghuò	肉体	ròutǐ
荣幸	róngxìng	肉眼	ròuyǎn
绒	róng	肉质	ròuzhì
容	róng	如	rú
容量	róngliàng	如此	rúcǐ
容纳	róngnà	如果	rúguǒ
容易	róng·yì	如何	rúhé
溶	róng	如今	rújīn
溶剂	róngjì	如释重负	rúshìzhòngfù
榕	róng	如同	rútóng

如下	rúxià	褥子	rùzi
如期	rúqī	软	ruǎn
如愿	rúyuàn	软骨	ruǎngǔ
儒	rú	软禁	ruǎnjìn
儒家	Rújiā	软弱	ruǎnruò
儒学	rúxué	蕊	ruǐ
蠕动	rúdòng	锐	ruì
汝	rǔ	锐角	ruìjiǎo
乳	rǔ	瑞	ruì
乳白	rǔbái	闰	rùn
乳房	rǔfáng	润	rùn
乳牛	rǔniú	润滑	rùnhuá
乳汁	rǔzhī	若	ruò
辱	rǔ	若干	ruògān
辱骂	rǔmà	若是	ruòshì
入	rù	若无其事	ruòwúqíshì
入场	rùchǎng	弱	ruò
入场券	rùchǎngquàn	弱点	ruòdiǎn
入股	rùgǔ	弱化	ruòhuà
入境	rùjìng	弱势	ruòshì
入口	rùkǒu	弱小	ruòxiǎo
入座	rùzuò		

S

撒	sā/sǎ	塞	sāi/sài/sè
撒谎	sāhuǎng	塞子	sāizi
撒娇	sājiāo	鳃	sāi
撒手	sāshǒu	赛	sài
卅	sà	赛场	sàichǎng

赛跑	sàipǎo	扫	sǎo/sào
赛事	sàishì	扫荡	sǎodàng
三	sān	扫除	sǎochú
三角	sānjiǎo	扫视	sǎoshì
三角形	sānjiǎoxíng	扫兴	sǎoxìng
三角洲	sānjiǎozhōu	嫂子	sǎozi
三轮车	sānlúnchē	扫帚	sàozhou
叁	sān	色	sè/shǎi
伞	sǎn	色彩	sècǎi
散	sǎn/sàn	色调	sèdiào
散射	sǎnshè	涩	sè
散文	sǎnwén	瑟	sè
散漫	sǎnmàn	森严	sēnyán
散场	sànchǎng	僧	sēng
散失	sànshī	僧侣	sēnglǚ
丧事	sāngshì	杀	shā
丧葬	sāngzàng	杀害	shāhài
桑	sāng	杀菌	shājūn
嗓子	sǎngzi	杀戮	shālù
嗓门儿	sǎngménr	杀伤	shāshāng
丧失	sàngshī	杉	shā/shān
丧生	sàngshēng	沙	shā
搔	sāo	沙发	shāfā
骚	sāo	纱	shā
骚动	sāodòng	纱锭	shādìng
骚扰	sāorǎo	刹车	shāchē
缫	sāo	砂	shā
臊	sāo/sào	煞	shā/shà

鲨鱼	shāyú	闪电	shǎndiàn
啥	shá	闪光	shǎnguāng
傻	shǎ	闪烁	shǎnshuò
傻瓜	shǎguā	闪现	shǎnxiàn
傻子	shǎzi	闪耀	shǎnyào
霎时	shàshí	陕	Shǎn
筛	shāi	扇	shàn
筛查	shāichá	扇贝	shànbèi
筛选	shāixuǎn	扇子	shànzi
晒	shài	善	shàn
山	shān	善良	shànliáng
山地	shāndì	善于	shànyú
山峰	shānfēng	赡养	shànyǎng
山头	shāntóu	伤	shāng
山坳	shān'ào	伤害	shānghài
山洪	shānhóng	伤口	shāngkǒu
山涧	shānjiàn	伤亡	shāngwáng
山脚	shānjiǎo	汤	shāng/tāng
山梁	shānliáng	商	shāng
山岭	shānlǐng	商场	shāngchǎng
山寨	shānzhài	商船	shāngchuán
删除	shānchú	商定	shāngdìng
衫	shān	商贩	shāngfàn
珊瑚	shānhú	商贾	shānggǔ
扇	shān/shàn	商会	shānghuì
扇动	shāndòng	商家	shāngjiā
煽动	shāndòng	商标	shāngbiāo
闪	shǎn	商店	shāngdiàn

上	shǎng/shàng	上臂	shàngbì
晌	shǎng	上策	shàngcè
赏	shǎng	上场	shàngchǎng
赏赐	shǎngcì	上传	shàngchuán
赏识	shǎngshí	上当	shàngdàng
赏心悦目	shǎngxīn-yuèmù	上演	shàngyǎn
上班	shàngbān	上阵	shàngzhèn
上边	shàng·biān	上肢	shàngzhī
上层	shàngcéng	上座	shàngzuò
上帝	Shàngdì	尚	shàng
上级	shàngjí	尚且	shàngqiě
上课	shàngkè	捎	shāo/shào
上空	shàngkōng	烧	shāo
上来	shàng·lái	烧杯	shāobēi
上面	shàng·miàn	烧瓶	shāopíng
上去	shàng·qù	烧伤	shāoshāng
上山	shàngshān	烧香	shāoxiāng
上升	shàngshēng	梢	shāo
上市	shàngshì	稍	shāo/shào
上述	shàngshù	稍稍	shāoshāo
上诉	shàngsù	稍微	shāowēi
上午	shàngwǔ	勺	sháo
上下	shàngxià	勺子	sháozi
上学	shàngxué	少	shǎo/shào
上衣	shàngyī	少见	shǎojiàn
上游	shàngyóu	少爷	shàoye
上涨	shàngzhǎng	少儿	shào'ér
上报	shàngbào	少妇	shàofù

少将	shàojiàng	射	shè
召	Shào/zhào	涉	shè
哨	shào	涉及	shèjí
哨兵	shàobīng	赦	shè
哨所	shàosuǒ	摄	shè
哨子	shàozi	摄影	shèyǐng
奢侈	shēchǐ	摄食	shèshí
奢望	shēwàng	摄氏度	shèshìdù
舌	shé	摄像机	shèxiàngjī
舌苔	shétāi	摄制	shèzhì
舌头	shétou	麝	shè
折	shé/zhē/zhé	谁	shéi/shuí
蛇	shé	申	shēn
舍	shě/shè	申请	shēnqǐng
舍不得	shěbude	申办	shēnbàn
舍得	shěde	申报	shēnbào
舍弃	shěqì	伸	shēn
舍身	shěshēn	伸手	shēnshǒu
设	shè	身	shēn
设备	shèbèi	身边	shēnbiān
设法	shèfǎ	身材	shēncái
设计	shèjì	身份	shēn·fèn
设定	shèdìng	身体	shēntǐ
设防	shèfáng	身心	shēnxīn
社	shè	身世	shēnshì
社会	shèhuì	身手	shēnshǒu
社会学	shèhuìxué	身体力行	shēntǐ-lìxíng
拾	shè/shí	呻吟	shēnyín

绅士	shēnshì	神童	shéntóng
砷	shēn	神往	shénwǎng
深	shēn	神仙	shén·xiān
深沉	shēnchén	神像	shénxiàng
深度	shēndù	神韵	shényùn
深厚	shēnhòu	神志	shénzhì
深远	shēnyuǎn	神州	Shénzhōu
深奥	shēn'ào	沈	Shěn
深思	shēnsī	审	shěn
深邃	shēnsuì	审查	shěnchá
深恶痛绝	shēnwù-tòngjué	审美	shěnměi
深信	shēnxìn	审定	shěndìng
深意	shēnyì	审核	shěnhé
深渊	shēnyuān	审计	shěnjì
深造	shēnzào	审理	shěnlǐ
什	shén/shí	审批	shěnpī
什么	shénme	审慎	shěnshèn
神	shén	审时度势	shěnshí-duóshì
神话	shénhuà	审视	shěnshì
神经	shénjīng	审问	shěnwèn
神秘	shénmì	婶	shěn
神奇	shénqí	肾	shèn
神气	shén·qì	甚	shèn
神学	shénxué	甚至	shènzhì
神灵	shénlíng	甚而	shèn'ér
神明	shénmíng	渗	shèn
神速	shénsù	渗透	shèntòu
神通	shéntōng	渗入	shènrù

慎	shèn	生字	shēngzì
慎重	shènzhòng	声	shēng
升	shēng	声调	shēngdiào
升腾	shēngténg	声望	shēngwàng
升华	shēnghuá	声息	shēngxī
升级	shēngjí	声学	shēngxué
生	shēng	声言	shēngyán
生产力	shēngchǎnlì	声誉	shēngyù
生成	shēngchéng	声援	shéngyuán
生存	shēngcún	声乐	shēngyuè
生命	shēngmìng	牲畜	shēngchù
生命力	shēngmìnglì	牲口	shēngkou
生气	shēngqì	笙	shēng
生前	shēngqián	绳	shéng
生态	shēngtài	绳子	shéngzi
生长	shēngzhǎng	绳索	shéngsuǒ
生殖	shēngzhí	省	shěng/xǐng
生路	shēnglù	省城	shěngchéng
生怕	shēngpà	省份	shěngfèn
生平	shēngpíng	省略	shěnglüè
生日	shēng·rì	省事	shěngshì
生疏	shēngshū	圣	shèng
生死	shēngsǐ	圣诞节	ShèngdànJié
生息	shēngxī	圣经	Shèngjīng
生肖	shēngxiào	圣地	shèngdì
生效	shēngxiào	圣洁	shèngjié
生性	shēngxìng	圣母	shèngmǔ
生硬	shēngyìng	剩余	shèngyú

盛装	shèngzhuāng	施加	shījiā
尸	shī	施舍	shīshě
尸体	shītǐ	施展	shīzhǎn
尸骨	shīgǔ	施政	shīzhèng
尸首	shī·shǒu	湿	shī
失	shī	湿度	shīdù
失败	shībài	湿润	shīrùn
失望	shīwàng	湿地	shīdì
失误	shīwù	湿热	shīrè
失业	shīyè	嘘	shī/xū
失常	shīcháng	十	shí
师	shī	十足	shízú
师范	shīfàn	石灰	shíhuī
师长	shīzhǎng	石油	shíyóu
师资	shīzī	石板	shíbǎn
诗	shī	时	shí
诗歌	shīgē	时常	shícháng
诗人	shīrén	时代	shídài
诗意	shīyì	时而	shí'ér
诗词	shīcí	时空	shíkōng
诗集	shījí	时髦	shímáo
诗句	shījù	时期	shíqī
诗篇	shīpiān	时务	shíwù
虱子	shīzi	时限	shíxiàn
狮子	shīzi	时效	shíxiào
施	shī	时兴	shíxīng
施肥	shīféi	时针	shízhēn
施放	shīfàng	时政	shízhèng

时钟	shízhōng	实效	shíxiào
时装	shízhuāng	实心	shíxīn
识	shí/zhì	实业	shíyè
识别	shíbié	实战	shízhàn
识字	shízì	实证	shízhèng
识破	shípò	拾掇	shíduo
实	shí	食	shí/sì
实际	shíjì	食品	shípǐn
实践	shíjiàn	食盐	shíyán
实现	shíxiàn	食用	shíyòng
实行	shíxíng	食材	shícái
实验	shíyàn	食道	shídào
实用	shíyòng	食管	shíguǎn
实在	shízài	食粮	shíliáng
实在	shízai	食谱	shípǔ
实质	shízhì	食物链	shíwùliàn
实测	shícè	蚀	shí
实地	shídì	史	shǐ
实干	shígàn	史籍	shǐjí
实话	shíhuà	史学	shǐxué
实惠	shíhuì	矢	shǐ
实况	shíkuàng	使	shǐ
实情	shíqíng	使得	shǐ·dé
实权	shíquán	使用	shǐyòng
实事	shíshì	使唤	shǐhuan
实事求是	shíshì-qiúshì	使节	shǐjié
实数	shíshù	使者	shǐzhě
实习	shíxí	始	shǐ

始终	shǐzhōng	世俗	shìsú
始料不及	shǐliàobùjí	世袭	shìxí
始祖	shǐzǔ	仕	shì
驶	shǐ	市	shì
屎	shǐ	市场	shìchǎng
士	shì	市民	shìmín
士兵	shìbīng	市价	shìjià
士气	shìqì	市郊	shìjiāo
士族	shìzú	式	shì
氏	shì/zhī	似	shì/sì
氏族	shìzú	似的	shìde
示	shì	势	shì
示范	shìfàn	势力	shì·lì
示威	shìwēi	势能	shìnéng
示弱	shìruò	势头	shì·tóu
示意	shìyì	势在必行	shìzàibìxíng
示众	shìzhòng	事	shì
世	shì	事变	shìbiàn
世代	shìdài	事情	shìqing
世界观	shìjièguān	事实	shìshí
世道	shìdào	事务	shìwù
世故	shìgù	事物	shìwù
世故	shìgu	事先	shìxiān
世家	shìjiā	事业	shìyè
世间	shìjiān	事半功倍	
世面	shìmiàn	shìbàn-gōngbèi	
世人	shìrén	事端	shìduān
世事	shìshì	事理	shìlǐ

事态	shìtài	螫	shì
事项	shìxiàng	收	shōu
事宜	shìyí	收购	shōugòu
侍	shì	收益	shōuyì
侍从	shìcóng	收音机	shōuyīnjī
饰	shì	收藏	shōucáng
试	shì	收据	shōujù
试管	shìguǎn	收看	shōukàn
视	shì	收敛	shōuliǎn
视觉	shìjué	收留	shōuliú
视野	shìyě	收录	shōulù
拭	shì	收买	shōumǎi
柿子	shìzi	收取	shōuqǔ
适	shì	收容	shōuróng
适当	shìdàng	收听	shōutīng
适用	shìyòng	收效	shōuxiào
适中	shìzhōng	收养	shōuyǎng
舐	shì	收支	shōuzhī
恃	shì	熟	shóu/shú
室	shì	手	shǒu
逝	shì	手臂	shǒubì
逝世	shìshì	手掌	shǒuzhǎng
释放	shìfàng	手指	shǒuzhǐ
嗜	shì	手背	shǒubèi
嗜好	shìhào	手册	shǒucè
誓	shì	手巾	shǒu · jīn
誓言	shìyán	手绢儿（手绢）	
噬	shì	shǒujuànr（shǒujuàn）	

手忙脚乱		受害	shòuhài
shǒumáng-jiǎoluàn		受奖	shòujiǎng
手帕	shǒupà	受戒	shòujiè
手软	shǒuruǎn	受惊	shòujīng
手套	shǒutào	受苦	shòukǔ
守	shǒu	狩猎	shòuliè
守恒	shǒuhéng	授	shòu
守信	shǒuxìn	售	shòu
守则	shǒuzé	兽	shòu
首	shǒu	瘦	shòu
首都	shǒudū	瘦削	shòuxuē
首长	shǒuzhǎng	书	shū
首创	shǒuchuàng	书包	shūbāo
首府	shǒufǔ	书籍	shūjí
首届	shǒujiè	书记	shū·jì
首脑	shǒunǎo	书法	shūfǎ
首饰	shǒushi	书房	shūfáng
首尾	shǒuwěi	书画	shūhuà
首席	shǒuxí	书架	shūjià
首相	shǒuxiàng	书局	shūjú
首选	shǒuxuǎn	书卷	shūjuàn
寿	shòu	书刊	shūkān
寿命	shòumìng	抒情	shūqíng
受	shòu	枢	shū
受贿	shòuhuì	枢纽	shūniǔ
受精	shòujīng	叔叔	shūshu
受伤	shòushāng	梳	shū
受挫	shòucuò	淑女	shūnǚ

舒	shū	暑假	shǔjià
舒服	shūfu	署名	shǔmíng
舒适	shūshì	蜀	Shǔ
舒坦	shūtan	鼠	shǔ
舒张	shūzhāng	鼠标	shǔbiāo
疏	shū	数	shǔ/shù/shuò
疏忽	shūhu	曙光	shǔguāng
疏导	shūdǎo	术	shù/zhú
疏散	shūsàn	术语	shùyǔ
疏松	shūsōng	束	shù
疏通	shūtōng	束缚	shùfù
疏远	shūyuǎn	述	shù
输	shū	述评	shùpíng
蔬菜	shūcài	述说	shùshuō
赎	shú	述职	shùzhí
赎罪	shúzuì	树	shù
熟练	shúliàn	树种	shùzhǒng
熟悉	shú·xī	竖	shù
熟人	shúrén	恕	shù
熟睡	shúshuì	庶民	shùmín
熟知	shúzhī	数值	shùzhí
孰	shú	数字	shùzì
暑	shǔ	数额	shù'é
属	shǔ/zhù	数据库	shùjùkù
属性	shǔxìng	数码	shùmǎ
属于	shǔyú	数字化	shùzìhuà
属实	shǔshí	漱	shù
署	shǔ	刷	shuā

刷卡	shuākǎ	水	shuǐ
刷新	shuāxīn	水稻	shuǐdào
耍	shuǎ	水位	shuǐwèi
衰变	shuāibiàn	水文	shuǐwén
衰老	shuāilǎo	水银	shuǐyín
衰弱	shuāiruò	水源	shuǐyuán
衰退	shuāituì	水蒸气	shuǐzhēngqì
衰亡	shuāiwáng	水泵	shuǐbèng
摔	shuāi	水力	shuǐlì
摔跤	shuāijiāo	水龙头	shuǐlóngtóu
甩	shuǎi	水陆	shuǐlù
帅	shuài	水路	shuǐlù
率领	shuàilǐng	水落石出	shuǐluò-shíchū
率先	shuàixiān	水鸟	shuǐniǎo
拴	shuān	水牛	shuǐniú
栓	shuān	水情	shuǐqíng
涮	shuàn	水渠	shuǐqú
双	shuāng	水势	shuǐshì
双方	shuāngfāng	水塔	shuǐtǎ
双亲	shuāngqīn	水獭	shuǐtǎ
双向	shuāngxiàng	说	shuì/shuō
双语	shuāngyǔ	税	shuì
霜	shuāng	税收	shuìshōu
霜冻	shuāngdòng	税务	shuìwù
霜期	shuāngqī	睡	shuì
爽	shuǎng	睡觉	shuìjiào
爽朗	shuǎnglǎng	睡眠	shuìmián
爽快	shuǎngkuai	睡梦	shuìmèng

睡衣	shuìyī	司令	sīlìng
吮	shǔn	司空见惯	sīkōng-jiànguàn
顺	shùn	丝	sī
顺利	shùnlì	丝毫	sīháo
顺口	shùnkǒu	丝绸	sīchóu
顺口溜	shùnkǒuliū	丝绒	sīróng
顺理成章		丝线	sīxiàn
shùnlǐ-chéngzhāng		私	sī
顺势	shùnshì	私人	sīrén
顺心	shùnxīn	私营	sīyíng
顺眼	shùnyǎn	私有	sīyǒu
顺应	shùnyìng	私有制	sīyǒuzhì
舜	Shùn	私产	sīchǎn
瞬间	shùnjiān	私法	sīfǎ
瞬时	shùnshí	思	sī
说法	shuō·fǎ	思潮	sīcháo
说服	shuōfú	思想	sīxiǎng
说不定	shuō·bùdìng	思想家	sīxiǎngjiā
说唱	shuōchàng	斯	sī
说穿	shuōchuān	斯文	sīwén
说谎	shuōhuǎng	撕	sī
说教	shuōjiào	撕毁	sīhuǐ
说理	shuōlǐ	嘶哑	sīyǎ
硕士	shuòshì	厮杀	sīshā
硕果	shuòguǒ	死	sǐ
司	sī	死亡	sǐwáng
司法	sīfǎ	死刑	sǐxíng
司机	sījī	死板	sǐbǎn

死灰复燃	sǐhuī-fùrán	松动	sōngdòng
死活	sǐhuó	松软	sōngruǎn
死守	sǐshǒu	松鼠	sōngshǔ
巳	sì	耸	sǒng
四	sì	耸立	sǒnglì
四边形	sìbiānxíng	怂	sǒng
四周	sìzhōu	讼	sòng
四海	sìhǎi	宋	Sòng
四合院	sìhéyuàn	送	sòng
四季	sìjì	送别	sòngbié
四面八方	sìmiàn-bāfāng	送礼	sònglǐ
寺	sì	诵	sòng
寺院	sìyuàn	颂	sòng
似乎	sìhū	颂扬	sòngyáng
似是而非	sìshì' érfēi	搜	sōu
伺机	sìjī	搜集	sōují
祀	sì	搜捕	sōubǔ
饲	sì	搜查	sōuchá
饲料	sìliào	搜刮	sōuguā
饲养	sìyǎng	搜寻	sōuxún
肆无忌惮	sìwú-jìdàn	艘	sōu
肆意	sìyì	苏	sū
肆虐	sìnüè	苏醒	sūxǐng
俟	sì	酥	sū
嗣	sì	俗	sú
松	sōng	俗称	súchēng
松弛	sōngchí	俗话	súhuà
松懈	sōngxiè	俗人	súrén

俗语	súyǔ	酸枣	suānzǎo
诉	sù	算	suàn
诉讼	sùsòng	算计	suànji
诉苦	sùkǔ	算命	suànmìng
诉诸	sùzhū	算盘	suàn·pán
肃穆	sùmù	算账	suànzhàng
肃清	sùqīng	虽	suī
素	sù	虽然	suīrán
素材	sùcái	虽说	suīshuō
素质	sùzhì	绥	suí
素来	sùlái	隋	Suí
素描	sùmiáo	随	suí
素养	sùyǎng	随便	suíbiàn
速	sù	随后	suíhòu
速度	sùdù	随笔	suíbǐ
速成	sùchéng	随处	suíchù
速递	sùdì	随从	suícóng
速写	sùxiě	随感	suígǎn
宿	sù/xiǔ/xiù	随同	suítóng
宿舍	sùshè	随心	suíxīn
宿营	sùyíng	随心所欲	suíxīnsuǒyù
塑	sù	遂	suí/suì
塑料	sùliào	髓	suǐ
塑造	sùzào	岁	suì
塑像	sùxiàng	岁月	suìyuè
溯	sù	岁数	suìshu
缩	sù/suō	碎	suì
酸楚	suānchǔ	隧道	suìdào

孙	sūn	缩影	suōyǐng
孙子	sūnzi	所有	suǒyǒu
孙女	sūn·nǚ	所有制	suǒyǒuzhì
损	sǔn	所在	suǒzài
损伤	sǔnshāng	索	suǒ
损失	sǔnshī	索性	suǒxìng
损毁	sǔnhuǐ	琐事	suǒshì
笋	sǔn	琐碎	suǒsuì
唆使	suōshǐ	锁	suǒ
梭	suō	锁定	suǒdìng
缩短	suōduǎn	锁链	suǒliàn
缩减	suōjiǎn		

T

他	tā	胎	tāi
他们	tāmen	胎儿	tāi'ér
他乡	tāxiāng	胎盘	tāipán
它	tā	台风	táifēng
它们	tāmen	台词	táicí
她	tā	台灯	táidēng
她们	tāmen	抬	tái
塌	tā	抬头	táitóu
塌方	tāfāng	太	tài
踏	tā/tà	太太	tàitai
塔	tǎ	太阳	tài·yáng
踏步	tàbù	太阳能	tàiyángnéng
拓	tà/tuò	太阳系	tàiyángxì
榻	tà	太极	tàijí
台	Tāi/tái	太极拳	tàijíquán

太监	tài·jiàn	坦诚	tǎnchéng
汰	tài	毯子	tǎnzi
态	tài	叹	tàn
态度	tài·dù	叹息	tànxī
泰	tài	叹气	tànqì
泰山	tàishān	炭	tàn
贪	tān	探测	tàncè
贪婪	tānlán	探索	tànsuǒ
贪污	tānwū	探讨	tàntǎo
贪图	tāntú	探询	tànxún
摊	tān	探访	tànfǎng
摊贩	tānfàn	探问	tànwèn
滩	tān	探险	tànxiǎn
瘫痪	tānhuàn	探寻	tànxún
坛	tán	碳	tàn
坛子	tánzi	唐	Táng
谈	tán	堂	táng
谈话	tánhuà	堂而皇之	táng'érhuángzhī
谈天	tántiān	糖	táng
谈吐	tántǔ	糖果	tángguǒ
弹簧	tánhuáng	糖尿病	tángniàobìng
弹性	tánxìng	倘若	tǎngruò
弹跳	tántiào	倘使	tǎngshǐ
痰	tán	淌	tǎng
谭	Tán	趟	tàng
潭	tán	涛	tāo
檀香	tánxiāng	掏	tāo
坦白	tǎnbái	滔滔	tāotāo

逃	táo		特产	tèchǎn
逃避	táobì		特长	tècháng
逃荒	táohuāng		疼	téng
逃离	táolí		疼痛	téngtòng
逃命	táomìng		疼爱	téng'ài
桃	táo		腾飞	téngfēi
陶	táo		腾空	téngkōng
陶冶	táoyě		誊写	téngxiě
陶器	táoqì		滕	Téng
陶醉	táozuì		藤	téng
淘	táo		藤萝	téngluó
淘汰	táotài		体	tī/tǐ
淘气	táoqì		剔除	tīchú
讨	tǎo		踢	tī
讨厌	tǎoyàn		梯	tī
讨好	tǎohǎo		梯度	tīdù
讨价还价	tǎojià-huánjià		梯队	tīduì
讨论	tǎolùn		提倡	tíchàng
套	tào		提高	tígāo
套话	tàohuà		提醒	tíxǐng
套路	tàolù		提议	tíyì
套现	tàoxiàn		提案	tí'àn
特	tè		提拔	tí·bá
特别	tèbié		提包	tíbāo
特技	tèjì		提成	tíchéng
特权	tèquán		提示	tíshì
特色	tèsè		提问	tíwèn
特殊	tèshū		提携	tíxié

提心吊胆	tíxīn-diàodǎn	替	tì
提要	tíyào	替代	tìdài
提早	tízǎo	替补	tìbǔ
啼	tí	替换	tì·huàn
啼哭	tíkū	天	tiān
啼笑皆非	tíxiào-jiēfēi	天才	tiāncái
题	tí	天地	tiāndì
题材	tícái	天鹅	tiān'é
题目	tímù	天气	tiānqì
题词	tící	天花	tiānhuā
蹄	tí	天花板	tiānhuābǎn
蹄子	tízi	天经地义	tiānjīng-dìyì
体裁	tǐcái	天井	tiānjǐng
体操	tǐcāo	天理	tiānlǐ
体力	tǐlì	天亮	tiānliàng
体谅	tǐ·liàng	天人合一	tiānrén-héyī
体察	tǐchá	天色	tiānsè
体面	tǐ·miàn	天时	tiānshí
体能	tǐnéng	天资	tiānzī
体魄	tǐpò	天子	tiānzǐ
体形	tǐxíng	添	tiān
体型	tǐxíng	添加	tiānjiā
体液	tǐyè	添置	tiānzhì
体育场	tǐyùchǎng	田	tián
体育馆	tǐyùguǎn	田地	tiándì
体征	tǐzhēng	田埂	tiángěng
剃	tì	田亩	tiánmǔ
剃头	tìtóu	田鼠	tiánshǔ

甜	tián	铁蹄	tiětí
填	tián	铁锨	tiěxiān
舔	tiǎn	厅	tīng
挑	tiāo/tiǎo	厅堂	tīngtáng
挑选	tiāoxuǎn	听	tīng
条	tiáo	听话	tīnghuà
条件	tiáojiàn	听见	tīng·jiàn
条理	tiáolǐ	听从	tīngcóng
条文	tiáowén	廷	tíng
条子	tiáozi	亭	tíng
调节	tiáojié	庭审	tíngshěn
调剂	tiáojì	庭院	tíngyuàn
调价	tiáojià	停	tíng
挑衅	tiǎoxìn	停止	tíngzhǐ
挑战	tiǎozhàn	停泊	tíngbó
挑拨	tiǎobō	停车	tíngchē
跳	tiào	停放	tíngfàng
跳动	tiàodòng	停工	tínggōng
跳板	tiàobǎn	停火	tínghuǒ
跳高	tiàogāo	停刊	tíngkān
跳水	tiàoshuǐ	停靠	tíngkào
帖	tiē/tiě/tiè	停息	tíngxī
贴	tiē	停歇	tíngxiē
贴近	tiējìn	挺	tǐng
贴切	tiēqiè	挺立	tǐnglì
铁	tiě	挺身	tǐngshēn
铁路	tiělù	艇	tǐng
铁索	tiěsuǒ	通	tōng/tòng

通常	tōngcháng	同居	tóngjū
通道	tōngdào	同龄	tónglíng
通用	tōngyòng	同盟	tóngméng
通知	tōngzhī	彤	tóng
通报	tōngbào	佟	Tóng
通畅	tōngchàng	铜	tóng
通车	tōngchē	铜板	tóngbǎn
通融	tōng·róng	铜钱	tóngqián
通商	tōngshāng	铜臭	tóngxiù
通俗	tōngsú	童	tóng
通晓	tōngxiǎo	童话	tónghuà
通行	tōngxíng	童年	tóngnián
通则	tōngzé	童工	tónggōng
同	tóng/tòng	童心	tóngxīn
同伴	tóngbàn	瞳孔	tóngkǒng
同胞	tóngbāo	统	tǒng
同等	tóngděng	统计	tǒngjì
同行	tóngháng	统率	tǒngshuài
同化	tónghuà	统辖	tǒngxiá
同类	tónglèi	统一体	tǒngyītǐ
同年	tóngnián	统制	tǒngzhì
同期	tóngqī	捅	tǒng
同志	tóngzhì	桶	tǒng
同班	tóngbān	筒	tǒng
同辈	tóngbèi	痛	tòng
同步	tóngbù	痛苦	tòngkǔ
同感	tónggǎn	痛快	tòng·kuài
同伙	tónghuǒ	痛斥	tòngchì

痛楚	tòngchǔ	透	tòu
痛恨	tònghèn	透镜	tòujìng
痛觉	tòngjué	透露	tòulù
痛哭	tòngkū	透明	tòumíng
偷	tōu	透彻	tòuchè
偷偷	tōutōu	透亮	tòu·liàng
偷窥	tōukuī	透气	tòuqì
偷懒	tōulǎn	透支	tòuzhī
偷窃	tōuqiè	凸	tū
偷袭	tōuxí	凸显	tūxiǎn
头	tóu	秃顶	tūdǐng
头顶	tóudǐng	突	tū
头发	tóufa	突变	tūbiàn
头脑	tóunǎo	突出	tūchū
头等	tóuděng	突发	tūfā
头骨	tóugǔ	突飞猛进	tūfēi-měngjìn
头号	tóuhào	突起	tūqǐ
投	tóu	突如其来	tūrú-qílái
投产	tóuchǎn	突围	tūwéi
投资	tóuzī	突袭	tūxí
投考	tóukǎo	图	tú
投靠	tóukào	图案	tú'àn
投票	tóupiào	图画	túhuà
投射	tóushè	图书	túshū
投身	tóushēn	图书馆	túshūguǎn
投诉	tóusù	图表	túbiǎo
投影	tóuyǐng	图解	tújiě
投掷	tóuzhì	徒	tú

徒弟	tú·dì	推陈出新	tuīchén-chūxīn
途	tú	推迟	tuīchí
途径	tújìng	推辞	tuīcí
涂	tú	推导	tuīdǎo
屠	tú	推倒	tuīdǎo
屠杀	túshā	推演	tuīyǎn
土	tǔ	推移	tuīyí
土地	tǔdì	颓废	tuífèi
土豆	tǔdòu	颓然	tuírán
土坯	tǔpī	颓丧	tuísàng
土星	tǔxīng	腿	tuǐ
土语	tǔyǔ	腿脚	tuǐjiǎo
土质	tǔzhì	退	tuì
土著	tǔzhù	退出	tuìchū
吐	tǔ/tù	退步	tuìbù
吐露	tǔlù	退还	tuìhuán
吐血	tùxiě	退回	tuìhuí
兔子	tùzi	退缩	tuìsuō
湍流	tuānliú	退位	tuìwèi
湍急	tuānjí	退伍	tuìwǔ
团	tuán	退学	tuìxué
团结	tuánjié	退役	tuìyì
团队	tuánduì	蜕	tuì
团伙	tuánhuǒ	蜕变	tuìbiàn
推	tuī	蜕化	tuìhuà
推测	tuīcè	褪	tuì/tùn
推崇	tuīchóng	吞	tūn
推行	tuīxíng	吞吐	tūntǔ

吞咽	tūnyàn	脱水	tuōshuǐ
屯	tún	脱胎	tuōtāi
臀	tún	脱胎换骨	tuōtāi-huàngǔ
托	tuō	脱险	tuōxiǎn
托管	tuōguǎn	脱销	tuōxiāo
托盘	tuōpán	脱颖而出	tuōyǐng'érchū
拖	tuō	驼	tuó
拖拉机	tuōlājī	驼背	tuóbèi
拖车	tuōchē	鸵鸟	tuóniǎo
脱	tuō	妥	tuǒ
脱离	tuōlí	妥当	tuǒdang
脱落	tuōluò	椭圆	tuǒyuán
脱口	tuōkǒu	唾	tuò
脱口而出	tuōkǒu'érchū	唾沫	tuòmo
脱困	tuōkùn	唾液	tuòyè
脱身	tuōshēn		

W

挖	wā	歪	wāi
挖掘	wājué	歪曲	wāiqū
挖苦	wāku	外	wài
挖潜	wāqián	外边	wài·biān
哇	wā	外表	wàibiǎo
娃娃	wáwa	外交	wàijiāo
瓦	wǎ/wà	外来	wàilái
瓦砾	wǎlì	外力	wàilì
瓦斯	wǎsī	外贸	wàimào
袜	wà	外面	wài·miàn
袜子	wàzi	外婆	wàipó

外商	wàishāng	完全	wánquán
外甥	wàisheng	完善	wánshàn
外祖父	wàizǔfù	完整	wánzhěng
外币	wàibì	完工	wángōng
外感	wàigǎn	完好	wánhǎo
外公	wàigōng	玩	wán
外观	wàiguān	玩具	wánjù
外海	wàihǎi	玩笑	wánxiào
外行	wàiháng	玩意儿	wányìr
外号	wàihào	顽固	wángù
外线	wàixiàn	顽皮	wánpí
外销	wàixiāo	顽症	wánzhèng
外延	wàiyán	宛如	wǎnrú
外衣	wàiyī	挽	wǎn
外因	wàiyīn	挽回	wǎnhuí
外援	wàiyuán	挽救	wǎnjiù
外债	wàizhài	挽留	wǎnliú
外长	wàizhǎng	晚	wǎn
外族	wàizú	晚报	wǎnbào
外祖母	wàizǔmǔ	晚辈	wǎnbèi
弯	wān	晚餐	wǎncān
弯曲	wānqū	晚会	wǎnhuì
弯路	wānlù	晚婚	wǎnhūn
湾	wān	晚霞	wǎnxiá
剜	wān	晚宴	wǎnyàn
丸	wán	晚饭	wǎnfàn
完	wán	惋惜	wǎnxī
完备	wánbèi	婉转	wǎnzhuǎn

皖	Wǎn	往事	wǎngshì
碗	wǎn	往昔	wǎngxī
万	wàn	妄	wàng
万恶	wàn'è	妄图	wàngtú
万国	wànguó	妄想	wàngxiǎng
万能	wànnéng	忘	wàng
万众一心	wànzhòng-yīxīn	忘记	wàngjì
万紫千红	wànzǐ-qiānhóng	忘恩负义	wàng'ēn-fùyì
腕	wàn	忘怀	wànghuái
汪	wāng	忘情	wàngqíng
汪洋	wāngyáng	忘却	wàngquè
王朝	wángcháo	忘我	wàngwǒ
王国	wángguó	望	wàng
王府	wángfǔ	望远镜	wàngyuǎnjìng
王宫	wánggōng	危	wēi
王冠	wángguān	危害	wēihài
网	wǎng	威	wēi
网罗	wǎngluó	威力	wēilì
网络	wǎngluò	威信	wēixìn
网民	wǎngmín	威吓	wēihè
网球	wǎngqiú	威望	wēiwàng
网页	wǎngyè	威武	wēiwǔ
网友	wǎngyǒu	威严	wēiyán
网站	wǎngzhàn	微	wēi
网址	wǎngzhǐ	微弱	wēiruò
枉	wǎng	微生物	wēishēngwù
往	wǎng	微微	wēiwēi
往日	wǎngrì	微波	wēibō

微博	wēibó	伟	wěi
微薄	wēibó	伟大	wěidà
微不足道	wēibùzúdào	尾	wěi/yǐ
微风	wēifēng	尾巴	wěiba
巍峨	wēi'é	尾气	wěiqì
为	wéi/wèi	尾声	wěishēng
为难	wéinán	尾随	wěisuí
违	wéi	纬	wěi
违背	wéibèi	纬度	wěidù
违心	wéixīn	纬线	wěixiàn
违约	wéiyuē	委	wěi
违章	wéizhāng	委屈	wěiqu
围	wéi	委员会	wěiyuánhuì
围攻	wéigōng	委派	wěipài
围观	wéiguān	委任	wěirèn
围巾	wéijīn	萎	wěi
围困	wéikùn	萎缩	wěisuō
围棋	wéiqí	卫	wèi
围墙	wéiqiáng	卫生	wèishēng
围裙	wéi·qún	卫星	wèixīng
唯	wéi	卫兵	wèibīng
唯独	wéidú	卫队	wèiduì
唯恐	wéikǒng	卫士	wèishì
唯美	wéiměi	为何	wèihé
帷幕	wéimù	未	wèi
惟	wéi	未尝	wèicháng
维生素	wéishēngsù	未免	wèimiǎn
维新	wéixīn	未来	wèilái

位	wèi	文笔	wénbǐ
味	wèi	文官	wénguān
味道	wèi·dào	文集	wénjí
畏	wèi	文教	wénjiào
尉	wèi/yù	文静	wénjìng
喂	wèi	文具	wénjù
喂养	wèiyǎng	文科	wénkē
蔚蓝	wèilán	文盲	wénmáng
蔚然成风	wèirán-chéngfēng	纹	wén
魏	Wèi	纹饰	wénshì
温	wēn	闻	wén
温带	wēndài	闻名	wénmíng
温度计	wēndùjì	蚊虫	wénchóng
温饱	wēnbǎo	蚊帐	wénzhàng
温差	wēnchā	蚊子	wénzi
温泉	wēnquán	吻	wěn
温室	wēnshì	吻合	wěnhé
温顺	wēnshùn	紊乱	wěnluàn
瘟	wēn	稳	wěn
瘟疫	wēnyì	稳步	wěnbù
文	wén	稳产	wěnchǎn
文化	wénhuà	问	wèn
文艺	wényì	问世	wènshì
文娱	wényú	问题	wèntí
文章	wénzhāng	问号	wènhào
文质彬彬	wénzhì-bīnbīn	问候	wènhòu
文字	wénzì	问卷	wènjuàn
文本	wénběn	翁	wēng

瓮	wèng	无线电	wúxiàndiàn
窝	wō	无效	wúxiào
窝囊	wōnang	无知	wúzhī
涡流	wōliú	无边	wúbiān
蜗牛	wōniú	无偿	wúcháng
我	wǒ	无动于衷	wúdòngyúzhōng
我们	wǒmen	无端	wúduān
卧床	wòchuáng	无计可施	wújì-kěshī
握	wò	无济于事	wújìyúshì
握手	wòshǒu	无尽	wújìn
乌	wū/wù	无可奉告	wúkěfènggào
乌鸦	wūyā	无可厚非	wúkěhòufēi
乌黑	wūhēi	无赖	wúlài
乌贼	wūzéi	无损	wúsǔn
污秽	wūhuì	无所适从	wúsuǒshìcóng
污蔑	wūmiè	无所谓	wúsuǒwèi
巫	wū	无望	wúwàng
巫师	wūshī	无为	wúwéi
呜咽	wūyè	无缘	wúyuán
屋	wū	毋	wú
屋子	wūzi	吾	wú
屋檐	wūyán	吴	Wú
无	wú	梧桐	wútóng
无比	wúbǐ	蜈蚣	wúgōng
无可奈何	wúkěnàihé	五	wǔ
无力	wúlì	五彩	wǔcǎi
无论	wúlùn	五谷	wǔgǔ
无限	wúxiàn	五官	wǔguān

五花八门	wǔhuā-bāmén	戊	wù
五味杂陈	wǔwèi-záchén	务	wù
五行	wǔxíng	务必	wùbì
五颜六色	wǔyán-liùsè	物	wù
午	wǔ	物化	wùhuà
午夜	wǔyè	物资	wùzī
武力	wǔlì	物色	wùsè
武器	wǔqì	物是人非	wùshì-rénfēi
武打	wǔdǎ	物象	wùxiàng
武断	wǔduàn	物业	wùyè
侮辱	wǔrǔ	误	wù
捂	wǔ	误差	wùchā
舞	wǔ	误会	wùhuì
舞台	wǔtái	误导	wùdǎo
舞女	wǔnǚ	误区	wùqū
舞曲	wǔqǔ	雾	wù
舞厅	wǔtīng	悟性	wùxìng
舞姿	wǔzī	晤	wù
勿	wù		

X

夕	xī	吸吮	xīshǔn
西	xī	希望	xīwàng
西北	xīběi	昔	xī
西瓜	xī·guā	昔日	xīrì
西红柿	xīhóngshì	唏嘘	xīxū
吸	xī	析出	xīchū
吸附	xīfù	牺牲	xīshēng
吸取	xīqǔ	息	xī

息息相关	xīxī-xiāngguān	席位	xíwèi
悉	xī	席子	xízi
奚落	xīluò	袭	xí
犀利	xīlì	袭击	xíjī
锡	xī	媳妇	xífu
稀	xī	喜	xǐ
稀薄	xībó	喜爱	xǐ'ài
稀饭	xīfàn	喜鹊	xǐ·què
稀罕	xīhan	喜悦	xǐyuè
稀奇	xīqí	喜出望外	xǐchūwàngwài
稀缺	xīquē	喜好	xǐhào
稀疏	xīshū	铣	xǐ/xiǎn
溪	xī	洗	xǐ
熙熙攘攘	xīxī-rǎngrǎng	洗礼	xǐlǐ
熄	xī	洗刷	xǐshuā
熄灭	xīmiè	洗衣机	xǐyījī
嘻嘻哈哈	xīxī-hāhā	戏	xì
膝	xī	戏剧	xìjù
嬉	xī	系列	xìliè
蟋蟀	xīshuài	系数	xìshù
习	xí	系统	xìtǒng
习惯	xíguàn	细	xì
习气	xíqì	细胞	xìbāo
习题	xítí	细节	xìjié
习以为常	xíyǐwéicháng	细胞核	xìbāohé
习作	xízuò	细化	xìhuà
席	xí	细密	xìmì
席卷	xíjuǎn	细腻	xìnì

细弱	xìruò	下游	xiàyóu
细碎	xìsuì	下巴	xiàba
细微	xìwēi	下笔	xiàbǐ
细则	xìzé	下等	xiàděng
虾	xiā	下跌	xiàdiē
瞎	xiā	下放	xiàfàng
瞎子	xiāzi	下海	xiàhǎi
匣	xiá	夏	xià
匣子	xiázi	夏季	xiàjì
峡	xiá	夏天	xiàtiān
峡谷	xiágǔ	仙	xiān
狭	xiá	先	xiān
狭隘	xiá'ài	先生	xiānsheng
狭义	xiáyì	先天	xiāntiān
狭窄	xiázhǎi	先辈	xiānbèi
辖	xiá	先导	xiāndǎo
辖区	xiáqū	先发制人	xiānfā-zhìrén
霞	xiá	先锋	xiānfēng
霞光	xiáguāng	先河	xiānhé
下	xià	先例	xiānlì
下班	xiàbān	纤维	xiānwéi
下边	xià·biān	掀	xiān
下降	xiàjiàng	掀起	xiānqǐ
下来	xià·lái	鲜	xiān/xiǎn
下落	xiàluò	鲜花	xiānhuā
下面	xià·miàn	鲜血	xiānxuè
下去	xià·qù	鲜艳	xiānyàn
下属	xiàshǔ	鲜嫩	xiānnèn

闲	xián	现身说法	xiànshēn-shuōfǎ
闲暇	xiánxiá	现役	xiànyì
闲话	xiánhuà	限	xiàn
闲聊	xiánliáo	限度	xiàndù
闲人	xiánrén	限于	xiànyú
闲散	xiánsǎn	限制	xiànzhì
贤	xián	限定	xiàndìng
显	xiǎn	限额	xiàn'é
显得	xiǎn·dé	限量	xiànliàng
显露	xiǎnlù	限期	xiànqī
显微镜	xiǎnwēijìng	线	xiàn
显现	xiǎnxiàn	线段	xiànduàn
显著	xiǎnzhù	线条	xiàntiáo
险	xiǎn	宪兵	xiànbīng
险情	xiǎnqíng	宪法	xiànfǎ
险要	xiǎnyào	陷	xiàn
县	xiàn	陷入	xiànrù
县城	xiànchéng	馅儿饼	xiànrbǐng
现	xiàn	羡慕	xiànmù
现代	xiàndài	献	xiàn
现代化	xiàndàihuà	献身	xiànshēn
现今	xiànjīn	腺	xiàn
现金	xiànjīn	乡	xiāng
现状	xiànzhuàng	乡下	xiāngxia
现成	xiànchéng	乡镇	xiāngzhèn
现货	xiànhuò	相	xiāng/xiàng
现款	xiànkuǎn	相当	xiāngdāng
现任	xiànrèn	相得益彰	xiāngdé-yìzhāng

相等	xiāngděng	箱	xiāng
相对	xiāngduì	箱子	xiāngzi
相似	xiāngsì	镶	xiāng
相通	xiāngtōng	详	xiáng
相应	xiāngyìng	翔	xiáng
相称	xiāngchèn	享	xiǎng
相持	xiāngchí	享受	xiǎngshòu
相处	xiāngchǔ	享有	xiǎngyǒu
相传	xiāngchuán	享福	xiǎngfú
相辅相成		享乐	xiǎnglè
xiāngfǔ-xiāngchéng		享用	xiǎngyòng
相干	xiānggān	响	xiǎng
相隔	xiānggé	响声	xiǎngshēng
相间	xiāngjiàn	响应	xiǎngyìng
相距	xiāngjù	响动	xiǎng·dòng
相容	xiāngróng	响亮	xiǎngliàng
相识	xiāngshí	饷	xiǎng
相思	xiāngsī	想	xiǎng
相提并论	xiāngtí-bìnglùn	想法	xiǎng·fǎ
相宜	xiāngyí	想象力	xiǎngxiànglì
相约	xiāngyuē	想必	xiǎngbì
香	xiāng	想方设法	xiǎngfāng-shèfǎ
香椿	xiāngchūn	想见	xiǎngjiàn
香烟	xiāngyān	想来	xiǎnglái
香火	xiānghuǒ	向	xiàng
香料	xiāngliào	向来	xiànglái
厢	xiāng	向日葵	xiàngrìkuí
湘	Xiāng	向上	xiàngshàng

向往	xiàngwǎng	硝酸	xiāosuān
项	xiàng	硝烟	xiāoyān
项目	xiàngmù	销	xiāo
象	xiàng	销售	xiāoshòu
象征	xiàngzhēng	销毁	xiāohuǐ
象棋	xiàngqí	销量	xiāoliàng
象形	xiàngxíng	销路	xiāolù
象牙	xiàngyá	箫	xiāo
像	xiàng	潇	xiāo
像样	xiàngyàng	潇洒	xiāosǎ
橡胶	xiàngjiāo	嚣张	xiāozhāng
肖	Xiāo/xiào	小	xiǎo
削	xiāo/xuē	小儿	xiǎo'ér
逍遥	xiāoyáo	小褂儿	xiǎoguàr
消	xiāo	小伙子	xiǎohuǒzi
消除	xiāochú	小姐	xiǎo·jiě
消费品	xiāofèipǐn	小朋友	xiǎopéngyou
消耗	xiāohào	小时	xiǎoshí
消灭	xiāomiè	小说儿（小说）	
消失	xiāoshī	xiǎoshuōr（xiǎoshuō）	
消亡	xiāowáng	小心	xiǎo·xīn
消息	xiāoxi	小学生	xiǎoxuéshēng
消沉	xiāochén	小便	xiǎobiàn
消防	xiāofáng	小菜	xiǎocài
消磨	xiāomó	小肠	xiǎocháng
萧	xiāo	小车	xiǎochē
萧条	xiāotiáo	小吃	xiǎochī
硝	xiāo	小丑	xiǎochǒu

小孩儿	xiǎoháir	效益	xiàoyì
小节	xiǎojié	效应	xiàoyìng
小结	xiǎojié	效法	xiàofǎ
小看	xiǎokàn	效仿	xiàofǎng
小米	xiǎomǐ	效劳	xiàoláo
小脑	xiǎonǎo	啸	xiào
小品	xiǎopǐn	些	xiē
小气	xiǎoqi	些许	xiēxǔ
小偷儿	xiǎotōur	楔	xiē
小腿	xiǎotuǐ	歇	xiē
小心翼翼	xiǎoxīn-yìyì	歇脚	xiējiǎo
小雪	xiǎoxuě	歇息	xiēxi
小夜曲	xiǎoyèqǔ	叶	xié/yè
晓	xiǎo	协	xié
晓得	xiǎo·dé	协定	xiédìng
孝	xiào	协作	xiézuò
孝敬	xiàojìng	协和	xiéhé
孝顺	xiàoshùn	协力	xiélì
孝子	xiàozǐ	邪	xié/yé
肖像	xiàoxiàng	邪恶	xié'è
校长	xiàozhǎng	邪路	xiélù
哮喘	xiàochuǎn	邪气	xiéqì
笑	xiào	胁	xié
笑话儿	xiàohuar	胁迫	xiépò
笑容	xiàoróng	谐调	xiétiáo
笑容可掬	xiàoróng-kějū	携	xié
笑语	xiàoyǔ	携带	xiédài
效	xiào	携手	xiéshǒu

偕	xié	心不在焉	xīnbùzàiyān
斜	xié	心肠	xīncháng
斜面	xiémiàn	心得	xīndé
斜坡	xiépō	心地	xīndì
鞋	xié	心甘情愿	xīngān-qíngyuàn
鞋子	xiézi	心肝	xīngān
写	xiě	心慌	xīnhuāng
写作	xiězuò	心急	xīnjí
写法	xiěfǎ	心口	xīnkǒu
写字台	xiězìtái	心力	xīnlì
血	xiě/xuè	心律	xīnlǜ
卸	xiè	心率	xīnlǜ
泻	xiè	心满意足	xīnmǎn-yìzú
泄	xiè	心平气和	xīnpíng-qìhé
泄漏	xièlòu	心切	xīnqiè
泄露	xièlòu	心神	xīnshén
泄气	xièqì	芯	xīn/xìn
械斗	xièdòu	辛	xīn
谢	xiè	辛苦	xīnkǔ
谢谢	xièxie	辛勤	xīnqín
蟹	xiè	辛酸	xīnsuān
心	xīn	欣然	xīnrán
心底	xīndǐ	欣喜	xīnxǐ
心旷神怡	xīnkuàng-shényí	欣欣向荣	xīnxīn-xiàngróng
心里	xīn·lǐ	锌	xīn
心理	xīnlǐ	新	xīn
心爱	xīn'ài	新陈代谢	xīnchén-dàixiè
心病	xīnbìng	新娘	xīnniáng

新式	xīnshì	信条	xìntiáo
新闻	xīnwén	信托	xìntuō
新鲜	xīn·xiān	信箱	xìnxiāng
新颖	xīnyǐng	信用卡	xìnyòngkǎ
新潮	xīncháo	信誉	xìnyù
新房	xīnfáng	信纸	xìnzhǐ
新婚	xīnhūn	猩猩	xīngxing
新近	xīnjìn	腥	xīng
新居	xīnjū	兴	xīng/xìng
新郎	xīnláng	兴奋	xīngfèn
新年	xīnnián	兴建	xīngjiàn
新生	xīnshēng	兴起	xīngqǐ
新生儿	xīnshēng'ér	星	xīng
新诗	xīnshī	星际	xīngjì
新书	xīnshū	星期	xīngqī
薪	xīn	星球	xīngqiú
薪金	xīnjīn	星云	xīngyún
薪水	xīn·shuǐ	星空	xīngkōng
信	xìn	星体	xīngtǐ
信贷	xìndài	星座	xīngzuò
信用	xìnyòng	刑	xíng
信步	xìnbù	刑罚	xíngfá
信风	xìnfēng	刑侦	xíngzhēn
信封	xìnfēng	刑场	xíngchǎng
信奉	xìnfèng	刑期	xíngqī
信服	xìnfú	邢	Xíng
信函	xìnhán	行军	xíngjūn
信件	xìnjiàn	行李	xíngli

行人	xíngrén	幸而	xìng'ér
行走	xíngzǒu	幸好	xìnghǎo
行动	xíngdòng	性	xìng
行车	xíngchē	性别	xìngbié
行程	xíngchéng	性质	xìngzhì
行船	xíngchuán	性状	xìngzhuàng
行贿	xínghuì	性子	xìngzi
行将	xíngjiāng	姓	xìng
行踪	xíngzōng	姓名	xìngmíng
形	xíng	姓氏	xìngshì
形成	xíngchéng	凶	xiōng
形容	xíngróng	凶残	xiōngcán
形式	xíngshì	凶恶	xiōng'è
形象	xíngxiàng	凶犯	xiōngfàn
形状	xíngzhuàng	凶狠	xiōnghěn
形容词	xíngróngcí	兄	xiōng
型	xíng	兄弟	xiōngdi
型号	xínghào	匈奴	Xiōngnú
醒	xǐng	汹涌	xiōngyǒng
醒目	xǐngmù	胸	xiōng
醒悟	xǐngwù	胸膛	xiōngtáng
兴趣	xìngqù	胸腔	xiōngqiāng
兴高采烈	xìnggāo-cǎiliè	胸有成竹	
兴致	xìngzhì	xiōngyǒuchéngzhú	
杏仁	xìngrén	雄	xióng
幸	xìng	雄伟	xióngwěi
幸福	xìngfú	雄辩	xióngbiàn
幸存	xìngcún	雄风	xióngfēng

雄厚	xiónghòu		朽	xiǔ
雄心	xióngxīn		秀	xiù
雄性	xióngxìng		秀丽	xiùlì
雄壮	xióngzhuàng		秀才	xiùcai
雄姿	xióngzī		秀美	xiùměi
熊	xióng		秀气	xiùqi
熊猫	xióngmāo		袖	xiù
休	xiū		袖口	xiùkǒu
休眠	xiūmián		袖珍	xiùzhēn
休息	xiūxi		绣	xiù
休假	xiūjià		绣花	xiùhuā
休闲	xiūxián		锈	xiù
休想	xiūxiǎng		嗅	xiù
休养	xiūyǎng		嗅觉	xiùjué
修	xiū		需	xū
修辞	xiūcí		需求	xūqiú
修复	xiūfù		需要	xūyào
修养	xiūyǎng		虚	xū
修炼	xiūliàn		虚弱	xūruò
修配	xiūpèi		虚实	xūshí
修缮	xiūshàn		虚妄	xūwàng
修饰	xiūshì		虚伪	xūwěi
修行	xiū·xíng		虚无	xūwú
修整	xiūzhěng		虚线	xūxiàn
羞	xiū		虚心	xūxīn
羞耻	xiūchǐ		徐	xú
羞怯	xiūqiè		许	xǔ
羞辱	xiūrǔ		许多	xǔduō

许久	xǔjiǔ	喧哗	xuānhuá
许愿	xǔyuàn	喧闹	xuānnào
旭日	xùrì	玄	xuán
序	xù	悬	xuán
序号	xùhào	悬挂	xuánguà
序列	xùliè	悬空	xuánkōng
序幕	xùmù	悬念	xuánniàn
序曲	xùqǔ	悬赏	xuánshǎng
序数	xùshù	悬崖	xuányá
序言	xùyán	旋	xuán/xuàn
叙	xù	旋律	xuánlǜ
叙述	xùshù	旋转	xuánzhuǎn
酗酒	xùjiǔ	旋即	xuánjí
绪	xù	选	xuǎn
续	xù	选用	xuǎnyòng
絮	xù	选择	xuǎnzé
蓄	xù	选民	xuǎnmín
蓄积	xùjī	选派	xuǎnpài
蓄意	xùyì	选票	xuǎnpiào
轩然大波	xuānrán-dàbō	选聘	xuǎnpìn
宣	xuān	选取	xuǎnqǔ
宣布	xuānbù	选送	xuǎnsòng
宣扬	xuānyáng	选题	xuǎntí
宣称	xuānchēng	选种	xuǎnzhǒng
宣读	xuāndú	癣	xuǎn
宣讲	xuānjiǎng	眩	xuàn
宣判	xuānpàn	眩晕	xuànyùn
宣誓	xuānshì	炫耀	xuànyào

绚丽	xuànlì	雪山	xuěshān
削	xuē	雪上加霜	
削弱	xuēruò	xuěshàng-jiāshuāng	
削减	xuējiǎn	雪线	xuěxiàn
靴	xuē	血管	xuèguǎn
靴子	xuēzi	血迹	xuèjì
薛	Xuē	血亲	xuèqīn
穴	xué	血清	xuèqīng
穴位	xuéwèi	勋章	xūnzhāng
学	xué	熏	xūn
学会	xuéhuì	熏陶	xūntáo
学校	xuéxiào	薰	xūn
学员	xuéyuán	旬	xún
学院	xuéyuàn	寻	xún
学者	xuézhě	寻求	xúnqiú
学报	xuébào	寻常	xúncháng
学龄	xuélíng	巡	xún
学年	xuénián	巡逻	xúnluó
学期	xuéqī	巡查	xúnchá
学识	xuéshí	巡回	xúnhuí
学士	xuéshì	巡警	xúnjǐng
学位	xuéwèi	询问	xúnwèn
学业	xuéyè	循	xún
学制	xuézhì	循环	xúnhuán
雪	xuě	训	xùn
雪白	xuěbái	训练	xùnliàn
雪亮	xuěliàng	讯	xùn
雪片	xuěpiàn	讯号	xùnhào

迅	xùn	驯鹿	xùnlù
迅速	xùnsù	驯养	xùnyǎng
迅猛	xùnměng	逊	xùn
驯	xùn	逊色	xùnsè
驯服	xùnfú	殉难	xùnnàn
驯化	xùnhuà		

Y

压	yā/yà	亚热带	yàrèdài
压力	yālì	压根儿	yàgēnr
压倒	yādǎo	咽	yān/yàn/yè
压低	yādī	咽喉	yānhóu
压榨	yāzhà	殷	yān/yīn
压轴	yāzhòu	烟	yān
呀	yā	烟囱	yān·cōng
押	yā	烟火	yānhuǒ
鸦片	yāpiàn	烟卷儿	yānjuǎnr
鸭	yā	烟幕	yānmù
牙	yá	烟筒	yāntong
牙刷	yáshuā	烟雾	yānwù
牙龈	yáyín	烟叶	yānyè
蚜虫	yáchóng	淹	yān
崖	yá	腌	yān
衙门	yámen	燕	Yān/yàn
哑	yǎ	延	yán
哑巴	yǎba	延迟	yánchí
哑剧	yǎjù	延缓	yánhuǎn
轧	yà/zhá	延期	yánqī
亚	yà	延误	yánwù

严	yán	研制	yánzhì
严格	yángé	盐	yán
严寒	yánhán	盐酸	yánsuān
严惩	yánchéng	阎	Yán
严冬	yándōng	衍	yǎn
严谨	yánjǐn	掩	yǎn
严禁	yánjìn	眼	yǎn
严酷	yánkù	眼光	yǎnguāng
严明	yánmíng	眼神	yǎnshén
严守	yánshǒu	眼界	yǎnjiè
严正	yánzhèng	眼眶	yǎnkuàng
言	yán	眼力	yǎnlì
言论	yánlùn	眼帘	yǎnlián
言传	yánchuán	眼皮	yǎnpí
言辞	yáncí	眼球	yǎnqiú
言谈	yántán	眼圈	yǎnquān
言行	yánxíng	眼色	yǎnsè
岩	yán	眼窝	yǎnwō
岩石	yánshí	眼下	yǎnxià
岩层	yáncéng	眼珠	yǎnzhū
岩洞	yándòng	演	yǎn
炎	yán	演变	yǎnbiàn
沿	yán	演唱	yǎnchàng
研读	yándú	演奏	yǎnzòu
研究	yánjiū	演进	yǎnjìn
研究生	yánjiūshēng	演练	yǎnliàn
研究员	yánjiūyuán	演示	yǎnshì
研讨	yántǎo	演算	yǎnsuàn

演习	yǎnxí	阳光	yángguāng
演戏	yǎnxì	杨	yáng
演义	yǎnyì	洋	yáng
厌	yàn	仰	yǎng
厌恶	yànwù	仰慕	yǎngmù
厌烦	yànfán	养	yǎng
厌倦	yànjuàn	养活	yǎnghuo
厌世	yànshì	养老	yǎnglǎo
艳丽	yànlì	养生	yǎngshēng
宴	yàn	养育	yǎngyù
宴会	yànhuì	氧	yǎng
宴请	yànqǐng	氧化	yǎnghuà
宴席	yànxí	氧气	yǎngqì
验	yàn	痒	yǎng
验证	yànzhèng	样	yàng
验收	yànshōu	样板	yàngbǎn
谚语	yànyǔ	样本	yàngběn
焰	yàn	样子	yàngzi
央求	yāngqiú	漾	yàng
秧	yāng	夭折	yāozhé
秧苗	yāngmiáo	吆喝	yāohe
秧田	yāngtián	妖	yāo
扬	yáng	妖怪	yāo·guài
扬弃	yángqì	妖精	yāojing
扬长避短		约	yāo/yuē
yángcháng-bìduǎn		要	yāo/yào
扬言	yángyán	要求	yāoqiú
阳	yáng	要挟	yāoxié

腰	yāo	要闻	yàowén
尧	Yáo	要务	yàowù
姚	Yáo	要职	yàozhí
窑	yáo	掖	yē/yè
谣言	yáoyán	噎	yē
摇	yáo	耶稣	Yēsū
摇晃	yáo·huàng	爷爷	yéye
摇头	yáotóu	也	yě
摇摆	yáobǎi	也许	yěxǔ
摇动	yáodòng	冶	yě
摇篮	yáolán	冶金	yějīn
瑶	yáo	冶炼	yěliàn
遥感	yáogǎn	野	yě
遥远	yáoyuǎn	野蛮	yěmán
咬	yǎo	野外	yěwài
咬牙切齿	yǎoyá-qièchǐ	野菜	yěcài
窈	yǎo	野地	yědì
舀	yǎo	野心	yěxīn
药	yào	野性	yěxìng
药品	yàopǐn	业	yè
药物	yàowù	业绩	yèjì
药材	yàocái	叶片	yèpiàn
药店	yàodiàn	叶子	yèzi
钥匙	yàoshi	叶脉	yèmài
耀	yào	页	yè
耀眼	yàoyǎn	夜	yè
要命	yàomìng	夜间	yèjiān
要人	yàorén	夜里	yè·lǐ

夜班	yèbān	一致	yīzhì
夜空	yèkōng	一成不变	yīchéng-búbiàn
夜幕	yèmù	一筹莫展	yīchóu-mòzhǎn
夜以继日	yèyǐjìrì	一代	yīdài
液	yè	一带一路	yīdài-yīlù
液态	yètài	一道	yīdào
液体	yètǐ	一点儿	yīdiǎnr
液化	yèhuà	一帆风顺	yīfān-fēngshùn
液晶	yèjīng	一概	yīgài
腋	yè	一技之长	yījìzhīcháng
曳	yè	一举	yījǔ
一	yī	一席之地	yīxízhīdì
一般	yībān	一些	yīxiē
一半	yībàn	一心一意	yīxīn-yīyì
一辈子	yībèizi	一言九鼎	yīyán-jiǔdǐng
一共	yīgòng	一样	yīyàng
一贯	yīguàn	一意孤行	yīyì-gūxíng
一会儿	yīhuìr	一针见血	yīzhēn-jiànxiě
一块儿	yīkuàir	一阵	yīzhèn
一连	yīlián	伊	yī
一律	yīlǜ	伊始	yīshǐ
一面	yīmiàn	衣	yī
一旁	yīpáng	衣服	yīfu
一瞬	yīshùn	衣裳	yīshang
一丝不苟	yīsī-bùgǒu	医	yī
一体	yītǐ	医疗	yīliáo
一同	yītóng	医院	yīyuàn
一线	yīxiàn	依	yī

依次	yīcì	遗失	yíshī
依法	yīfǎ	遗书	yíshū
依附	yīfù	遗体	yítǐ
依偎	yīwēi	遗忘	yíwàng
依照	yīzhào	遗物	yíwù
壹	yī	遗像	yíxiàng
仪	yí	遗言	yíyán
仪器	yíqì	疑	yí
仪式	yíshì	疑惑	yíhuò
夷	yí	疑问	yíwèn
宜	yí	疑点	yídiǎn
贻误	yíwù	疑虑	yílǜ
姨	yí	疑难	yínán
姨妈	yímā	疑似	yísì
胰岛素	yídǎosù	疑团	yítuán
胰腺	yíxiàn	疑心	yíxīn
移	yí	乙	yǐ
移动	yídòng	已	yǐ
移植	yízhí	已经	yǐ·jīng
移居	yíjū	已然	yǐrán
移送	yísòng	已往	yǐwǎng
遗	yí	以	yǐ
遗产	yíchǎn	以便	yǐbiàn
遗嘱	yízhǔ	以后	yǐhòu
遗存	yícún	以及	yǐjí
遗风	yífēng	以来	yǐlái
遗漏	yílòu	以至	yǐzhì
遗弃	yíqì	以致	yǐzhì

以身作则	yǐshēn-zuòzé	抑扬顿挫	yìyáng-dùncuò
矣	yǐ	抑郁	yìyù
蚁	yǐ	邑	yì
倚	yǐ	役	yì
椅子	yǐzi	役使	yìshǐ
亿	yì	译	yì
义	yì	译本	yìběn
义务	yìwù	译文	yìwén
义不容辞	yìbùróngcí	驿	yì
义气	yì·qì	驿站	yìzhàn
义无反顾	yìwúfǎngù	易于	yìyú
艺	yì	意	yì
艺术	yìshù	意见	yì·jiàn
艺术家	yìshùjiā	意境	yìjìng
艺人	yìrén	意识	yì·shí
忆	yì	意味	yìwèi
议	yì	意象	yìxiàng
议员	yìyuán	意志	yìzhì
屹立	yìlì	意蕴	yìyùn
亦	yì	意旨	yìzhǐ
异	yì	毅然	yìrán
异常	yìcháng	翼	yì
异样	yìyàng	疫	yì
异议	yìyì	疫苗	yìmiáo
异族	yìzú	疫情	yìqíng
抑	yì	益虫	yìchóng
抑制	yìzhì	益处	yì·chù
抑或	yìhuò	翌	yì

熠熠	yìyì		姻缘	yīnyuán
臆造	yìzào		吟	yín
因	yīn		吟唱	yínchàng
因此	yīncǐ		银	yín
因地制宜	yīndì-zhìyí		银行	yínháng
因而	yīn'ér		银河	yínhé
因果	yīnguǒ		银幕	yínmù
因为	yīn·wèi		银屏	yínpíng
因子	yīnzǐ		银元	yínyuán
因势利导	yīnshì-lìdǎo		银子	yínzi
因袭	yīnxí		淫	yín
阴	yīn		淫秽	yínhuì
阴谋	yīnmóu		寅	yín
阴影	yīnyǐng		引	yǐn
阴暗	yīn'àn		引渡	yǐndù
阴沉	yīnchén		引发	yǐnfā
茵	yīn		引领	yǐnlǐng
荫	yīn/yìn		引路	yǐnlù
音	yīn		引文	yǐnwén
音调	yīndiào		引诱	yǐnyòu
音响	yīnxiǎng		引证	yǐnzhèng
音乐	yīnyuè		引起	yǐnqǐ
音程	yīnchéng		引用	yǐnyòng
音符	yīnfú		尹	yǐn
音高	yīngāo		饮	yǐn/yìn
音量	yīnliàng		饮食	yǐnshí
音律	yīnlǜ		饮料	yǐnliào
音频	yīnpín		隐	yǐn

隐蔽	yǐnbì	鹦鹉	yīngwǔ
隐患	yǐnhuàn	鹰	yīng
隐居	yǐnjū	迎	yíng
隐瞒	yǐnmán	迎接	yíngjiē
隐秘	yǐnmì	迎风	yíngfēng
隐没	yǐnmò	迎合	yínghé
隐匿	yǐnnì	迎面	yíngmiàn
隐士	yǐnshì	迎亲	yíngqīn
瘾	yǐn	迎刃而解	yíngrèn'érjiě
印	yìn	迎头	yíngtóu
印刷	yìnshuā	迎战	yíngzhàn
印象	yìnxiàng	荧光	yíngguāng
印制	yìnzhì	荧光屏	yíngguāngpíng
荫庇	yìnbì	荧屏	yíngpíng
应	yīng/yìng	盈	yíng
应当	yīngdāng	盈利	yínglì
应届	yīngjiè	盈亏	yíngkuī
应允	yīngyǔn	盈余	yíngyú
英	yīng	营	yíng
英勇	yīngyǒng	营利	yínglì
英才	yīngcái	营销	yíngxiāo
英模	yīngmó	营造	yíngzào
英武	yīngwǔ	萤	yíng
膺	yīng	蝇	yíng
婴	yīng	萦	yíng
婴儿	yīng'ér	赢	yíng
樱花	yīnghuā	赢得	yíngdé
樱桃	yīng·táo	赢利	yínglì

影	yǐng	庸俗	yōngsú
影片	yǐngpiàn	永	yǒng
影响	yǐngxiǎng	永远	yǒngyuǎn
影子	yǐngzi	永别	yǒngbié
影射	yǐngshè	永生	yǒngshēng
应付	yìng·fù	咏	yǒng
应用	yìngyòng	泳	yǒng
应试	yìngshì	勇	yǒng
应邀	yìngyāo	勇于	yǒngyú
应运而生	yìngyùn'érshēng	勇士	yǒngshì
应战	yìngzhàn	勇往直前	yǒngwǎng-zhíqián
应征	yìngzhēng	涌	yǒng
映	yìng	涌现	yǒngxiàn
映衬	yìngchèn	涌动	yǒngdòng
映照	yìngzhào	踊跃	yǒngyuè
硬	yìng	蛹	yǒng
硬币	yìngbì	用	yòng
硬度	yìngdù	用处	yòng·chù
硬化	yìnghuà	用场	yòngchǎng
硬件	yìngjiàn	用法	yòngfǎ
硬盘	yìngpán	用具	yòngjù
硬性	yìngxìng	用心	yòngxīn
哟	yō	用意	yòngyì
拥	yōng	佣金	yòngjīn
拥护	yōnghù	优	yōu
痈	yōng	优点	yōudiǎn
壅	yōng	优惠	yōuhuì
臃肿	yōngzhǒng	优质	yōuzhì

优待	yōudài	游历	yóulì
优厚	yōuhòu	游牧	yóumù
忧	yōu	游人	yóurén
忧郁	yōuyù	游说	yóushuì
忧患	yōuhuàn	游玩	yóuwán
忧虑	yōulǜ	游艺	yóuyì
忧伤	yōushāng	游子	yóuzǐ
幽暗	yōu'àn	友	yǒu
幽默	yōumò	友好	yǒuhǎo
悠长	yōucháng	友人	yǒurén
悠久	yōujiǔ	友谊	yǒuyì
悠然	yōurán	友爱	yǒu'ài
由	yóu	友邦	yǒubāng
尤	yóu	友情	yǒuqíng
尤其	yóuqí	友善	yǒushàn
尤为	yóuwéi	有	yǒu
邮	yóu	有的放矢	yǒudì-fàngshǐ
邮票	yóupiào	有关	yǒuguān
邮电	yóudiàn	有名	yǒumíng
油污	yóuwū	有限	yǒuxiàn
油墨	yóumò	有效	yǒuxiào
油腻	yóunì	有益	yǒuyì
游	yóu	有意	yǒuyì
游击队	yóujīduì	有偿	yǒucháng
游戏	yóuxì	有条不紊	yǒutiáo-bùwěn
游行	yóuxíng	有心	yǒuxīn
游泳	yóuyǒng	有形	yǒuxíng
游离	yóulí	有幸	yǒuxìng

有序	yǒuxù	余下	yúxià
有余	yǒuyú	鱼	yú
有朝一日	yǒuzhāo-yīrì	鱼雷	yúléi
黝黑	yǒuhēi	鱼鳞	yúlín
酉	yǒu	渔	yú
又	yòu	渔业	yúyè
右	yòu	虞	yú
右边	yòu·biān	隅	yú
右手	yòushǒu	愉快	yúkuài
右面	yòu·miàn	愉悦	yúyuè
幼	yòu	榆	yú
幼虫	yòuchóng	愚	yú
幼儿	yòu'ér	愚蠢	yúchǔn
幼年	yòunián	愚昧	yúmèi
佑	yòu	愚弄	yúnòng
诱	yòu	舆论	yúlùn
诱导	yòudǎo	与	yǔ/yù
迂	yū	与日俱增	
淤	yū	yǔrì-jùzēng	
淤积	yūjī	宇航	yǔháng
淤泥	yūní	宇航员	yǔhángyuán
于	yú	宇宙	yǔzhòu
于是	yúshì	羽	yǔ
予	yú/yǔ	羽毛	yǔmáo
余地	yúdì	羽毛球	yǔmáoqiú
余额	yú'é	羽绒	yǔróng
余粮	yúliáng	雨	yǔ
余年	yúnián	雨水	yǔshuǐ

雨点儿（雨点）		遇见	yù·jiàn
yǔdiǎnr（yǔdiǎn）		遇难	yùnàn
雨后春笋	yǔhòu-chūnsǔn	喻	yù
雨季	yǔjì	谕	yù
禹	Yǔ	豫	yù
语	yǔ	寓	yù
语义	yǔyì	寓所	yùsuǒ
语法	yǔfǎ	寓言	yùyán
语重心长	yǔzhòng-xīncháng	寓意	yùyì
语音	yǔyīn	寓于	yùyú
玉	yù	愈合	yùhé
玉米	yùmǐ	鸳鸯	yuān·yāng
郁	yù	冤	yuān
育	yù	冤枉	yuānwang
育种	yùzhǒng	渊	yuān
狱	yù	渊博	yuānbó
浴	yù	渊源	yuānyuán
预报	yùbào	园	yuán
预备	yùbèi	园地	yuándì
预赛	yùsài	园丁	yuándīng
预料	yùliào	园林	yuánlín
预期	yùqī	园艺	yuányì
预知	yùzhī	员	yuán/Yùn
域	yù	袁	Yuán
欲	yù	原	yuán
欲望	yùwàng	原材料	yuáncáiliào
欲念	yùniàn	原籍	yuánjí
遇	yù	原来	yuánlái

原子	yuánzǐ	猿猴	yuánhóu
原子核	yuánzǐhé	源	yuán
原样	yuányàng	源泉	yuánquán
原野	yuányě	源远流长	
原意	yuányì	yuányuǎn-liúcháng	
原油	yuányóu	远	yuǎn
原著	yuánzhù	远方	yuǎnfāng
原状	yuánzhuàng	远程	yuǎnchéng
原子弹	yuánzǐdàn	远大	yuǎndà
原作	yuánzuò	远古	yuǎngǔ
圆	yuán	远航	yuǎnháng
圆心	yuánxīn	苑	yuàn
圆场	yuánchǎng	怨	yuàn
圆满	yuánmǎn	怨恨	yuànhèn
圆圈	yuánquān	怨气	yuànqì
圆润	yuánrùn	怨言	yuànyán
圆舞曲	yuánwǔqǔ	院子	yuànzi
圆周	yuánzhōu	院落	yuànluò
援	yuán	院士	yuànshì
援助	yuánzhù	愿	yuàn
元	yuán	愿望	yuànwàng
元素	yuánsù	愿意	yuàn·yì
元宝	yuánbǎo	曰	yuē
元旦	Yuándàn	约束	yuēshù
元帅	yuánshuài	约会	yuēhuì
元音	yuányīn	月	yuè
元月	yuányuè	月初	yuèchū
猿	yuán	月份	yuèfèn

253

月饼	yuèbing	云集	yúnjí
月季	yuè·jì	云计算	yúnjìsuàn
月刊	yuèkān	云雾	yúnwù
月色	yuèsè	云游	yúnyóu
月食	yuèshí	匀	yún
乐队	yuèduì	匀称	yún·chèn
乐器	yuèqì	允	yǔn
乐曲	yuèqǔ	允许	yǔnxǔ
乐团	yuètuán	允诺	yǔnnuò
乐音	yuèyīn	陨石	yǔnshí
乐章	yuèzhāng	孕	yùn
岳	yuè	孕妇	yùnfù
岳父	yuèfù	孕育	yùnyù
岳母	yuèmǔ	运	yùn
阅	yuè	运动	yùndòng
阅读	yuèdú	运动员	yùndòngyuán
阅兵	yuèbīng	运输	yùnshū
阅历	yuèlì	运作	yùnzuò
越冬	yuèdōng	酝酿	yùnniàng
越过	yuèguò	韵	yùn
越发	yuèfā	韵律	yùnlǜ
悦耳	yuè'ěr	韵味	yùnwèi
粤	Yuè	蕴	yùn
晕	yūn/yùn	蕴含	yùnhán
云	yún	蕴藏	yùncáng
云霄	yúnxiāo		

Z

扎	zā/zhā/zhá	咂	zā

杂	zá	再造	zàizào
杂质	zázhì	在	zài
杂费	záfèi	在场	zàichǎng
杂居	zájū	在行	zàiháng
杂剧	zájù	咱	zán
杂粮	záliáng	咱们	zánmen
砸	zá	暂	zàn
咋	zǎ/zé	暂时	zànshí
灾	zāi	暂且	zànqiě
灾情	zāiqíng	暂停	zàntíng
灾难	zāinàn	暂行	zànxíng
哉	zāi	赞	zàn
栽培	zāipéi	赞成	zànchéng
栽植	zāizhí	赞不绝口	zànbùjuékǒu
栽种	zāizhòng	赞歌	zàngē
载	zǎi/zài	赞赏	zànshǎng
宰	zǎi	赞颂	zànsòng
宰割	zǎigē	赞同	zàntóng
宰相	zǎixiàng	赃物	zāngwù
载重	zàizhòng	脏	zāng/zàng
再	zài	葬	zàng
再见	zàijiàn	葬礼	zànglǐ
再度	zàidù	葬身	zàngshēn
再会	zàihuì	葬送	zàngsòng
再婚	zàihūn	遭	zāo
再接再厉	zàijiē-zàilì	遭受	zāoshòu
再三	zàisān	糟	zāo
再生	zàishēng	糟蹋	zāo·tà

糟糕	zāogāo	责难	zénàn
糟粕	zāopò	责问	zéwèn
凿	záo	责无旁贷	zéwúpángdài
早	zǎo	择	zé/zhái
早晨	zǎo·chén	择优	zéyōu
早上	zǎoshang	泽	zé
早已	zǎoyǐ	啧啧	zézé
早春	zǎochūn	仄	zè
早稻	zǎodào	贼	zéi
早点	zǎodiǎn	怎	zěn
早先	zǎoxiān	怎样	zěnyàng
枣	zǎo	增	zēng
澡	zǎo	增产	zēngchǎn
藻	zǎo	增多	zēngduō
灶	zào	增殖	zēngzhí
造	zào	增补	zēngbǔ
造成	zàochéng	增值	zēngzhí
造反	zàofǎn	憎	zēng
造福	zàofú	憎恨	zēnghèn
造价	zàojià	憎恶	zēngwù
造就	zàojiù	赠	zèng
噪	zào	赠送	zèngsòng
燥	zào	渣滓	zhā·zǐ
躁	zào	扎根	zhāgēn
则	zé	扎实	zhāshi
责	zé	闸	zhá
责任感	zérèngǎn	闸门	zhámén
责骂	zémà	炸	zhá/zhà

铡	zhá	粘	zhān
眨	zhǎ	粘连	zhānlián
眨巴	zhǎba	毡	zhān
眨眼	zhǎyǎn	瞻	zhān
乍	zhà	瞻仰	zhānyǎng
诈	zhà	展	zhǎn
诈骗	zhàpiàn	展开	zhǎnkāi
栅栏	zhàlan	展翅	zhǎnchì
炸弹	zhàdàn	展出	zhǎnchū
炸药	zhàyào	展望	zhǎnwàng
榨	zhà	崭新	zhǎnxīn
榨取	zhàqǔ	辗转	zhǎnzhuǎn
蚱蜢	zhàměng	占据	zhànjù
斋	zhāi	栈道	zhàndào
摘	zhāi	战	zhàn
摘除	zhāichú	战胜	zhànshèng
摘要	zhāiyào	战士	zhànshì
宅	zhái	战友	zhànyǒu
窄	zhǎi	战争	zhànzhēng
债	zhài	战局	zhànjú
债券	zhàiquàn	战乱	zhànluàn
债务	zhàiwù	战区	zhànqū
寨	zhài	战事	zhànshì
寨子	zhàizi	站	zhàn
占	zhān/zhàn	站岗	zhàngǎng
占卜	zhānbǔ	站立	zhànlì
沾	zhān	站台	zhàntái
沾染	zhānrǎn	绽	zhàn

蘸	zhàn	障碍	zhàng'ài
张	zhāng	招	zhāo
张力	zhānglì	招标	zhāobiāo
张罗	zhāngluo	招工	zhāogōng
张贴	zhāngtiē	招手	zhāoshǒu
张望	zhāngwàng	招致	zhāozhì
章	zhāng	昭	zhāo
章程	zhāngchéng	朝	zhāo
彰	zhāng	朝气	zhāoqì
樟脑	zhāngnǎo	朝夕	zhāoxī
长官	zhǎngguān	昭示	zhāoshì
长辈	zhǎngbèi	着	
长老	zhǎnglǎo	zhāo/zháo/zhe/zhuó	
长相	zhǎngxiàng	着急	zháojí
涨	zhǎng/zhàng	着迷	zháomí
掌	zhǎng	爪	zhǎo/zhuǎ
掌握	zhǎngwò	爪牙	zhǎoyá
掌心	zhǎngxīn	找	zhǎo
丈	zhàng	找寻	zhǎoxún
丈夫	zhàngfu	召集	zhàojí
丈夫	zhàngfū	召开	zhàokāi
丈量	zhàngliáng	召唤	zhàohuàn
丈人	zhàngren	召回	zhàohuí
帐篷	zhàngpeng	兆	zhào
帐子	zhàngzi	赵	Zhào
账	zhàng	照	zhào
胀	zhàng	照顾	zhào·gù
障	zhàng	照片	zhàopiàn

照相机	zhàoxiàngjī	这	zhè
照样	zhàoyàng	这个	zhège
照耀	zhàoyào	这里	zhè·lǐ
照旧	zhàojiù	这样	zhèyàng
照看	zhàokàn	浙	Zhè
照料	zhàoliào	蔗	zhè
照应	zhào·yìng	蔗糖	zhètáng
罩	zhào	贞	zhēn
肇事	zhàoshì	贞操	zhēncāo
遮	zhē	针	zhēn
遮蔽	zhēbì	针对	zhēnduì
遮挡	zhēdǎng	针锋相对	zhēnfēng-xiāngduì
遮盖	zhēgài	侦查	zhēnchá
折腾	zhēteng	侦探	zhēntàn
折磨	zhé·mó	珍	zhēn
折旧	zhéjiù	珍贵	zhēnguì
折扣	zhékòu	珍爱	zhēn'ài
折射	zhéshè	真	zhēn
折算	zhésuàn	真诚	zhēnchéng
折中	zhézhōng	真理	zhēnlǐ
哲	zhé	真实	zhēnshí
哲学	zhéxué	真菌	zhēnjūn
哲理	zhélǐ	真皮	zhēnpí
哲人	zhérén	真切	zhēnqiè
辙	zhé	真情	zhēnqíng
者	zhě	真丝	zhēnsī
褶	zhě	真伪	zhēnwěi
褶皱	zhězhòu	真相	zhēnxiàng

真心	zhēnxīn	征服	zhēngfú
真知	zhēnzhī	征途	zhēngtú
斟	zhēn	征文	zhēngwén
枕	zhěn	征用	zhēngyòng
枕头	zhěntou	征战	zhēngzhàn
诊	zhěn	征兆	zhēngzhào
阵	zhèn	怔	zhēng
阵地	zhèndì	挣	zhēng/zhèng
阵容	zhènróng	挣扎	zhēngzhá
阵势	zhèn·shì	狰狞	zhēngníng
阵亡	zhènwáng	症	zhēng/zhèng
振	zhèn	症结	zhēngjié
振兴	zhènxīng	睁	zhēng
振作	zhènzuò	蒸	zhēng
朕	zhèn	蒸发	zhēngfā
震	zhèn	拯救	zhěngjiù
震动	zhèndòng	整	zhěng
震颤	zhènchàn	整齐	zhěngqí
震荡	zhèndàng	整体	zhěngtǐ
震耳欲聋	zhèn'ěr-yùlóng	整洁	zhěngjié
镇	zhèn	整数	zhěngshù
正	zhēng/zhèng	整形	zhěngxíng
争	zhēng	整修	zhěngxiū
争夺	zhēngduó	整治	zhěngzhì
争鸣	zhēngmíng	正常	zhèngcháng
争气	zhēngqì	正当	zhèngdāng
争抢	zhēngqiǎng	正在	zhèngzài
征	zhēng	正版	zhèngbǎn

正比	zhèngbǐ	支部	zhībù
正比例	zhèngbǐlì	支撑	zhīchēng
正步	zhèngbù	支付	zhīfù
正门	zhèngmén	支配	zhīpèi
正名	zhèngmíng	支援	zhīyuán
正派	zhèngpài	支点	zhīdiǎn
正气	zhèngqì	支架	zhījià
正巧	zhèngqiǎo	支流	zhīliú
正中	zhèngzhōng	只	zhī/zhǐ
正宗	zhèngzōng	汁	zhī
证	zhèng	芝麻	zhīma
证实	zhèngshí	吱	zhī/zī
证书	zhèngshū	枝	zhī
证件	zhèngjiàn	枝条	zhītiáo
证券	zhèngquàn	枝叶	zhīyè
证人	zhèng·rén	知	zhī
郑	Zhèng	知道	zhī·dào
郑重	zhèngzhòng	知足	zhīzú
政	zhèng	肢	zhī
政治	zhèngzhì	肢体	zhītǐ
政坛	zhèngtán	蜘蛛	zhīzhū
政体	zhèngtǐ	织物	zhīwù
政务	zhèngwù	脂粉	zhīfěn
政要	zhèngyào	执	zhí
症状	zhèngzhuàng	执行	zhíxíng
之	zhī	执笔	zhíbǐ
之后	zhīhòu	执法	zhífǎ
支	zhī	执教	zhíjiào

执拗	zhíniù	植物	zhíwù
直	zhí	植株	zhízhū
直观	zhíguān	殖	zhí
直辖市	zhíxiáshì	殖民	zhímín
直线	zhíxiàn	殖民地	zhímíndì
直至	zhízhì	止	zhǐ
直播	zhíbō	只得	zhǐdé
直肠	zhícháng	只顾	zhǐgù
直达	zhídá	只好	zhǐhǎo
直面	zhímiàn	旨	zhǐ
直属	zhíshǔ	旨意	zhǐyì
直率	zhíshuài	址	zhǐ
直爽	zhíshuǎng	纸	zhǐ
直言	zhíyán	纸板	zhǐbǎn
侄	zhí	纸币	zhǐbì
侄女	zhí·nǚ	纸浆	zhǐjiāng
侄子	zhízi	纸烟	zhǐyān
值	zhí	纸张	zhǐzhāng
值钱	zhíqián	指	zhǐ
值勤	zhíqín	指标	zhǐbiāo
值日	zhírì	指导	zhǐdǎo
值守	zhíshǒu	指数	zhǐshù
职	zhí	指责	zhǐzé
职工	zhígōng	指点	zhǐdiǎn
职能	zhínéng	指甲	zhǐjia（zhījia）
职权	zhíquán	指控	zhǐkòng
职务	zhíwù	指南	zhǐnán
植	zhí	指南针	zhǐnánzhēn

指派	zhǐpài	质变	zhìbiàn
指使	zhǐshǐ	质子	zhìzǐ
指头	zhǐtou（zhítou）	治	zhì
指望	zhǐwàng	治安	zhì'ān
指纹	zhǐwén	治水	zhìshuǐ
指针	zhǐzhēn	治学	zhìxué
趾	zhǐ	致	zhì
至	zhì	致富	zhìfù
至多	zhìduō	掷	zhì
至高无上	zhìgāo-wúshàng	窒息	zhìxī
至上	zhìshàng	挚爱	zhì'ài
至此	zhìcǐ	智	zhì
至于	zhìyú	智慧	zhìhuì
志	zhì	智育	zhìyù
志气	zhì·qì	智力	zhìlì
志趣	zhìqù	智能	zhìnéng
志愿军	zhìyuànjūn	滞	zhì
志愿者	zhìyuànzhě	滞后	zhìhòu
制	zhì	滞留	zhìliú
制订	zhìdìng	滞销	zhìxiāo
制作	zhìzuò	置	zhì
制备	zhìbèi	稚	zhì
制裁	zhìcái	中	zhōng/zhòng
制服	zhìfú	中等	zhōngděng
制衡	zhìhéng	中期	zhōngqī
制剂	zhìjì	中世纪	zhōngshìjì
制冷	zhìlěng	中枢	zhōngshū
质	zhì	中外	zhōngwài

263

中学	zhōngxué	钟	zhōng
中学生	zhōngxuéshēng	钟头	zhōngtóu
中旬	zhōngxún	钟爱	zhōng'ài
中央	zhōngyāng	钟表	zhōngbiǎo
中叶	zhōngyè	衷心	zhōngxīn
中医	zhōngyī	冢	zhǒng
中庸	zhōngyōng	肿	zhǒng
中原	Zhōngyuán	肿瘤	zhǒngliú
中子	zhōngzǐ	种类	zhǒnglèi
中间人	zhōngjiānrén	种地	zhòngdì
中介	zhōngjiè	种田	zhòngtián
中立	zhōnglì	中毒	zhòngdú
中秋	Zhōngqiū	中风	zhòngfēng
中途	zhōngtú	中肯	zhòngkěn
中文	Zhōngwén	仲	zhòng
中西	zhōngxī	众	zhòng
中线	zhōngxiàn	众多	zhòngduō
中药	zhōngyào	重点	zhòngdiǎn
忠	zhōng	重工业	zhònggōngyè
忠诚	zhōngchéng	重力	zhònglì
忠实	zhōngshí	重量	zhòngliàng
终	zhōng	重视	zhòngshì
终于	zhōngyú	重要	zhòngyào
终日	zhōngrì	重兵	zhòngbīng
终审	zhōngshěn	重创	zhòngchuāng
终生	zhōngshēng	重型	zhòngxíng
终止	zhōngzhǐ	重音	zhòngyīn
盅	zhōng	重用	zhòngyòng

重镇	zhòngzhèn	诛	zhū
舟	zhōu	诸	zhū
州	zhōu	诸如	zhūrú
周	zhōu	诸如此类	zhūrú-cǐlèi
周转	zhōuzhuǎn	诸位	zhūwèi
周报	zhōubào	猪	zhū
周边	zhōubiān	蛛网	zhūwǎng
周到	zhōu·dào	竹	zhú
周而复始	zhōu'érfùshǐ	竹竿	zhúgān
周刊	zhōukān	竹笋	zhúsǔn
周身	zhōushēn	竹子	zhúzi
周岁	zhōusuì	逐	zhú
周旋	zhōuxuán	逐步	zhúbù
周延	zhōuyán	逐渐	zhújiàn
洲	zhōu	烛	zhú
粥	zhōu	主	zhǔ
轴	zhóu/zhòu	主编	zhǔbiān
轴心	zhóuxīn	主持	zhǔchí
肘	zhǒu	主力	zhǔlì
咒	zhòu	主权	zhǔquán
咒骂	zhòumà	主人	zhǔ·rén
昼	zhòu	主人公	zhǔréngōng
昼夜	zhòuyè	主任	zhǔrèn
皱	zhòu	主题	zhǔtí
皱纹	zhòuwén	主体	zhǔtǐ
骤	zhòu	主席	zhǔxí
骤然	zhòurán	主要	zhǔyào
朱	zhū	主义	zhǔyì

主意	zhǔyi（zhúyi）	住处	zhù·chù
主语	zhǔyǔ	住户	zhùhù
主张	zhǔzhāng	住家	zhùjiā
主根	zhǔgēn	住宿	zhùsù
主攻	zhǔgōng	住所	zhùsuǒ
主顾	zhǔgù	住院	zhùyuàn
主机	zhǔjī	注	zhù
主见	zhǔjiàn	注射	zhùshè
主将	zhǔjiàng	注重	zhùzhòng
主角	zhǔjué	驻	zhù
主考	zhǔkǎo	驻军	zhùjūn
主流	zhǔliú	驻守	zhùshǒu
主人翁	zhǔrénwēng	驻扎	zhùzhā
主食	zhǔshí	驻足	zhùzú
主事	zhǔshì	祝贺	zhùhè
主线	zhǔxiàn	祝福	zhùfú
拄	zhǔ	祝愿	zhùyuàn
煮	zhǔ	著	zhù
嘱	zhǔ	著名	zhùmíng
嘱咐	zhǔ·fù	著作	zhùzuò
助	zhù	著称	zhùchēng
助手	zhùshǒu	筑	zhù
助威	zhùwēi	柱子	zhùzi
助长	zhùzhǎng	抓	zhuā
贮	zhù	抓紧	zhuājǐn
贮藏	zhùcáng	转	
贮存	zhùcún	zhuǎi/zhuǎn/zhuàn	
住	zhù	拽	zhuài

专	zhuān	转型	zhuǎnxíng
专家	zhuānjiā	转眼	zhuǎnyǎn
专用	zhuānyòng	转业	zhuǎnyè
专政	zhuānzhèng	转运	zhuǎnyùn
专制	zhuānzhì	转战	zhuǎnzhàn
专长	zhuāncháng	转折	zhuǎnzhé
专车	zhuānchē	转动	zhuàndòng
专程	zhuānchéng	转向	zhuànxiàng
专断	zhuānduàn	转悠	zhuànyou
专横	zhuānhèng	赚	zhuàn
专辑	zhuānjí	篆	zhuàn
专科	zhuānkē	篆刻	zhuànkè
专款	zhuānkuǎn	撰	zhuàn
专栏	zhuānlán	妆	zhuāng
专卖	zhuānmài	庄	zhuāng
专区	zhuānqū	庄稼	zhuāngjia
专职	zhuānzhí	庄严	zhuāngyán
专注	zhuānzhù	庄园	zhuāngyuán
专著	zhuānzhù	庄重	zhuāngzhòng
砖	zhuān	庄子	zhuāngzi
砖头	zhuāntóu	桩	zhuāng
转变	zhuǎnbiàn	装	zhuāng
转瞬	zhuǎnshùn	装备	zhuāngbèi
转向	zhuǎnxiàng	装卸	zhuāngxiè
转移	zhuǎnyí	装修	zhuāngxiū
转播	zhuǎnbō	装运	zhuāngyùn
转产	zhuǎnchǎn	装载	zhuāngzài
转弯	zhuǎnwān	装置	zhuāngzhì

壮	zhuàng	捉	zhuō
壮大	zhuàngdà	桌	zhuō
壮丽	zhuànglì	桌子	zhuōzi
状	zhuàng	桌面	zhuōmiàn
状语	zhuàngyǔ	卓有成效	
状元	zhuàngyuan	zhuóyǒu-chéngxiào	
状况	zhuàngkuàng	卓著	zhuózhù
状态	zhuàngtài	灼	zhuó
撞	zhuàng	灼热	zhuórè
撞击	zhuàngjī	茁壮	zhuózhuàng
追	zhuī	卓	zhuó
追悼	zhuīdào	卓越	zhuóyuè
追捕	zhuībǔ	啄	zhuó
追溯	zhuīsù	啄木鸟	zhuómùniǎo
追随	zhuīsuí	着手	zhuóshǒu
追问	zhuīwèn	着实	zhuóshí
追寻	zhuīxún	着想	zhuóxiǎng
追忆	zhuiyì	着眼	zhuóyǎn
椎	zhuī	着眼点	zhuóyǎndiǎn
锥	zhuī	着意	zhuóyì
赘	zhuì	着装	zhuózhuāng
赘述	zhuìshù	咨询	zīxún
坠	zhuì	姿	zī
谆谆教导	zhūnzhūn-jiàodǎo	姿势	zī·shì
准	zhǔn	姿态	zītài
准备	zhǔnbèi	姿色	zīsè
准绳	zhǔnshéng	兹	zī
拙	zhuō	资	zī

资本	zīběn	自杀	zìshā
资源	zīyuán	自行	zìxíng
资质	zīzhì	自行车	zìxíngchē
资助	zīzhù	自由	zìyóu
滋	zī	自治区	zìzhìqū
滋味	zīwèi	自主	zìzhǔ
滋补	zībǔ	自转	zìzhuàn
滋润	zīrùn	自卑	zìbēi
滋生	zīshēng	自大	zìdà
滋养	zīyǎng	自得	zìdé
滋长	zīzhǎng	自得其乐	zìdé-qílè
紫	zǐ	自费	zìfèi
紫菜	zǐcài	自封	zìfēng
紫外线	zǐwàixiàn	自负	zìfù
子	zǐ	自立	zìlì
子弹	zǐdàn	自流	zìliú
仔细	zǐxì	自律	zìlǜ
姊妹	zǐmèi	自满	zìmǎn
籽	zǐ	自强	zìqiáng
自	zì	自强不息	zìqiáng-bùxī
自称	zìchēng	自如	zìrú
自动化	zìdònghuà	自言自语	zìyán-zìyǔ
自发	zìfā	自以为是	zìyǐwéishì
自力更生	zìlì-gēngshēng	自责	zìzé
自然	zìrán	自制	zìzhì
自然	zì·rán	字	zì
自然界	zìránjiè	字迹	zìjì
自然而然	zìrán'érrán	字母	zìmǔ

实用口语传播教程

字句	zìjù	总队	zǒngduì
字体	zìtǐ	总而言之	zǒng'éryánzhī
字条	zìtiáo	总共	zǒnggòng
字形	zìxíng	纵	zòng
字义	zìyì	纵队	zòngduì
字音	zìyīn	纵容	zòngróng
渍	zì	纵身	zòngshēn
宗	zōng	纵深	zòngshēn
宗法	zōngfǎ	纵使	zòngshǐ
宗派	zōngpài	纵向	zòngxiàng
宗室	zōngshì	棕	zòng
宗族	zōngzú	走	zǒu
棕	zōng	走廊	zǒuláng
棕榈	zōnglǘ	走向	zǒuxiàng
棕色	zōngsè	走动	zǒudòng
踪	zōng	走访	zǒufǎng
踪迹	zōngjì	走投无路	zǒutóu-wúlù
综	zōng	奏	zòu
总	zǒng	奏鸣曲	zòumíngqǔ
总额	zǒng'é	奏效	zòuxiào
总数	zǒngshù	奏章	zòuzhāng
总算	zǒngsuàn	租	zū
总体	zǒngtǐ	租界	zūjiè
总统	zǒngtǒng	租赁	zūlìn
总之	zǒngzhī	租借	zūjiè
总称	zǒngchēng	租用	zūyòng
总得	zǒngděi	足	zú
总督	zǒngdū	足够	zúgòu

270

足以	zúyǐ	罪	zuì
足见	zújiàn	罪恶	zuì'è
族	zú	罪犯	zuìfàn
阻	zǔ	罪过	zuì·guò
阻碍	zǔ'ài	罪名	zuìmíng
阻力	zǔlì	罪证	zuìzhèng
阻隔	zǔgé	罪状	zuìzhuàng
阻击	zǔjī	醉	zuì
阻拦	zǔlán	醉人	zuìrén
组	zǔ	尊	zūn
组合	zǔhé	尊敬	zūnjìng
组织	zǔzhī	尊贵	zūnguì
组建	zǔjiàn	遵	zūn
组装	zǔzhuāng	遵守	zūnshǒu
祖	zǔ	遵循	zūnxún
祖宗	zǔzong	遵从	zūncóng
祖传	zǔchuán	遵照	zūnzhào
钻	zuān/zuàn	作	zuō/zuò
钻研	zuānyán	作坊	zuōfang
钻石	zuànshí	琢磨	zuómo
钻头	zuàntóu	左	zuǒ
嘴	zuǐ	左边	zuǒ·biān
嘴巴	zuǐba	左面	zuǒ·miàn
嘴角	zuǐjiǎo	左翼	zuǒyì
嘴脸	zuǐliǎn	作案	zuò'àn
最	zuì	佐	zuǒ
最初	zuìchū	作法	zuòfǎ
最终	zuìzhōng	作用	zuòyòng

作战	zuòzhàn	座谈	zuòtán
作者	zuòzhě	座无虚席	zuòwúxūxí
作客	zuòkè	座椅	zuòyǐ
作乱	zuòluàn	做梦	zuòmèng
作声	zuòshēng	做工	zuògōng
坐	zuò	做功	zuògōng
坐标	zuòbiāo	做客	zuòkè
座	zuò	做人	zuòrén
座位	zuò·wèi		

【普通话水平测试字词专项练习】

练习一

1. 读单音节字词（100个音节，共10分，限时3.5分钟）

钗	桌	掌	弱	非	弯	脓	柳	腔	呕
就	舔	日	彼	粗	狂	销	凑	拐	搏
字	间	值	扔	封	崖	九	攥	胚	径
怒	而	征	妄	吟	掠	摆	忙	岁	谋
雅	括	怀	瓮	三	故	题	浑	胸	卦
英	肋	广	笨	舱	抱	涡	娘	筛	找
疲	翻	书	昂	汤	茶	怪	碳	绳	坏
拼	雪	秸	诚	俺	见	孔	欧	沁	抄
飞	辖	犬	愣	虞	吹	要	拿	损	爹
孚	店	瞟	凌	不	排	杯	主	套	日

2. 读多音节词语（100个音节，共20分，限时2.5分钟）

乡村	衰变	外省	频率	捏造	棉球儿
耽误	橄榄	主题	疟疾	打嗝儿	运行
重量	跨度	撇开	宣布	人员	挂钩
完全	锦标赛	奥秘	帮忙	特色	加油儿

摸黑儿　　存活　　持续　　柔和　　哺乳　　盘算

破坏　　穷人　　层次　　挫折　　儿童　　丢掉

角度　　摧毁　　军人　　服饰　　作风　　糖尿病

工厂　　穷困　　恰好　　原料　　创伤　　一本正经

练习二

1. 读单音节字词（100 个音节，共 10 分，限时 3.5 分钟）

拟	汉	窘	客	推	跛	徐	信	裁
错	标	垒	捏	矩	歪	领	欧	鸟
月	僧	奖	敲	团	汪	蚕	仿	瑟
桂	麻	周	毒	胸	念	披	贼	起
汪	尼	倦	夸	瘤	扑	狠	润	甜
款	扰	佯	挂	晒	等	条	欢	盒
革	窘	疤	死	旬	搬	簧	握	撅
字	款	身	彻	软	词	捐	扯	巡
窄	环	葬	吹	洒	鬓	底	运	峡
绕	梦	袄	困	苍	恨	琼	挖	次

徭
要
前
缺
棉
纺
嗓
庆
宽
太
岭

2. 读多音节词语（100 个音节，共 20 分，限时 2.5 分钟）

烧鹅　　开水　　定律　　方向　　安慰　　心眼儿

妇女　　繁杂　　遭受　　症状　　侵略　　休息

加强　　亏本　　肺活量　红军　　完美　　群众

随后　　村民　　石头　　宣布　　橡皮　　调动

家庭　　收购　　遇难　　兴衰　　融洽　　创作

金子　　虐待　　动画片　为难　　小瓮儿　理解

告别　　打算　　笔杆儿　应用　　体温　　宁肯

嫂子　　历史　　勇猛　　冷暖　　耳膜儿　视而不见

练习三

1. 读单音节字词（100 个音节，共 10 分，限时 3.5 分钟）

惯　垄　墙　颇　指　龚　砍　牛　愿　乳

日	京	觅	焚	较	拈	束	鸟	钟	许
困	弊	党	乎	盼	扔	流	最	秆	却
缠	外	规	蛋	花	头	总	擒	稻	晨
只	宝	塞	铁	兽	欺	净	辰	郡	聊
馆	评	走	瞥	索	厢	允	坑	窨	内
儿	份	迭	硕	牢	疏	自	求	摆	达
宣	浑	远	锅	槐	充	某	拎	闭	五
掉	耻	盆	灭	毁	鸭	逢	绺	迟	舱
咱	逗	虾	挪	讨	庙	群	改	颇	酶

2. 读多音节词语（100 个音节，共 20 分，限时 2.5 分钟）

民俗	而且	牛仔裤	服饰	人群	蛾子
情侣	花瓶	另外	国王	胡同儿	村庄
做派	难怪	社会学	奠定	纪律	折腾
快要	宝塔	适用	照片	广博	劳动
全身	迟到	英雄	后跟儿	优良	从来
共鸣	完成	篡改	盘算	恰好	非法
政策	品种	春天	手绢儿	抓紧	创伤
科研	加强	小说儿	地质	脑袋	眉开眼笑

练习四

1. 读单音节字词（100 个音节，共 10 分，限时 3.5 分钟）

巴	炯	妞	请	酿	出	特	某	烧	点
四	撞	汞	拖	偶	浓	宾	昂	鸟	昌
累	熏	惹	僧	披	道	乐	摸	傻	破
辉	彭	稳	枪	莫	揩	允	遮	穆	睬
住	碰	辩	黑	鼻	榛	叼	刺	乖	腻
骗	雪	怪	砸	氢	钾	钱	内	粉	涉
绵	矮	沉	腊	你	容	棍	洁	祛	缀
次	盆	灯	而	充	筏	科	蜡	垂	边

均 热 自 云 儿 粒 癣 遵 苇 钟

永 破 揍 廷 蹿 何 将 须 烁 音

2.读多音节词语（100个音节，共20分，限时2.5分钟）

创新 苍穹 闺女 胸骨 优良 没准儿

富翁 美女 细菌 燃料 麻烦 巍峨

妨害 送别 金丝猴 热爱 苗条 上来

控制 水獭 顶牛儿 快速 奋斗 照样

繁荣 脑袋 遵循 万岁 坎肩儿 典雅

刷新 灭火 山川 全局 辩证 范围

操作 体育馆 会计 节约 无非 博士

嵌入 做活儿 筹备 难免 人群 根深蒂固

练习五

1.读单音节字词（100个音节，共10分，限时3.5分钟）

圆 狭 狂 叶 套 窖 酸 盲 捅 淡

融 署 喊 饶 凝 脸 坏 丰 绿 修

绿 盯 呕 眠 淤 环 孙 劳 荒 神

站 果 氨 塔 旺 绞 跪 弥 猜 繁

日 图 炕 池 藻 用 海 浓 新 蝇

谬 翁 府 洼 密 寡 椎 扔 捐 垒 绺

膜 炒 派 诀 犬 颊 爽 晨 刷 绺

贵 辰 党 坝 渺 琼 牵 布 楼 返

性 诚 腔 裂 鳃 逢 颇 灌 翁 索

兼 洒 防 涩 甩 辙 古 旁 鬓 蜗

2.读多音节词语（100个音节，共20分，限时2.5分钟）

阔气 拼凑 画卷 谬论 下降 周岁

逃窜 拍照 报表 服务员 生产 创伤

浓烟 穷困 外面 走私 仍然 打铁

抓获 月份 挨个儿 率领 苍白 上层

人影儿	奥秘	明白	算盘	说法	淘汰
自来水	仿佛	恰当	随便	全体	决策
自重	差别	叫唤	一致	领袖	记事儿
村庄	包含	怀念	波动	配合	走投无路

练习六

1. 读单音节字词（100 个音节，共 10 分，限时 3.5 分钟）

软	清	柳	簏	身	丰	幻	滕	盏	怀
掠	移	谈	目	犬	外	穷	陋	春	昂
骚	鞋	批	洒	锌	瑞	郭	垒	休	谈
跟	环	浮	擦	块	滑	渺	疆	台	醒
胎	嫩	垂	厅	霖	堤	很	刘	衍	雄
愁	灰	试	广	社	改	眯	焚	必	亡
捐	躲	嫩	软	迁	腿	恰	手	弧	雪
汝	瘸	汪	持	恐	酶	窘	完	对	伶
肿	拳	悔	您	反	冰	奎	禹	谬	果
寝	闭	瞥	末	邻	粗	字	讲	熊	驻

2. 读多音节词语（100 个音节，共 20 分，限时 2.5 分钟）

总理	妇女	风筝	镇压	傀儡	夸张
传播	小瓮儿	灯光	奔跑	境界	柔顺
撒开	公元	质量	挫折	搜索	美丽
红娘	测定	露馅儿	训练	字画	进去
侵略	客厅	不许	关卡	先生	费用
贫穷	男女	谅解	脑子	然而	冒尖儿
安全	录音机	虐待	谬误	痛快	紫外线
让位	螺旋	四周	玩耍	丢失	自以为是

练习七

1. 读单音节字词（100 个音节，共 10 分，限时 3.5 分钟）

袜	体	爱	戳	蒋	肿	堆	放	湖	裂

条　赠　摔　甲　垒　噎　缠　松　害　椒
用　休　军　惹　循　吃　倍　专　梧　掉
化　棍　库　窘　蚕　渺　趁　牛　驻　俞
首　磁　典　肠　酚　粤　畦　促　悬　儿
爽　反　财　寝　盟　瞎　死　撑　老　桑
团　兄　巧　州　端　香　文　闭　糟　魔
罢　准　拿　配　炎　绢　瞟　日　鸥　葬
碑　到　萍　外　寡　破　军　鹅　准　测
奶　砍　位　扬　局　额　三　晒　荣　寇

2. 读多音节词语（100个音节，共20分，限时2.5分钟）

儿童　　热爱　　退守　　丢人　　赶快　　小丑儿
屁股　　岗亭　　专门　　打算　　原则　　照片儿
电视台　篡夺　　恍惚　　爆发　　后跟儿　亏损
围裙　　富翁　　红娘　　少女　　虐待　　邮戳儿
卑劣　　枸杞　　国务院　家伙　　学者　　偶然性
功夫　　冲刷　　博物馆　夸张　　值钱　　违法
选举　　横行　　萌发　　无穷　　调解　　飞机
矿产　　作用　　命运　　衰老　　其次　　佛经

练习八

1. 读单音节字词（100个音节，共10分，限时3.5分钟）

改　每　拖　痴　遵　恒　钩　萍　香　绢
松　雌　官　艇　贤　爬　铝　囊　快　昂
坐　扔　掐　薛　咱　屑　急　鼓　农　怎
嘴　偏　沃　迁　谎　霞　串　妻　从　低
容　纠　体　遭　邻　跨　这　疯　悔　资
缪　含　绞　伯　尔　神　碎　墙　辨　买
纹　挎　肥　缺　阮　窈　苍　纵　锡　雅
出　允　潮　爽　面　累　翁　滑　日　胎

墨　迁　菜　妆　品　愿　闪　阀　涌　扣

瞎　丑　仆　伞　墙　腿　钝　眸　饲　癣

2. 读多音节词语（100 个音节，共 20 分，限时 2.5 分钟）

操作	锥子	全部	人群	黄瓜	外科
总理	妇女	小姐	挨个儿	增高	月球
冲刷	芳芳	虐待	水鸟	症状	进口
电压	送信儿	整理	减轻	分散	窘迫
豆腐	遵守	红包儿	纳税	钾肥	按钮
养活	国王	创办	凶恶	膏药	怀抱
也许	颜色	自治区	儿童	完全	志愿军
钢铁	踪影	课堂	胸脯	培训	直截了当

练习九

1. 读单音节字词（100 个音节，共 10 分，限时 3.5 分钟）

贴　拐　掠　酸　躺　阴　吻　酿　锁　绕

峻　火　穷　掌　膜　癞　割　裁　短　蛇

饿　筏　彼　峰　西　床　掠　雅　仄　美

倦　我　后　雪　商　弥　嫁　裹　最　法

虫　棍　款　二　写　岁　瞭　鸣　烤　帅

边　支　洒　早　女　逛　拨　盏　净　娶

战　纺　辖　揪　菊　怪　宅　热　倪　波

坏　叮　袜　蕊　鬓　讨　缔　环　貂　填

床　怎　丝　累　蔫　螯　感　亲　娘　窜

更　岳　须　伍　船　用　憋　喷　轰　羊

2. 读多音节词语（100 个音节，共 20 分，限时 2.5 分钟）

扩张	似的	宾主	夸张	柔软	麻利
健康	运动	完备	男女	紧缺	沉着
老翁	柔软	圆舞曲	废旧	怀抱	钢铁
世界	平日	足球	梨核儿	顺手	宁可

行当	给予	灭亡	温差	饭盒儿	农村
贫穷	叙述	当前	熊猫	愿意	刀把儿
纤维	重量	奇怪	钢镚儿	方圆	运动会
心情	专门	虐待	年龄	爱国	载歌载舞

练习十

1.读单音节字词（100个音节，共10分，限时3.5分钟）

揣	纬	疼	音	梅	瞥	与	助	坤	窨
列	姜	领	寡	政	玄	此	白	掉	八
粉	傲	夫	潜	棕	烂	黑	沈	接	词
筒	坪	爱	堂	缩	耳	搭	甩	抓	黄
买	丑	导	拢	澈	塌	馁	瞟	咱	曰
宫	人	汤	倪	梦	捐	阔	群	鸟	抓
期	鸟	谬	凤	裙	栓	袜	存	破	也
斜	歪	扰	酸	池	母	绒	驱	抬	肯
第	孤	遣	晕	凶	靠	戳	日	租	慧
流	痴	廷	述	我	就	征	林	弱	胚

2.读多音节词语（100个音节，共20分，限时2.5分钟）

迅速	思索	远景	赞叹	垦荒	铁匠
鲁莽	扩散	恩情	爽快	轰响	灯光
春天	落款儿	富翁	调研	客厅	稳产
请教	自来水	竞赛	粉红	从而	医院
军人	在这儿	频率	刷新	队伍	磁场
完美	增添	人群	跳高儿	能量	诈骗
选择	反射	墨汁儿	层面	窘迫	恰好
小朋友	别扭	资本	瘦弱	洗澡	翩翩起舞

第三章
朗读

第一节　什么是朗读

一、朗读的认知

（一）定义

朗读是运用普通话把书面语言转化为有声语言的一种再创作活动。语言学家徐世荣认为：朗读就是把书面语言变为口头语言，把无声语言（文字、文章、文学作品）变为有声语言或者更能表情达意的口头语言[①]。

朗读是一种艺术并具有独特性，是语言艺术的一种。在日常生活中，我们时常会碰到这样的人：说话很多却没有重点，说的话毫无头绪、不知所云。说话应该要挑重点，同理，艺术创作更需要找准重点，重点才是朗读文本时的关键语言。

我们经常讲，朗读和说话都是日常生活中的语言表达形式，都可以表情达意，那其差别究竟是什么呢？

朗读表达的是书面语言，反映不同人物、不同场景、不同理解等多重情感。而说话则是我们更为直接的口语表达，反映我们个人的情感。一个人即使大字不识，也能随时用口语表情达意，而朗读则不然，它更需要朗读者自身的

---

① 张颂.朗读学［M］.北京：北京广播学院出版社，1999.

感受理解能力、语言表达能力。朗读是一种由阅读、思考、感受、表达、肢体等多方面构成的综合能力。

（二）性质

1. 朗读是一门语言表达艺术

我们在朗读时，一般使用的是一种不同于日常口语表达的更高级的口语形式，比自然口语表达更自然、更生动、更具美感、更具艺术性，它体现为声音的艺术化。这样的表达形式映射了想要透过文字表现出来的生动、形象、丰富的精神世界。

2. 朗读是一种情景的"二度创作"

作为朗读者，我们在朗读时永远是第一作者，在进行"二度创作"。文本作者通过简单的文字，向读者传递不同的情感，搭建不同的情景，营造不同的氛围。而这些"不同"正取决于作为朗读者的我们如何理解、如何朗读。不同的人有不同的经历、不同的理解、不同的表达方式，所以每个人的朗读都不尽相同。我们不能强求一个 18 岁的孩子有 70 岁老人的感受和表达，反之亦然。所以，朗读时我们的"二度创作"也是一种艺术再现的过程。

3. 朗读是一种深层次的感受

对朗读者而言，感受是十分重要的。只有透过文字，感受文字背后的情绪和情景，并将自身的理解和合适的表达融合在一起，才能算是一种良好的朗读。而这一切的前提，就是感受。所谓感受，就是"感之于外，受之于心"。朗读者接受了外界的刺激，从而在内心产生相应的理解上的情感变化，并产生内心反应，就是受之于心。具体感受贯穿于分析理解稿件的全过程，贯穿于理解表达的全过程。

感受有形象感受和逻辑感受之分。没有逻辑感受，就不会有脉络的清晰，就无法抓住起、承、转、合的变化；没有形象感受，就无法赋予稿件内容以具体、丰富的色彩，就不会有真切、生动的形象产生。可以说，感受是关键，是由理解到表达的桥梁。只有对稿件进行具体感受，才能使我们的有声语言充满活力。因此，使感受融于朗读语言，成为朗读必不可少的步骤。

二、朗读的意义

（一）朗读是进行思想教育和审美教育的一种方式

时代在发展，文明在进步。从获取物质文明到对精神文明的追求，大家的生活状态和生活节奏都发生了些许变化。我们通过读一些经典作品，感受文字带来的真善美，可以陶冶情操、净化心灵，提升自我的思想境界和审美能力。

提升思想境界和朗读中的思想教育与审美教育是密不可分的，优美的朗读会使人在审美愉悦中受到教育和激励，获得精神的升华。

（二）朗读是提高文学感受力的有效方式之一

朗读的重要条件之一就是感受。正所谓"感之于外，受之于心"，要通过不同的文学稿件，感受不同的文学情感，体会不同的人物表达，从而提升自己的文学感受力。

（三）朗读是培养口语表达能力的重要途径之一

朗读是培养口语表达能力的重要途径。在朗读时，我们要根据不同文本带来的不同情感，运用不同的表达形式进行口语表达，这能够充分锻炼我们的口语表达能力。

（四）朗读是语文学习的重要方法之一

高效朗读是语文学习的重要方法之一。通过美妙的文字，正确运用普通话进行朗读，不仅能够使学生身临其境般地融入文本内容，感受文本内涵，体会文本情感，还能够使学生在艺术的语言中得到熏陶、成长。因此，朗读是语文学习的重要方法之一。

（五）朗读是推广普通话的重要形式之一

朗读不仅是语言规范化的主要方法，也是推广普通话的重要形式。朗读作为一门有声语言艺术形式，在表达时需要以普通话支撑，因而对推广普通话有着重要的作用。朗读可以最大限度地提高语音标准程度以及词汇语法规范化程度，能真实反映人们的普通话口语水平，也是普通话水平测试中的一个主要测查项目。

三、朗读的要求

朗读作为有声语言的一种形式，其本身是有一定要求的。尤其在将朗读作为普通话测试中的一项后，其要求更为具体。大抵上可以划分为以下几点。

（一）声音洪亮、咬字清晰

字音准确、语音流畅、吐字清晰、归音到位，这是朗读最基本的语音能力。在这个过程中要尽量克服、避免语音问题，尽可能做到声音洪亮、咬字清晰。

（二）语调流畅、适度自然

朗读的口语表达过程要流畅、适度、自然，不能"声不表情、语不达意"。朗读时要提前备稿，给自身一定的适应时间，如此才能更好地找到相应的语调节奏，做到自然流畅、优美和谐。

（三）融入作品、正确理解

在朗读的过程中，我们要正确理解文稿背后的情感和含义。每一篇文稿除了文字表达出来的字面含义，都包含深层次的内涵，我们要透过文字看本质，融入作品，正确理解文字传达出来的情感。优秀的朗读，一定是在充分理解作品的基础上，运用适合的口语表达方式，达到思想感情和口语表达的统一。

（四）忠于原文、语句流畅

朗读是一种实用型的口语表达活动，其本质形式是"念"，只不过后期加上朗读者个人的思想感情与理解，才有了不同的朗读效果。既然是念稿的性质，我们就更要尊重原文，在正确的语境下理解原文的意思。

四、几种应避免的朗读形式

（一）见字出声式

见字出声式的朗读形式，常比喻朗读者没有完全理解文本内容，只是简单地按照文本内容进行口语表达，单纯按字念音，机械地把文字转换成声音。

（二）流水账式

流水账式的朗读形式，常比喻朗读者朗读时有口无心，节奏快速、声音细小，没有相应的思想感情表达，声音不清晰洪亮、字音没有归音到位，并且没有停连重音、语气节奏。同时，其内部情感也不到位，没有正确运用情景再现、对象感和内在语体现语流情感的起伏变化。

（三）拿腔拿调式

拿腔拿调式的朗读形式，常比喻朗读者固定腔调，为了朗读而朗读，没有正确体会作者文字表达出来的思想感情，刻意将声音塑造成一种固定姿态，拿腔拿调，装腔作势。

五、朗读的准备

（一）理解稿件

朗读不是个人的随意活动，在朗读之前，我们需要有充足的准备。其中，理解是基础。只有我们正确理解稿件背后的含义，才能正确表达出应有的思想感情。在朗读之前，应该针对稿件内容进行充分预习，层次、主题、背景、目的、重点、基调、思想感情，以及基础的行文断句都要提前准备，以做到对稿件的充分理解。

（二）具体感受

"理解是基础，感受是关键"，这是我们解决备稿问题时反复强调的。朗读者是稿件与受众的中介，只有在充分理解的基础上，才能摆正自身位置，将具体感受正确表达。具体感受，并不能只停留在笼统的文本大意或者个别字词上，应将字、词、句、段、篇结合起来整体感受，这样才能准确、清晰、完整。

（三）形之于声

在声音表达上，要根据具体的稿件进行声音表达。不同的稿件表现的思想感情与匹配的声音状态都不尽相同。在我们正确理解并具体感受的前提下，才能够合理呈现，真正达到形之于声。

（四）受之于众

有声语言的表达，我们始终强调"形之于声，受之于众"。在朗读的过程中，要通过我们的理解，使情感从内心深处迸发而出，体现于我们的语言表达中，传达给受众并与之共情同感，真正达到受之于众。

第二节　朗读技巧

一、内部技巧

（一）情景再现

1. 理论支撑

（1）定义

情景再现是眼前浮现出相应的画面，稿件中的人物、事件、场面在脑海中形成连续的、活动的画面，并产生相应的态度、感情的过程。感受是情景再现的前提和基础。

（2）实现情景再现的步骤

分镜头构思—设身处地—触景生情—现身说法。

【示例练习】根据以下场景进行想象。

①"呜……随着一声嘹亮的汽笛声，轮船徐徐离开了港口。"

②"火车站人山人海，每个人脸上写满了期待。他们手上提着重重的行李，在站台上找寻着自己的目标车次。"

【练习反思】

①港口给我们的第一印象是什么？是分别还是重逢？是恋恋不舍还是久别重逢？这需要我们根据文段内容提前构思。文段中"嘹亮的汽笛声"寄托了作者怎样的情绪，在相关上下文中一定有相应的体现，那么就为后面的"徐徐离开了港口"着上了相应的颜色。

②本段例句相对明显。人山人海的车站，每个人脸上写满了期待，这是归家的喜悦，溢于言表。此时手中重重的行李仿佛承载了家人的喜悦与期待，目之所及的目标车次更是家的方向。

2. 示例文段

荷塘月色

作者：朱自清

这几天心里颇不宁静。今晚在院子里坐着乘凉，忽然想起日日走过的荷塘，在这满月的光里，总该另有一番样子吧。月亮渐渐地升高了，墙外马路上孩子们的欢笑，已经听不见了；妻在屋里拍着闰儿，迷迷糊糊地哼着眠歌。我悄悄地披了大衫，带上门出去。

沿着荷塘，是一条曲折的小煤屑路。这是一条幽僻的路；白天也少人走，夜晚更加寂寞。荷塘四面，长着许多树，蓊蓊郁郁的。路的一旁，是些杨柳，和一些不知道名字的树。没有月光的晚上，这路上阴森森的，有些怕人。今晚却很好，虽然月光也还是淡淡的。

路上只我一个人，背着手踱着。这一片天地好像是我的；我也像超出了平常的自己，到了另一世界里。我爱热闹，也爱冷静；爱群居，也爱独处。像今晚上，一个人在这苍茫的月下，什么都可以想，什么都可以不想，便觉是个自由的人。白天里一定要做的事，一定要说的话，现在都可不理。这是独处的妙处，我且受用这无边的荷香月色好了。

曲曲折折的荷塘上面，弥望的是田田的叶子。叶子出水很高，像亭亭的舞女的裙。层层的叶子中间，零星地点缀着些白花，有袅娜地开着的，有羞涩地打着朵儿的；正如一粒粒的明珠，又如碧天里的星星，又如刚出浴的美人。微风过处，送来缕缕清香，仿佛远处高楼上渺茫的歌声似的。这时候叶子与花也有一丝的颤动，像闪电般，霎时传过荷塘的那边去了。叶子本是肩并肩密密地挨着，这便宛然有了一道凝碧的波痕。叶子底下是脉脉的流水，遮住了，不能见一些颜色；而叶子却更见风致了。

月光如流水一般，静静地泻在这一片叶子和花上。薄薄的青雾浮起在荷塘里。叶子和花仿佛在牛乳中洗过一样；又像笼着轻纱的梦。虽然是满月，天上却有一层淡淡的云，所以不能朗照；但我以为这恰是到了好处——酣眠固不可少，小睡也别有风味的。月光是隔了树照过来的，高处丛生的灌木，落下参差的斑驳的黑影，峭楞楞如鬼一般；弯弯的杨柳的稀疏的倩影，却又像是画在荷叶上。塘中的月色并不均匀；但光与影有着和谐的旋律，如梵婀玲上奏着的名曲。

荷塘的四面，远远近近，高高低低都是树，而杨柳最多。这些树将一片荷塘重重围住；只在小路一旁，漏着几段空隙，像是特为月光留下的。树色一例是阴阴的，乍看像一团烟雾；但杨柳的丰姿，便在烟雾里也辨得出。树梢上隐隐约约的是一带远山，只有些大意罢了。树缝里也漏着一两点路灯光，没精打采的，是渴睡人的眼。这时候最热闹的，要数树上的蝉声与水里的蛙声；但热闹是它们的，我什么也没有。

忽然想起采莲的事情来了。采莲是江南的旧俗，似乎很早就有，而六朝时为盛；从诗歌里可以约略知道。采莲的是少年的女子，她们是荡着小船，唱着艳歌去的。采莲人不用说很多，还有看采莲的人。那是一个热闹的季节，也是一个风流的季节。梁元帝《采莲赋》里说得好：

于是妖童媛女，荡舟心许；鹢首徐回，兼传羽杯；棹将移而藻挂，船欲动而萍开。尔其纤腰束素，迁延顾步；夏始春余，叶嫩花初，恐沾裳而浅笑，畏倾船而敛裾。

可见当时嬉游的光景了。这真是有趣的事，可惜我们现在早已无福消受了。

于是又记起《西洲曲》里的句子：

采莲南塘秋，莲花过人头；低头弄莲子，莲子清如水。

今晚若有采莲人，这儿的莲花也算得"过人头"了；只不见一些流水的影子，是不行的。这令我到底惦着江南了。——这样想着，猛一抬头，不觉已是自己的门前；轻轻地推门进去，什么声息也没有，妻已睡熟好久了。

一九二七年七月，北京清华园。

3. 示例文段解析

《荷塘月色》是中国现代文学家朱自清在清华大学任教时创作的散文，因收入中学语文教材而广为人知，是现代抒情散文的名篇。文章写了清华园中月下荷塘的美丽景象，含蓄又委婉地抒发了作者不满现实、渴望自由，想超脱现实又不能的复杂的思想感情，不仅寄托了作者对荷塘月色的喜爱之情，也寄托了作者一种向往于未来的政治思想，为后人留下了旧中国正直知识分子在苦难中徘徊前进的足迹。

（二）对象感

1. 理论支撑

（1）定义

对象感就像是在跟别人对话，朗读者必须感觉到对象的存在并设想对象的反应，必须从感觉上意识到听众的心理、要求、愿望、情绪等，并由此调动自己的思想感情，使之处于运动状态。

（2）对象感的获得途径

①对听众进行设想。

②感觉到听众的存在和反应，才能构成交流。

③努力熟知和了解听众。

（3）如何把握对象感

①对象感的清晰度：根据对象不同，可以适当调节，表达式对象感可以时隐时现。

②和具体对象交流的过程中，对象感要相对稳定。

③努力熟知和了解受众，广交朋友。

【示例练习】根据以下文字练习对象感的运用。

西红柿皮薄，剥皮食用时很可能会将果肉一起剥下来。如果这样做就会简单很多：首先将西红柿的蒂整个挖出，然后被挖的一面朝下将西红柿放入热水轻微烫一下，大概 5 秒钟，取出后再放入冷水浸泡一会儿，这样就能轻松地将西红柿的皮剥下来了。

【练习反思】我们经常会在生活服务类节目中得到诸如此类的"家务小窍门"。在统计收看或收听这类节目受众的心理或者状态时发现，受众通常是一边收听、一边吃饭、一边聊天，或者一边收听、一边干家务。所以，我们在播读时就要善于利用清晰明亮的声音和活泼的语气节奏吸引受众的注意力。文段中西红柿剥皮是非常细小的事情，并不需要受众仔细琢磨，所以播读的重点就是要播读清楚、突出重点，合理运用对象感，抓住受众。

2. 示例文段

故都的秋

作者：郁达夫

秋天，无论在什么地方的秋天，总是好的；可是啊，北国的秋，却特别地来得清，来得静，来得悲凉。我的不远千里，要从杭州赶上青岛，更要从青岛赶上北平来的理由，也不过想饱尝一尝这"秋"，这故都的秋味。

江南，秋当然也是有的；但草木凋得慢，空气来得润，天的颜色显得淡，并且又时常多雨而少风；一个人夹在苏州上海杭州，或厦门香港广州的市民中间，浑浑沌沌地过去，只能感到一点点清凉，秋的味，秋的色，秋的意境与姿态，总看不饱，尝不透，赏玩不到十足。秋并不是名花，也并不是美酒，那一种半开，半醉的状态，在领略秋的过程上，是不合式的。

不逢北国之秋，已将近十余年了。在南方每年到了秋天，总要想起陶然亭的芦花，钓鱼台的柳影，西山的虫唱，玉泉的夜月，潭柘寺的钟声。在北平即使不出门去罢，就是在皇城人海之中，租人家一椽破屋来住着，早晨起来，泡一碗浓茶，向院子一坐，你也能看得到很高很高的碧绿的天色，听得到青天下驯鸽的飞声。从槐树叶底，朝东细数着一丝一丝漏下来的日光，或在破壁腰中，静对着像喇叭似的牵牛花（朝荣）的蓝朵，自然而然地也能够感觉到十分的秋意。说到了牵牛花，我以为以蓝色或白色者为佳，紫黑色次之，淡红色最下。最好，还要在牵牛花底，教长着几根疏疏落落的尖细且长的秋草，使作陪衬。

北国的槐树，也是一种能使人联想起秋来的点缀。像花而又不是花的那一种落蕊，早晨起来，会铺得满地。脚踏上去，声音也没有，气味也没有，只能感出一点点极微细极柔软的触觉。扫街的在树影下一阵扫后，灰土上留下来的一条条扫帚的丝纹，看起来既觉得细腻，又觉得清闲，潜意识下并且还觉得有点儿落寞，古人所说的梧桐一叶而天下知秋的遥想，大约也就在这些深沉的地方。

秋蝉的衰弱的残声，更是北国的特产；因为北平处处全长着树，屋子又低，所以无论在什么地方，都听得见它们的啼唱。在南方是非要上郊外或山上去才听得到的。这秋蝉的嘶叫，在北平可和蟋蟀耗子一样，简直像是家家户户都养在家里的家虫。

还有秋雨哩，北方的秋雨，也似乎比南方的下得奇，下得有味，下得更像样。

在灰沉沉的天底下，忽而来一阵凉风，便息列索落地下起雨来了。一层雨过，云渐渐地卷向了西去，天又青了，太阳又露出脸来了；着着很厚的青布单衣或夹袄的都市闲人，咬着烟管，在雨后的斜桥影里，上桥头树底去一立，遇见熟人，便会用了缓慢悠闲的声调，微叹着互答着的说：

"唉，天可真凉了——"（这"了"字念得很高，拖得很长。）

"可不是么？一层秋雨一层凉啦！"

北方人念阵字，总老像是层字，平平仄仄起来，这念错的歧韵，倒来得正好。

北方的果树，到秋来，也是一种奇景。第一是枣子树；屋角，墙头，茅房边上，灶房门口，它都会一株株地长大起来。像橄榄又像鸽蛋似的这枣子颗儿，在小椭圆形的细叶中间，显出淡绿微黄的颜色的时候，正是秋的全盛时期；等枣树叶落，枣子红完，西北风就要起来了，北方便是尘沙灰土的世界，只有这枣子、柿子、葡萄，成熟到八九分的七八月之交，是北国的清秋的佳日，是一年之中最好也没有的 Golden Days。

有些批评家说，中国的文人学士，尤其是诗人，都带着很浓厚的颓废色彩，所以中国的诗文里，颂赞秋的文字特别的多。但外国的诗人，又何尝不然？我虽则外国诗文念得不多，也不想开出账来，做一篇秋的诗歌散文钞，但你若去一翻英德法意等诗人的集子，或各国的诗文的 Anthology 来，总能够看到许多关于秋的歌颂与悲啼。各著名的大诗人的长篇田园诗或四季诗里，也总以关于秋的部分，写得最出色而最有味。足见有感觉的动物，有情趣的人类，对于秋，总是一样的能特别引起深沉、幽远、严厉、萧索的感触来的。不单是诗人，就是被关闭在牢狱里的囚犯，到了秋天，我想也一定会感到一种不能自已的深情；秋之于人，何尝有国别，更何尝有人种阶级的区别呢？不过在中国，文字里有一个"秋士"的成语，读本里又有着很普遍的欧阳子的《秋声》与苏东坡的《赤壁赋》等，就觉得中国的文人，与秋的关系特别深了。可是这秋的深味，尤其是中国的秋的深味，非要在北方，才感受得到的。

南国之秋，当然是也有它的特异的地方的，譬如廿四桥的明月，钱塘江的秋潮，普陀山的凉雾，荔枝湾的残荷等等，可是色彩不浓，回味不永。比起北国的秋来，正像是黄酒之与白干，稀饭之与馍馍，鲈鱼之与大蟹，黄犬之与骆驼。

秋天，这北国的秋天，若留得住的话，我愿意把寿命的三分之二折去，换得一个三分之一的零头。

一九三四年八月，在北平

3. 示例文段解析

《故都的秋》是中国现代著名小说家、散文家、诗人、革命烈士郁达夫于1934 年 8 月创作的散文。1927 年 4 月 12 日，蒋介石发动四一二反革命政变。为躲避国民党的恐怖威胁，1933 年 4 月，郁达夫由上海迁居到杭州。1934 年7 月，郁达夫从杭州经青岛去北平（今北京），再次饱尝了故都的"秋味"，并写下该文。《故都的秋》全文 1700 多字，运用了 42 个秋字润色北国之秋的"清""静""悲凉"，也处处透露了郁达夫消极与积极情绪纠结与斗争的痕迹，对象感十足。

（三）内在语

1. 理论支撑

（1）定义

内在语是指那些在朗读中不便表露、不能表露或没有完全表露出来和没有直接表露出来的语句关系及语句本质。

（2）内在语的作用

①是承续语言连接点的结节点。

②是语言目的的集中体现。

③是确定表达语气的依据。

④是朗读的创作性和朗读者的创作个性的重要标志。

⑤是新闻类播音真实性的重要保证。

【示例练习】根据以下文字练习体会内在语。

我接过一看，针脚整齐，横是横，竖是竖的，补得就是不错。彭总从老花镜上边看着我，有些得意地说："多多评头论足吧。"就在这次，他给我谈了他的身世：他童年丧母，家庭很穷，他不但要给人家当苦工，还要照顾两个弟弟。"那时候，什么活没干过，什么苦没吃过？"彭总感触很深地说："今天，住到这个圆明园，皇帝老子住过的地方啊！"

【练习反思】这一段文稿讲的是彭德怀跟他的警卫参谋的一小段对话。合理地运用内在语能够更好地厘清人物关系，理顺情绪。

我接过一看，（嘿！）针脚整齐，横是横，竖是竖的，补得就是不错。彭总从老花镜上边看着我，有些得意地说："多多评头论足吧。"（怎么样，还不错吧！然而）就在这次，他给我谈了他的身世：他童年丧母，家庭很穷，他不但要给人家当苦工，还要照顾两个弟弟。"那时候，什么活没干过，什么苦没吃过？"（今天吃的这点儿苦不算什么。）彭总感触很深地说："今天，住到这个圆明园，皇帝老子住过的地方啊！"（该知足了！）

2. 示例文段

将进酒

作者：李白

君不见黄河之水天上来，奔流到海不复回。

君不见高堂明镜悲白发，朝如青丝暮成雪。

人生得意须尽欢，莫使金樽空对月。

天生我材必有用，千金散尽还复来。

烹羊宰牛且为乐，会须一饮三百杯。

岑夫子，丹丘生，将进酒，杯莫停。

与君歌一曲，请君为我倾耳听。

钟鼓馔玉不足贵，但愿长醉不复醒。

古来圣贤皆寂寞，惟有饮者留其名。

陈王昔时宴平乐，斗酒十千恣欢谑。

主人何为言少钱，径须沽取对君酌。

五花马，千金裘，呼儿将出换美酒，与尔同销万古愁。

3. 示例文段解析

《将进酒》中，李白借酒浇愁，感叹人生易老，抒发自己怀才不遇的心情。"天生我材必有用""人生得意须尽欢"，全诗气势豪迈、感情豪放、言语流畅，具有极强的感染力。通过分析全诗，理解作者心境，体会作者感情，我们可以将合适的内在语添加在诗句之中。开头"君不见黄河之水天上来"后面我们可以设置内在语为"天上之水流向哪里呢？"为后一句做铺垫。"古来圣贤皆寂寞"后面我们可以设置内在语为"那怎样才不寂寞呢？"以反问的内在语为后文增添专属于朗读者的内心情感变化。

二、外部技巧

（一）停连

1. 理论支撑

（1）定义

停连指停顿和连接。在有声语言的语流中，那些为表情达意所需要的声音的中断和休止就是停顿；那些声音不中断、不休止，特别是文本上有标点符号而在表达中不需要中断、休止的地方就是连接。停连是有声语言的标点符号。

（2）确定停连的位置

①准确理解语句意思。

②正确分析语句结构。

③恰当体会情景神态。

④合理处置标点符号。

（3）停连的一般处理方式

①停顿方式：落停；扬停。

②连接方式：直连；缓连。

【示例练习】根据以下文字练习体会停连。

他出去了；母亲和我都叹息他的境况：多子、饥荒、苛税、兵、匪、官、绅，都苦得他像一个木偶人了。——鲁迅《故乡》

【练习反思】这一句示例中，有很多标点符号上的停顿，但实际在朗读时，我们要按照文字背后的情绪合理朗读，应该用连停的方式。

他出去了；｜母亲和我都叹息他的境况：｜多子、饥荒、苛税、兵⌒匪⌒官⌒绅，都苦得他像一个｜木偶人了。

2. 示例文段

济南的冬天

作者：老舍

对于一个在北平住惯的人，像我，冬天要是不刮大风，便是奇迹；济南的冬天是没有风声的。对于一个刚由伦敦回来的人，像我，冬天要能看得见日光，便是怪事；济南的冬天是响晴的。自然，在热带的地方，日光是永远那么毒，响亮的天气反有点叫人害怕。可是，在北中国的冬天，而能有温晴的天气，济南真得算个宝地。

设若单单是有阳光，那也算不了出奇。请闭上眼睛想：一个老城，有山有水，全在蓝天底下，很暖和安适的睡着，只等春风来把它们唤醒，这是不是个理想的境界？

小山整把济南围了个圈儿，只有北边缺着点口儿。这一圈小山在冬天特别可爱，好像是把济南放在一个小摇篮里，它们全安静不动的低声的说："你们放心吧，这儿准保暖和。"真的，济南的人们在冬天是面上含笑的。他们一看那些小山，心中便觉得有了着落，有了依靠。他们由天上看到山上，便不觉的想起："明天也许就是春天了罢？这样的温暖，今天夜里山草也许就绿起来了罢？"就是这点幻想不能一时实现，他们也并不着急，因为有这样慈善的冬天，干啥还希望别的呢！

最妙的是下点小雪呀。看罢，山上的矮松越发的青黑，树尖上顶着一髻儿白花，好像日本看护妇。山尖全白了，给蓝天镶上一道银边。山坡上，有的地方雪厚点，有的地方草色还露着；这样，一道儿白，一道儿暗黄，给山们穿上一件带水纹的花衣；看着看着，这件花衣好像被风儿吹动，叫你希望看见一点更美的山的肌肤。等到快日落的时候，微黄的阳光斜射在山腰上，那点薄雪好像忽然害了羞，微微露出点粉色。就是下小雪罢，济南是受不住大雪的，那些小山太秀气！

古老的济南，城内那么狭窄，城外又那么宽敞，山坡上卧着些小村庄，小村庄的房顶上卧着点雪，对，这是张小水墨画，或者是唐代的名手画的罢。

3. 示例文段解析

《济南的冬天》是老舍先生对济南这座城市冬日的描写，展现了其心中的"温度"与"感情"。作者充沛的情感并没有直接抒发，而是内化于对济南城冬日景色的描写。无论是"温晴的天气""小山""小雪"，还是"小摇篮"，处处都透露出作者的情感。通过对文段的梳理赏析，找到这些正确的情绪点，进行合适的停连，就可以用有声语言将文段更好地表达出来。

（二）重音

1. 理论支撑

（1）定义

在朗读中为了表达语句意思、揭示语句本质、传达语句目的而加以突出、强调的语句中的重点词语称为语句的重音。

（2）语句重音的分类

包括语法重音、逻辑重音、感情重音。

（3）表达语句重音的方法

①强弱法：音强或音高的变化。

②快慢法：音长的变化（延展；压缩；停顿）。

③虚实法：音色变化（实声法；虚声法）。

（4）选择重音

①突出语句目的的中心词。

②体现逻辑关系的对应词。

③点染感情色彩的关键字。

【示例练习】根据以下文字练习体会重音。

狗趴在地上吐出红色的舌头，骡马的鼻孔张得特别大，小贩们不敢吆喝，柏油路都晒化了。——老舍《骆驼祥子》

【练习反思】示例练习中，应在理解文意的基础上重读部分字词，从而准确表达出作者想要传达的情感。

狗趴在地上吐出红色的舌头，骡马的鼻孔张得特别大，小贩们不敢吆喝，柏油路都晒化了。

2. 示例文段

落花生

作者：许地山

我们屋后有半亩隙地。母亲说："让它荒芜着怪可惜，既然你们那么爱吃花生，就辟来做花生园罢。"我们几姊弟和几个小丫头都很喜欢——买种的买种，动土的动土，灌园的灌园；过不了几个月，居然收获了！

妈妈说："今晚我们可以做一个收获节，也请你们爹爹来尝尝我们的新花生，如何？"我们都答应了。母亲把花生做成好几样的食品，还吩咐这节期要在园里的茅亭举行。

那晚上的天色不大好，可是爹爹也到来，实在很难得！爹爹说："你们爱吃花生么？"

我们都争着答应："爱！"

"谁能把花生的好处说出来？"

姊姊说："花生的气味很美。"

哥哥说："花生可以制油。"

我说："无论何等人都可以用贱价买它来吃；都喜欢吃它。这就是它的好处。"

爹爹说："花生的用处固然很多，但有一样是很可贵的。这小小的豆不像那好看的苹果、桃子、石榴，把它们的果实悬在枝上，鲜红嫩绿的颜色，令人一望而发生羡慕的心。它只把果子埋在地底，等到成熟，才容人把它挖出来。你们偶然看见一棵花生瑟缩地长在地上，不能立刻辨出它有没有果实，非得等到你接触它才能知道。"

我们都说："是的。"母亲也点点头。爹爹接下去说："所以你们要像花生，因为它是有用的，不是伟大、好看的东西。"我说："那么，人要做有用的人，不要做伟大、体面的人了。"爹爹说："这是我对于你们的希望。"

我们谈到夜阑才散，所有花生食品虽然没有了，然而父亲的话现在还印在我心版上。

3. 示例文段解析

《落花生》是一篇记叙散文，用真实笔触记录了作者小时候一次家庭聚会引发的人生教育和所感所想。父亲和孩子们通过谈论花生的好处，揭示了花生默默奉献的优秀品格。拟比人的追求，即要成为"有用的人"。要通过对文段正确的理解，将文段的重点进行重音处理，从而突出花生的品格和人生的追求。

（三）语气

1. 理论支撑

（1）定义

在一定的思想感情支配下具体语句的声音形式称作语气，语气是根据语境、情感的变化而变化的。

（2）语气的感情色彩和分量

①语气的感情色彩：主要指语句包含的是非和爱憎。

②语气的分量：分为重度、中度和轻度。

（3）把握语气的要点

①具体的思想感情是语气的灵魂，在语气中处于支配地位。

②具体的声音形式是语气的躯体，具体的思想感情只有通过具体的声音形式才能得以表现。

③语气以句子为单位，它存在于一个个句子中。

（4）语气表现的感情色彩

即恰切的声音形式——语势，语势共有五种类型。

①波峰类。声音由低向高再向低行进，状如波峰。比如："世界上没有花的国家是没有的。""花"处于波峰的位置，句头、句尾的词略低。

②波谷类。声音由高向低再向高发展，即句头、句尾较高，句腰较低，状如波谷。比如："乔治·华盛顿是美利坚合众国的第一任总统。"

③上山类。声音由低向高发展，即句头最低，句尾最高，状如登山。不过，有时是步步高，有时是盘旋而上。比如："让暴风雨来得更猛烈些吧！"

④下山类。声音句头最高，而后顺势而下，状如下山。应注意的是声音有时是直线而下，有时是呈蜿蜒曲折态势。比如："就在那年秋天，母亲离我们去了。"

⑤半起类。声音句头较低，而后呈上行趋势，行至中途，气提声止。由于没有行至最高点，所以称为半起。比如："这到底是什么幻景呢？"

2. 示例文段

就任北京大学校长之演说
作者：蔡元培

五年前，严几道先生为本校校长时，余方服务教育部，开学日曾有所贡献于同校。诸君多自预科毕业而来，想必闻知。士别三日，刮目相见，况时阅数载，诸君较昔当必为长足之进步矣。予今长斯校，请更以三事为诸君告。

一曰抱定宗旨。诸君来此求学，必有一定宗旨，欲求宗旨之正大与否，必先知大学之性质。今人肄业专门学校，学成任事，此固势所必然。而在大学则不然，大学者，研究高深学问者也。外人每指摘本校之腐败，以求学于此者，皆有做官发财思想，故毕业预科者，多入法科，入文科者甚少，入理科者尤少，盖以法科为干禄之终南捷径也。因做官心热，对于教员，则不问其学问之浅深，唯问其官阶之大小。官阶大者，特别欢迎，盖为将来毕业有人提携也。现在我国精于政法者，多入政界，专任教授者甚少，故聘请教员，不得不聘请兼职之人，亦属不得已之举。究之外人指摘之当否，姑不具论。然弭谤莫如自修，人讥我腐败，而我不腐败，问心无愧，于我何损？果欲达其做官发财之目的，则北京不少专门学校，入法科者尽可肄业法律学堂，入商科者亦可投考商业学校，又何必来此大学？所以诸君须抱定宗旨，为求学而来。入法科者，非为做官；入商科者，非为致富。宗旨既定，自趋正轨。诸君肄业于此，或三年，或四年，时间不为不多，苟能爱惜光阴，孜孜求学，则其造诣，容有底止。若徒志在做官发财，宗旨既乖，趋向自异。平时则放荡冶游，考试则熟读讲义，不问学问之有无，唯争分数之多寡；试验既终，书籍束之高阁，毫不过问，敷衍三四年，潦草塞责，文凭到手，即可借此活动于社会，岂非与求学初衷大相背驰乎？光阴虚度，学问毫无，是自误也。且辛亥之役，吾人之所以革命，因清廷官吏之腐败。即在今日，吾人对于当轴多不满意，亦以其道德沦丧。今诸君苟不于此时植其基，勤其学，则将来万一因生计所迫，出而任事，担任讲席，则必贻误学生；置身政界，则必贻误国家。是误人也。误己误人，又岂本心所愿乎？故宗旨不可以不正大。此余所希望于诸君者一也。

二曰砥砺德行。方今风俗日偷，道德沦丧，北京社会，尤为恶劣；败德毁行之事，触目皆是，非根基深固，鲜不为流俗所染。诸君肄业大学，当能束身自爱。然国家之兴替，视风俗之厚薄。流俗如此，前途何堪设想。故必有卓绝之士，以身作则，力矫颓俗。诸君为大学学生，地位甚高，肩此重任，责无旁贷，故诸君不惟思所以感己，更必有以励人。苟德之不修，学之不讲，同乎流俗，合乎污世，己且为人轻侮，更何足以感人。然诸君终日伏首案前，营营攻苦，毫无娱乐之事，必感身体上之苦痛。为诸君计，莫如以正当之娱乐，易不正当之娱乐，庶于道德无亏，而于身体有益。诸君入分科时，曾填写愿书，遵守本校规则，苟中道而违之，岂非与原始之意相反乎？故品行不可以不谨严。此余所希望于诸君者二也。

三曰敬爱师友。教员之教授，职员之任务，皆以图诸君求学之便利，诸君能无动于衷乎？自应以诚相待，敬礼有加。至于同学共处一堂，尤应互相亲爱，庶可收切磋之效。不惟开诚布公，更宜道义相劝，盖同处此校，毁誉共之。同学中苟道德有亏，行有不正，为社会所訾詈，己虽规行矩步，亦莫能辩，此所以必互相劝勉也。余在德国，每至店肆购买物品，店主殷勤款待，付价接物，互相称谢，此虽小节，然亦交际所必需，常人如此，况堂堂大学生乎？对于师友之敬爱，此余所希望于诸君者三也。

余到校视事仅数日，校事多未详悉，兹所计划者二事：一曰改良讲义。诸君既研究高深学问，自与中学、高等不同，不惟恃教员讲授，尤赖一己潜修。以后所印讲义，只列纲要，细微末节，以及精旨奥义，或讲师口授，或自行参考，以期学有心得，能裨实用。二曰添购书籍。本校图书馆书籍虽多，新出者甚少，苟不广为购办，必不足供学生之参考，刻拟筹集款项，多购新书，将来典籍满架，自可旁稽博采，无虞缺乏矣。今日所与诸君陈说者只此，以后会晤日长，随时再为商榷可也。

3. 示例文段解析

《就任北京大学校长之演说》是近代教育家蔡元培的演说作品，是蔡元培在 1917 年就任北京大学校长时发表的。这篇就职演讲，开宗明义地对青年学子提出了三点要求：一是抱定宗旨；二是砥砺德行；三是敬爱师友。这些要求极富针对性，有着匡正时弊的重要意义。这篇演讲词在结构上思路非常清晰，简短的开场白引出话题，正文展开话题，结尾总结话题，层次分明、脉络清楚，给人一气呵成之感。在语言上，演讲词用浅易的文言文写成，简洁凝练中透出文言文特有的古朴典雅。

（四）节奏

1. 理论支撑

（1）定义

声音的节奏，是指在朗读中，由全篇稿件生发出来的，以朗读者思想感情的运动为依据的抑扬顿挫、轻重缓急的声音运动形式的回环往复，即声的回环往复。

（2）节奏的类型

①轻快型：语调多扬抑，语音多轻少重，语句多连少停，语流轻快活泼。

②凝重型：语调多抑少扬，语音多重少轻，语句多停少连，语流平稳凝重。

③低沉型：语调压抑，语音沉重，停顿多而长，语流沉缓。

④高亢型：语调高扬，语音响亮，语句连贯，语流通畅。

⑤舒缓型：语调多扬，语音多轻，气息顺畅，声音清亮，语流舒展。

⑥紧张型：语调多扬抑，语音多重少轻，语气强而短促，语速快。

（3）节奏的总体布局

①主导节奏的回环往复要鲜明。

②起烘托、映衬、铺垫、对比作用的辅助节奏与主导节奏要和谐。

③对比适度，控纵有节。

（4）节奏的基本转换形式

①欲扬先抑，欲抑先扬。

②欲快先慢，欲慢先快。

③欲重先轻，欲轻先重。

2. 示例文段

我有一个梦想

作者：马丁·路德·金　译者：许立中

一百年前，一位伟大的美国人签署了《解放黑奴宣言》，今天我们就是在他的雕像前集会。这一庄严宣言犹如灯塔的光芒，给千百万在那摧残生命的不义之火中受煎熬的黑奴带来了希望。它之到来犹如欢乐的黎明，结束了束缚黑人的漫漫长夜。

然而一百年后的今天，我们必须正视黑人还没有得到自由这一悲惨的事实，一百年后的今天，在种族隔离的镣铐和种族歧视的枷锁下，黑人的生活备受压榨。一百年后的今天，黑人仍生活在物质充裕的海洋中一个穷困的孤岛上。一百年后的今天，黑人仍然萎缩在美国社会的角落里，并且意识到自己是故土家园中的流亡者。今天我们在这里集会，就是要把这种骇人听闻的情况公诸于众。

就某种意义而言，今天我们是为了要求兑现诺言而汇集到我们国家的首都来的。我们共和国的缔造者草拟宪法和独立宣言的气壮山河的词句时，曾向每一个美国人许下了诺言，他们承诺给予所有的人以生存、自由和追求幸福的不可剥夺的权利。

就有色公民而论，美国显然没有实践她的诺言。美国没有履行这项神圣的义务，只是给黑人开了一张空头支票，支票上盖着"资金不足"的戳子后便退了回来。但是我们不相信正义的银行已经破产，我们不相信，在这个国家巨大的机会之库里已没有足够的储备。因此今天我们要求将支票兑现——这张支票将给予我们宝贵的自由和正义的保障。

我们来到这个圣地也是为了提醒美国，现在是非常急迫的时刻。现在决非侈谈冷静下来或服用渐进主义的镇静剂的时候。现在是实现民主的诺言时候。现在是从种族隔离的荒凉阴暗的深谷攀登种族平等的光明大道的时候，现在是向上帝所有的儿女开放机会之门的时候，现在是把我们的国家从种族不平等的流沙中拯救出来，置于兄弟情谊的磐石上的时候。

如果美国忽视时间的迫切性和低估黑人的决心，那么，这对美国来说，将是致命伤。自由和平等的爽朗秋天如不到来，黑人义愤填膺的酷暑就不会过去。一九六三年并不意味着斗争的结束，而是开始。有人希望，黑人只要撒撒气就会满足；如果国家安之若素，毫无反应，这些人必会大失所望。黑人得不到公民的权利，美国就不可能有安宁或平静，正义的光明的一天不到来，叛乱的旋风就将继续动摇这个国家的基础。

但是对于等候在正义之宫门口的心急如焚的人们，有些话我是必须说的。在争取合法地位的过程中，我们不要采取错误的做法。我们不要为了满足对自由的渴望而抱着敌对和仇恨之杯痛饮。我们斗争时必须永远举止得体，纪律严明。我们不能容许我们的具有崭新内容的抗议蜕变为暴力行动。我们要不断地升华到以精神力量对付物质力量的崇高境界中去。

现在黑人社会充满着了不起的新的战斗精神，但是我们却不能因此而不信任所有的白人。因为我们的许多白人兄弟已经认识到，他们的命运与我们的命运是紧密相连的，他们今天参加游行集会就是明证。他们的自由与我们的自由是息息相关的。我们不能单独行动。

当我们行动时，我们必须保证向前进。我们不能倒退。现在有人问热心民权运动的人，"你们什么时候才能满足？"

只要黑人仍然遭受警察难以形容的野蛮迫害，我们就绝不会满足。

只要我们在外奔波而疲乏的身躯不能在公路旁的汽车旅馆和城里的旅馆找到住宿之所,我们就绝不会满足。

只要黑人的基本活动范围只是从少数民族聚居的小贫民区转移到大贫民区,我们就绝不会满足。

只要密西西比仍然有一个黑人不能参加选举,只要纽约有一个黑人认为他投票无济于事,我们就绝不会满足。

不!我们现在并不满足,我们将来也不满足,除非正义和公正犹如江海之波涛,汹涌澎湃,滚滚而来。

我并非没有注意到,参加今天集会的人中,有些受尽苦难和折磨,有些刚刚走出窄小的牢房,有些由于寻求自由,曾在居住地惨遭疯狂迫害的打击,并在警察暴行的旋风中摇摇欲坠。你们是人为痛苦的长期受难者。坚持下去吧,要坚决相信,忍受不应得的痛苦是一种赎罪。

让我们回到密西西比去,回到亚拉巴马去,回到南卡罗来纳去,回到佐治亚去,回到路易斯安那去,回到我们北方城市中的贫民区和少数民族居住区去,要心中有数,这种状况是能够也必将改变的。我们不要陷入绝望而不克自拔。

朋友们,今天我对你们说,在此时此刻,我们虽然遭受种种困难和挫折,我仍然有一个梦想。这个梦想是深深扎根于美国的梦想中的。

我梦想有一天,这个国家会站立起来,真正实现其信条的真谛:"我们认为这些真理是不言而喻的;人人生而平等。"

我梦想有一天,在佐治亚的红山上,昔日奴隶的儿子将能够和昔日奴隶主的儿子坐在一起,共叙兄弟情谊。

我梦想有一天,甚至连密西西比州这个正义匿迹,压迫成风,如同沙漠般的地方,也将变成自由和正义的绿洲。

我梦想有一天,我的四个孩子将在一个不是以他们的肤色,而是以他们的品格优劣来评价他们的国度里生活。

我今天有一个梦想。

我梦想有一天,亚拉巴马州能够有所转变,尽管该州州长现在仍然满口异议，反对联邦法令，但有朝一日，那里的黑人男孩和女孩将能与白人男孩和女孩情同骨肉，携手并进。

我今天有一个梦想。

我梦想有一天，幽谷上升，高山下降，坎坷曲折之路成坦途，圣光披露，满照人间。

这就是我们的希望。我怀着这种信念回到南方。有了这个信念，我们将能从绝望之岭劈出一块希望之石。有了这个信念，我们将能把这个国家刺耳的争吵声，改变成为一支洋溢手足之情的优美交响曲。

有了这个信念，我们将能一起工作，一起祈祷，一起斗争，一起坐牢，一起维护自由；因为我们知道，终有一天，我们是会自由的。

在自由到来的那一天，上帝的所有儿女们将以新的含义高唱这支歌："我的祖国，美丽的自由之乡，我为您歌唱。您是父辈逝去的地方，您是最初移民的骄傲，让自由之声响彻每个山岗。"

如果美国要成为一个伟大的国家，这个梦想必须实现。让自由之声从新罕布什尔州的巍峨峰巅响起来！让自由之声从纽约州的崇山峻岭响起来！让自由之声从宾夕法尼亚州阿勒格尼山的顶峰响起来！

让自由之声从科罗拉多州冰雪覆盖的落基山响起来！让自由之声从加利福尼亚州蜿蜒的群峰响起来！不仅如此，还要让自由之声从佐治亚州的石岭响起来！让自由之声从田纳西州的瞭望山响起来！

让自由之声从密西西比的每一座丘陵响起来！让自由之声从每一片山坡响起来。

当我们让自由之声响起来，让自由之声从每一个大小村庄、每一个州和每一个城市响起来时，我们将能够加速这一天的到来，那时，上帝的所有儿女，黑人和白人，犹太教徒和非犹太教徒，耶稣教徒和天主教徒，都将手携手，合唱一首古老的黑人灵歌："终于自由啦！终于自由啦！感谢全能的上帝，我们终于自由啦！"

3.示例文段解析

马丁·路德·金在演讲中善于运用各种修辞手法增强演讲的文采和艺术

感染力。比如，为了增强语势，使演说更有说服力和号召力，马丁·路德·金在演讲中使用了大量的平行结构。其中，该演讲的标志性语段就是通过使用平行结构实现的。又如，演讲的后半部分以6个"我梦想有一天"构成。这6个句子层层推进，把梦想实现的范围由大到小层层缩进，从国家开始，到佐治亚山脉，到密西西比州，到身边的孩子，极具号召力和感染力，真挚地表达了包括他在内的黑人对自由、平等和美好未来的渴望、期盼与向往，把听众的情绪一次又一次地推向高潮。同时，在演讲接近尾声时，他借助8个"让自由之声从……响起来！"的祈使句排比结构号召在场的听众积极投身追求自由和平等的民权运动，语势强劲、感情奔放，令人听罢精神振奋、情绪激昂。

第三节　普通话水平测试中的朗读

一、朗读的基本要求

朗读，是我们通常会通过有声语言将文本内容进行二度创作的一种表达活动。在普通话水平测试中，朗读是对应试者普通话运用能力进行综合检测的一种形式。在普通话水平测试中，影响应试者成绩的主要有几个因素，如整体基调的把握、文本停连重音的选取、字音调值，以及语流音变等。

二、普通话朗读规范

在使用普通话朗读时，应该尊重文本原意，并且正确把握作品基调，合理选择文本的停连重音和语气节奏，对于字、词、儿化、多音字、语流音变等都要正确运用，如此才能符合普通话语音的规范。特别地，应该注意以下两点。

第一，注意普通话和方言语调。普通话和方言在日常生活中，都是有一定规律可循的，我们要善于总结整理，不断提高自己对于语音的分辨能力，多查字典，加强记忆，反复练习。

第二，注意多音字。一字多音多意，是我们时常混淆字音的原因之一。在日常生活中，我们除了要注意多音字的不同调值，还要注意不同调值表示的不同含义，这样才能在不同场合运用正确的字音，从而表达正确的含义。

普通话水平测试中的朗读常见于第三项测试内容，要求在 4 分钟的时间内，朗读一段包含 400 个音节的短文。评分主要围绕 6 个方面展开，具体可见表 3-1。

表 3-1　普通话水平测试朗读部分评分体系简表

测试项			评分要素	评分规则
朗读短文限时 4 分钟	1 篇（400 个音节）	30 分	音节错误、漏读或增读	扣 0.1 分 / 音节
			声母或韵母系统性语音缺陷	视程度扣 0.5 分、1 分
			语调偏误	视程度扣 0.5 分、1 分、2 分
			停连不当	视程度扣 0.5 分、1 分、2 分
			朗读不流畅（包括回读）	视程度扣 0.5 分、1 分、2 分
			超时	扣 1 分

☆提示：普通话水平测试中的第三项"朗读短文"，是在第一项"读单音节字"和第二项"读双音节词"的基础上的进阶测查。不仅要再次测查考生的声母、韵母和调值的发音情况，而且还要测查考生灵活运用普通话进行文段朗读的能力。比如，考生存在平翘舌不分的问题，这不仅意味着将在前两项测试中失分，还意味着如果在第三项"朗读短文"的测评中再次暴露该问题，会再次失分。因此，考生想要取得较高的普通话水平测试成绩，需要从普通话语音着手（结合本书第二章），解决自身存在的语音问题，并通过相关练习巩固学习成果。

三、特别提醒

自 2024 年 1 月 1 日起，全国普通话水平测试将依照《普通话水平测试实施纲要》（2021 年版）进行考纲内容调整。测试方式不变，但第三项测试内容

中《普通话水平测试用朗读作品》总数由 60 篇调整为 50 篇。其中，4 篇选自
《普通话水平测试大纲》（1994 年版），15 篇选自《普通话水平测试实施纲要》
（2003 年版），31 篇为新选用作品。考生备考时，需按照新大纲做准备。

1. 选自《普通话水平测试大纲》（1994 年版）的作品

2 号《春》

3 号《匆匆》

29 号《十渡游趣》

30 号《世界民居奇葩》

2. 选自《普通话水平测试实施纲要》（2003 年版）的作品

9 号《读书人是幸福人》

10 号《繁星》

13 号《海滨仲夏夜》

14 号《海洋与生命》

21 号《莲花和樱花》

22 号《麻雀》

23 号《莫高窟》

24 号《"能吞能吐"的森林》

31 号《苏州园林》

32 号《泰山极顶》

37 号《鸟的天堂》

45 号《中国的宝岛——台湾》

46 号《中国的牛》

48 号《"住"的梦》

50 号《最糟糕的发明》

3. 新选用作品

1 号《北京的春节》

4 号《聪明在于学习，天才在于积累》

5 号《大匠无名》

6 号《大自然的语言》

7 号《当今"千里眼"》

8 号《鼎湖山听泉》

11 号《观潮》

12 号《孩子和秋风》

15 号《华夏文明的发展与融合》

16 号《记忆像铁轨一样长》

17 号《将心比心》

18 号《晋祠》

19 号《敬畏自然》

20 号《看戏》

25 号《清塘荷韵》

26 号《驱遣我们的想象》

27 号《人类的语言》

28 号《人生如下棋》

33 号《天地九重》

34 号《我的老师》

35 号《我喜欢出发》

36 号《乡下人家》

38 号《夜间飞行的秘密》

39 号《一幅名扬中外的画》

40 号《一粒种子造福世界》

41 号《颐和园》

42 号《忆读书》

43 号《阅读大地的徐霞客》

44 号《纸的发明》

47 号《中国石拱桥》

49 号《走下领奖台，一切从零开始》

【普通话水平测试朗读专项练习】①

练习一

照北京的老规矩，春节差不多在腊月的初旬就开始了。"腊七腊八，冻死寒鸦"，这是一年里最冷的时候。在腊八这天，家家都熬腊八粥。粥是用各种米，各种豆，与各种干果熬成的。这不是粥，而是小型的农业展览会。

除此之外，这一天还要泡腊八蒜。把蒜瓣放进醋里，封起来，为过年吃饺子用。到年底，蒜泡得色如翡翠，醋也有了些辣味，色味双美，使人忍不住要多吃几个饺子。在北京，过年时，家家吃饺子。

孩子们准备过年，第一件大事就是买杂拌儿。这是用花生、胶枣、榛子、栗子等干果与蜜饯掺和成的。孩子们喜欢吃这些零七八碎儿。第二件大事是买爆竹，特别是男孩子们。恐怕第三件事才是买各种玩意儿——风筝、空竹、口琴等。

孩子们欢喜，大人们也忙乱。他们必须预备过年吃的、喝的、穿的、用的，好在新年时显出万象更新的气象。

腊月二十三过小年，差不多就是过春节的"彩排"。天一擦黑儿，鞭炮响起来，便有了过年的味道。这一天，是要吃糖的，街上早有好多卖麦芽糖与江米糖的，糖形或为长方块或为瓜形，又甜又黏，小孩子们最喜欢。

过了二十三，大家更忙。必须大扫除一次，还要把肉、鸡、鱼、青菜、年糕什么的都预备充足——店 // 铺多数正月初一到初五关门，到正月初六才开张。

节选自老舍《北京的春节》

Zhào Běijīng de lǎo guīju, Chūnjié chà·bùduō zài làyuè de chūxún jiù kāishǐ le. "Làqī Làbā, dòngsǐ hányā", zhè shì yī nián·lǐ zuì lěng de shíhou. Zài Làbā zhè tiān, jiājiā dōu áo làbāzhōu. Zhōu shì yòng gè zhǒng mǐ, gè zhǒng dòu, yǔ gè zhǒng gānguǒ áochéng de. Zhè bù shì zhōu, ér shì xiǎoxíng de nóngyè

---

① 各练习选段中"//"表示400个音节结束的位置，"//"后的音节考试时无须朗读，仅为方便考生理解文意。

zhǎnlǎnhuì.

Chú cǐ zhī wài, zhè yī tiān hái yào pào làbāsuàn. Bǎ suànbànr fàngjìn cù·lǐ, fēng qǐ·lái, wèi guònián chī jiǎozi yòng. Dào niándǐ, suàn pào de sè rú fěicuì, cù yě yǒule xiē làwèir, sè wèi shuāng měi, shǐ rén rěn·bùzhù yào duō chī jǐ gè jiǎozi. Zài Běijīng, guònián shí, jiājiā chī jiǎozi.

Háizimen zhǔnbèi guònián, dì-yī jiàn dàshì jiù shì mǎi zábànr. Zhè shì yòng huāshēng、jiāozǎo、zhēnzi、lìzi děng gānguǒ yǔ mìjiàn chānhuo chéng de. Háizimen xǐhuan chī zhèxiē língqī-bāsuìr. Dì-èr jiàn dàshì shì mǎi bào zhú, tèbié shì nánháizimen. Kǒngpà dì-sān jiàn shì cái shì mǎi gè zhǒng wányìr——fēngzheng、kōngzhú、kǒuqín děng.

Háizimen huānxǐ, dà·rénmen yě mángluàn. Tāmen bìxū yùbèi guònián chīde、hēde、chuānde、yòngde, hǎo zài xīnnián shí xiǎnchū wànxiàng-gèngxīn de qìxiàng.

Làyuè èrshísān guò xiǎonián, chà·bùduō jiù shì guò Chūnjié de "cǎipái". Tiān yī cāhēir, biānpào xiǎng qǐ·lái, biàn yǒule guònián de wèi·dào. Zhè yī tiān, shì yào chī táng de, jiē·shàng zǎo yǒu hǎoduō mài màiyátáng yǔ jiāngmǐtáng de, tángxíng huò wéi chángfāngkuàir huò wéi guāxíng, yòu tián yòu nián, xiǎoháizimen zuì xǐhuan.

Guòle èrshísān, dàjiā gèng máng.Bìxū dàsǎochú yī cì, hái yào bǎ ròu、jī、yú、qīngcài、niángāo shénme de dōu yùbèi chōngzú——diàn//pù duōshù zhēngyuè chūyī dào chūwǔ guānmén, dào zhēngyuè chūliù cái kāizhāng.

Jiéxuǎn zì Lǎoshě《Běijīng de Chūnjié》

练习二

盼望着，盼望着，东风来了，春天的脚步近了。

一切都像刚睡醒的样子，欣欣然张开了眼。山朗润起来了，水涨起来了，太阳的脸红起来了。

小草偷偷地从土里钻出来，嫩嫩的，绿绿的。园子里，田野里，瞧去，一大片一大片满是的。坐着，躺着，打两个滚，踢几脚球，赛几趟跑，捉几回迷藏。风轻悄悄的，草软绵绵的。

…………

"吹面不寒杨柳风"，不错的，像母亲的手抚摸着你。风里带来些新翻的泥土的气息，混着青草味儿，还有各种花的香，都在微微湿润的空气里酝酿。鸟儿将巢安在繁花绿叶当中，高兴起来了，呼朋引伴地卖弄清脆的喉咙，唱出宛转的曲子，跟轻风流水应和着。牛背上牧童的短笛，这时候也成天嘹亮地响着。

雨是最寻常的，一下就是三两天。可别恼。看，像牛毛，像花针，像细丝，密密地斜织着，人家屋顶上全笼着一层薄烟。树叶儿却绿得发亮，小草儿也青得逼你的眼。傍晚时候，上灯了，一点点黄晕的光，烘托出一片安静而和平的夜。在乡下，小路上，石桥边，有撑起伞慢慢走着的人，地里还有工作的农民，披着蓑戴着笠。他们的房屋，稀稀疏疏的，在雨里静默着。

天上风筝渐渐多了，地上孩子也多了。城里乡下，家家户户，老老小小，//也赶趟儿似的，一个个都出来了。舒活舒活筋骨，抖擞抖擞精神，各做各的一份儿事去。"一年之计在于春"，刚起头儿，有的是工夫，有的是希望。

春天像刚落地的娃娃，从头到脚都是新的，它生长着。

春天像小姑娘，花枝招展的，笑着，走着。

春天像健壮的青年，有铁一般的胳膊和腰脚，领着我们上前去。

节选自朱自清《春》

Pànwàngzhe, pànwàngzhe, dōngfēng lái le, chūntiān de jiǎobù jìn le.

Yīqiè dōu xiàng gāng shuìxǐng de yàngzi, xīnxīnrán zhāngkāile yǎn. Shān lǎngrùn qǐ·lái le, shuǐ zhǎng qǐ·lái le, tài·yáng de liǎn hóng qǐ·lái le.

Xiǎocǎo tōutōu de cóng tǔ·lǐ zuān chū·lái, nènnèn de, lùlù de. Yuánzi·lǐ, tiányě·lǐ, qiáo·qù, yī dà piàn yī dà piàn mǎn shì de. Zuòzhe, tǎngzhe, dǎ liǎng gè gǔnr, tī jǐ jiǎo qiúr, sài jǐ tàng pǎo, zhuō jǐ huí mícáng. Fēng qīngqiāoqiāo de, cǎo ruǎnmiánmián de.

…………

"Chuī miàn bù hán yángliǔ fēng", bùcuò de, xiàng mǔ·qīn de shǒu fǔmōzhe nǐ. Fēng·lǐ dàilái xiē xīn fān de nítǔ de qìxī, hùnzhe qīngcǎo wèir, hái yǒu gè zhǒng huā de xiāng, dōu zài wēiwēi shīrùn de kōngqì·lǐ yùnniàng. Niǎo'ér jiāng cháo ān zài fánhuā-lǜyè dāngzhōng, gāoxìng qǐ·lái le, hūpéng-yǐnbàn de mài·nòng qīngcuì de hóu·lóng, chàngchū wǎnzhuǎn de qǔzi, gēn qīngfēng-liúshuǐ yìnghèzhe. Niúbèi·shàng mùtóng de duǎndí, zhè shíhou yě chéngtiān liáoliàng de xiǎngzhe.

Yǔ shì zuì xúncháng de, yī xià jiù shì sān-liǎng tiān.Kě bié nǎo.Kàn, xiàng niúmáo, xiàng huāzhēn, xiàng xìsī, mìmì de xié zhīzhe, rénjiā wūdǐng·shàng quán lǒngzhe yī céng bóyān.Shùyèr què lǜ de fāliàng, xiǎocǎor yě qīng de bī nǐ de yǎn. Bàngwǎn shíhou, shàngdēng le, yīdiǎndiǎn huángyùn de guāng, hōngtuō chū yī piàn ānjìng ér hépíng de yè. Zài xiāngxia, xiǎolù·shàng, shíqiáo biān, yǒu chēngqǐ sǎn mànmàn zǒuzhe de rén, dì·lǐ hái yǒu gōngzuò de nóngmín, pīzhe suō dàizhe lì. Tāmen de fángwū, xīxīshūshū de, zài yǔ·lǐ jìngmòzhe.

Tiān·shàng fēngzheng jiànjiàn duō le, dì·shàng háizi yě duō le. Chéng·lǐ xiāngxia, jiājiāhùhù, lǎolǎoxiǎoxiǎo, //yě gǎntàngr shìde, yīgègè dōu chū·lái le. Shūhuó shūhuó jīngǔ, dǒusǒu dǒusǒu jīngshen, gè zuò gè de yī fènr shì·qù. "Yī nián zhī jì zàiyú chūn", gāng qǐtóur, yǒu de shì gōngfu, yǒu de shì xīwàng.

Chūntiān xiàng gāng luòdì de wáwa, cóng tóu dào jiǎo dōu shì xīn de, tā shēngzhǎngzhe.

Chūntiān xiàng xiǎo gūniang, huāzhī-zhāozhǎn de, xiàozhe, zǒuzhe.

Chūntiān xiàng jiànzhuàng de qīngnián, yǒu tiě yībān de gēbo hé yāojiǎo, lǐngzhe wǒmen shàngqián·qù.

Jiéxuǎn zì Zhū Zìqīng《Chūn》

练习三

　　燕子去了，有再来的时候；杨柳枯了，有再青的时候；桃花谢了，有再开的时候。但是，聪明的，你告诉我，我们的日子为什么一去不复返呢？——是有人偷了他们罢：那是谁？又藏在何处呢？是他们自己逃走了罢：现在又到了哪里呢？

　　去的尽管去了，来的尽管来着；去来的中间，又怎样地匆匆呢？早上我起来的时候，小屋里射进两三方斜斜的太阳。太阳他有脚啊，轻轻悄悄地挪移了；我也茫茫然跟着旋转。于是——洗手的时候，日子从水盆里过去；吃饭的时候，日子从饭碗里过去；默默时，便从凝然的双眼前过去。我觉察他去的匆匆了，伸出手遮挽时，他又从遮挽着的手边过去；天黑时，我躺在床上，他便伶伶俐俐地从我身上跨过，从我脚边飞去了。等我睁开眼和太阳再见，这算又溜走了一日。我掩着面叹息，但是新来的日子的影儿又开始在叹息里闪过了。

　　在逃去如飞的日子里，在千门万户的世界里的我能做些什么呢？只有徘徊罢了，只有匆匆罢了；在八千多日的匆匆里，除徘徊外，又剩些什么呢？过去的日子如轻烟，被微风吹散了，如薄雾，被初阳蒸融了；我留着些什么痕迹呢？我何曾留着像游丝样的痕迹呢？我赤裸裸 // 来到这世界，转眼间也将赤裸裸的回去罢？但不能平的，为什么偏白白走这一遭啊？

　　你聪明的，告诉我，我们的日子为什么一去不复返呢？

节选自朱自清《匆匆》

　　Yànzi qù le, yǒu zài lái de shíhou; yángliǔ kū le, yǒu zài qīng de shíhou; táohuā xiè le, yǒu zài kāi de shíhou. Dànshì, cōng·míng de, nǐ gàosu wǒ, wǒmen de rìzi wèi shénme yī qù bù fù fǎn ne?——Shì yǒu rén tōule tāmen ba: nà shì shuí? Yòu cáng zài héchù ne? Shì tāmen zìjǐ táozǒule ba: xiànzài yòu dàole nǎ·lǐ ne?

　　Qù de jǐnguǎn qù le, lái de jǐnguǎn láizhe; qù-lái de zhōngjiān, yòu zěnyàng de cōngcōng ne? Zǎoshang wǒ qǐ·lái de shíhou, xiǎowū·lǐ shèjìn liǎng-sān fāng xiéxié de tài-yáng. Tài·yáng tā yǒu jiǎo a, qīngqīngqiāoqiāo de nuóyí le；wǒ yě mángmángrán gēnzhe xuánzhuǎn.Yúshì ——xǐ shǒu de shíhou，rìzi cóng shuǐpén·lǐ guò·qù；chī fàn de shíhou，rìzi cóng fànwǎn·lǐ guò·qù；mòmò shí，biàn cóng níngrán de shuāngyǎn qián guò·qù.Wǒ juéchá tā qù de cōngcōng le，shēnchū shǒu zhēwǎn shí，tā yòu cóng zhēwǎnzhe de shǒu biān guò·qù；tiān hēi shí，wǒ tǎng zài chuáng·shàng，tā biàn línglínglìlì de cóng wǒ shēn·shàng kuà·guò，cóng wǒ jiǎo biān fēiqù le.Děng wǒ zhēngkāi yǎn hé tài·yáng zàijiàn，zhè suàn yòu liūzǒule yī rì. Wǒ yǎnzhe miàn tànxī. Dànshì xīn lái de rìzi de yǐng'ér yòu kāishǐ zài tànxī·lǐ shǎn·guò le.

Zài táoqù rú fēi de rìzi·lǐ，zài qiānmén-wànhù de shìjiè·lǐ de wǒ néng zuò xiē shénme ne？Zhǐyǒu páihuái bàle，zhǐyǒu cōngcōng bàle；zài bāqiān duō rì de cōngcōng·lǐ，chú páihuái wài，yòu shèng xiē shénme ne？Guòqù de rìzi rú qīngyān，bèi wēifēng chuīsàn le，rú bówù，bèi chūyáng zhēngróng le；wǒ liúzhe xiē shénme hénjì ne？Wǒ hécéng liúzhe xiàng yóusī yàng de hénjì ne？Wǒ chìluǒluǒ //láidào zhè shìjiè，zhuǎnyǎnjiān yě jiāng chìluǒluǒ de huí·qù ba？Dàn bù néng píng de，wèi shénme piān báibái zǒu zhè yī zāo a？

Nǐ cōng·míng de，gàosu wǒ，wǒmen de rìzi wèi shénme yī qù bù fù fǎn ne？

Jiéxuǎn zì Zhū Zìqīng《Cōngcōng》

练习四

立春过后，大地渐渐从沉睡中苏醒过来。冰雪融化，草木萌发，各种花次第开放。再过两个月，燕子翩然归来。不久，布谷鸟也来了。于是转入炎热的夏季，这是植物孕育果实的时期。到了秋天，果实成熟，植物的叶子渐渐变黄，在秋风中簌簌地落下来。北雁南飞，活跃在田间草际的昆虫也都销声匿迹。到处呈现一片衰草连天的景象，准备迎接风雪载途的寒冬。在地球上温带和亚热带区域里，年年如是，周而复始。

几千年来，劳动人民注意了草木荣枯、候鸟去来等自然现象同气候的关系，据以安排农事。杏花开了，就好像大自然在传语要赶快耕地；桃花开了，又好像在暗示要赶快种谷子。布谷鸟开始唱歌，劳动人民懂得它在唱什么："阿公阿婆，割麦插禾。"这样看来，花香鸟语，草长莺飞，都是大自然的语言。

这些自然现象，我国古代劳动人民称它为物候。物候知识在我国起源很早。古代流传下来的许多农谚就包含了丰富的物候知识。到了近代，利用物候知识来研究农业生产，已经发展为一门科学，就是物候学。物候学记录植物的生长荣枯，动物的养育往来，如桃花开、燕子来等自然现象，从而了解随着时节 // 推移的气候变化和这种变化对动植物的影响。

节选自竺可桢《大自然的语言》

Lìchūn guò hòu, dàdì jiànjiàn cóng chénshuì zhōng sūxǐng guò·lái. Bīngxuě rónghuà, cǎomù méngfā, gè zhǒng huā cìdì kāifàng. Zài guò liǎng gè yuè, yànzi piānrán guīlái. Bùjiǔ, bùgǔniǎo yě lái le. Yúshì zhuǎnrù yánrè de xiàjì, zhè shì zhíwù yùnyù guǒshí de shíqī. Dàole qiūtiān, guǒshí chéngshú, zhíwù de yèzi jiànjiàn biàn huáng, zài qiūfēng zhōng sùsù de luò xià·lái. Běiyàn-nánfēi, huóyuè zài tiánjiān-cǎojì de kūnchóng yě dōu xiāoshēng-nìjì. Dàochù chéngxiàn yī piàn shuāicǎo-liántiān de jǐngxiàng, zhǔnbèi yíngjiē fēngxuě-zàitú de hándōng. Zài dìqiú·shàng wēndài hé yàrèdài qūyù·lǐ, niánnián rú shì, zhōu'érfùshǐ.

Jǐ qiān nián lái, láodòng rénmín zhùyìle cǎomù-róngkū、hòuniǎo-qùlái děng zìrán xiànxiàng tóng qìhòu de guānxi, jiù yǐ ānpái nóngshì. Xìnghuā kāi le, jiù hǎoxiàng dàzìrán zài chuányù yào gǎnkuài gēng dì; táohuā kāi le, yòu hǎoxiàng zài ànshì yào gǎnkuài zhòng gǔzi. Bùgǔniǎo kāishǐ chànggē, láodòng rénmín dǒng·dé tā zài chàng shénme: "Āgōng āpó, gē mài chā hé." Zhèyàng kànlái, huāxiāng-niǎoyǔ, cǎozhǎng-yīngfēi, dōu shì dàzìrán de yǔyán.

Zhèxiē zìrán xiànxiàng, wǒguó gǔdài láodòng rénmín chēng tā wéi wùhòu. Wùhòu zhīshi zài wǒguó qǐyuán hěn zǎo. Gǔdài liúchuán xià·lái de xǔduō nóngyàn jiù bāohánle fēngfù de wùhòu zhīshi. Dàole jìndài, lìyòng wùhòu zhīshi lái yánjiū nóngyè shēngchǎn, yǐ·jīng fāzhǎn wéi yī mén kēxué, jiù shì wùhòuxué. Wùhòuxué jìlù zhíwù de shēngzhǎng-róngkū, dòngwù de yǎngyù-wǎnglái, rú táohuā kāi、yànzi lái děng zìrán xiànxiàng, cóng'ér liǎojiě suízhe shíjié //tuīyí de qìhòu biànhuà hé zhè zhǒng biànhuà duì dòng-zhíwù de yǐngxiǎng.

Jiéxuǎn zì Zhú Kězhēn《Dàzìrán de Yǔyán》

练习五

泰山极顶看日出，历来被描绘成十分壮观的奇景。有人说：登泰山而看不到日出，就像一出大戏没有戏眼，味儿终究有点寡淡。

我去爬山那天，正赶上个难得的好天，万里长空，云彩丝儿都不见。素常烟雾腾腾的山头，显得眉目分明。同伴们都欣喜地说："明天早晨准可以看见日出了。"我也是抱着这种想头，爬上山去。

一路从山脚往上爬，细看山景，我觉得挂在眼前的不是五岳独尊的泰山，却像一幅规模惊人的青绿山水画，从下面倒展开来。在画卷中最先露出的是山根底那座明朝建筑岱宗坊，慢慢地便现出王母池、斗母宫、经石峪。山是一层比一层深，一叠比一叠奇，层层叠叠，不知还会有多深多奇。万山丛中，时而点染着极其工细的人物。王母池旁的吕祖殿里有不少尊明塑，塑着吕洞宾等一些人，姿态神情是那样有生气，你看了，不禁会脱口赞叹说："活啦。"

画卷继续展开，绿阴森森的柏洞露面不太久，便来到对松山。两面奇峰对峙着，满山峰都是奇形怪状的老松，年纪怕都有上千岁了，颜色竟那么浓，浓得好像要流下来似的。来到这儿，你不妨权当一次画里的写意人物，坐在路旁的对松亭里，看看山色，听听流 // 水和松涛。

一时间，我又觉得自己不仅是在看画卷，却又像是在零零乱乱翻着一卷历史稿本。

节选自杨朔《泰山极顶》

Tài Shān jí dǐng kàn rìchū, lìlái bèi miáohuì chéng shífēn zhuàngguān de qíjǐng.Yǒu rén shuō：Dēng Tài Shān ér kàn · bù dào rìchū, jiù xiàng yī chū dàxì méi · yǒu xìyǎn, wèir zhōngjiū yǒu diǎnr guǎdàn.

Wǒ qù pá shān nà tiān, zhèng gǎn · shàng gè nándé de hǎotiān, wànlǐ chángkōng, yúncaisīr dōu bù jiàn. Sùcháng yānwù téngténg de shāntóu, xiǎn · dé méi · mù fēnmíng.Tóngbànmen dōu xīnxǐ de shuō："Míngtiān zǎo ·

317

chén zhǔn kěyǐ kàn·jiàn rìchū le." Wǒ yě shì bàozhe zhè zhǒng xiǎngtou, pá·shàng shān·qù.

Yīlù cóng shānjiǎo wǎng shàng pá, xì kàn shānjǐng, wǒ jué·dé guà zài yǎnqián de bù shì Wǔ Yuè dú zūn de Tài Shān, què xiàng yī fú guīmó jīngrén de qīnglù shānshuǐhuà, cóng xià·miàn dào zhǎn kāi·lái.Zài huàjuàn zhōng zuì xiān lòuchū de shì shāngēnr dǐ nà zuò Míngcháo jiànzhù Dàizōngfāng, mànmàn de biàn xiànchū Wángmǔchí、Dǒumǔgōng、Jīngshíyù.Shān shì yī céng bǐ yī céng shēn, yī dié bǐ yī dié qí, céngcéngdiédié, bù zhī hái huì yǒu duō shēn duō qí.Wàn shān cóng zhōng, shí'ér diǎnrǎnzhe jíqí gōngxì de rénwù.Wángmǔchí páng de Lǚzǔdiàn·lǐ yǒu bùshǎo zūn míngsù, sùzhe Lǚ Dòngbīn děng yīxiē rén, zītài shénqíng shì nàyàng yǒu shēngqì, nǐ kàn le, bùjīn huì tuōkǒu zàntàn shuō: "Huó la."

Huàjuàn jìxù zhǎnkāi, lǜyīn sēnsēn de Bǎidòng lòumiàn bù tài jiǔ, biàn láidào Duìsōngshān.Liǎngmiàn qífēng duìzhìzhe, mǎn shānfēng dōu shì qíxíng-guàizhuàng de lǎosōng, niánjì pà dōu yǒu shàng qiān suì le, yánsè jìng nàme nóng, nóng de hǎoxiàng yào liú xià·lái shìde.Láidào zhèr, nǐ bùfáng quán dàng yī cì huà·lǐ de xiěyì rénwù, zuò zài lùpáng de Duìsōngtíng·lǐ, kànkan shānsè, tīngting liú //shuǐ hé sōngtāo.

Yìshíjiān, wǒ yòu jué·dé zìjǐ bùjǐn shì zài kàn huàjuàn, què yòu xiàng shì zài línglíngluànluàn fānzhe yī juàn lìshǐ gǎoběn.

Jiéxuǎn zì Yáng Shuò《Tài Shān Jí Dǐng》

练习六

北宋时候，有位画家叫张择端。他画了一幅名扬中外的画《清明上河图》。这幅画长五百二十八厘米，高二十四点八厘米，画的是北宋都城汴梁热闹的场面。这幅画已经有八百多年的历史了，现在还完整地保存在北京的故宫博物院里。

张择端画这幅画的时候，下了很大的功夫。光是画上的人物，就有五百多个：有从乡下来的农民，有撑船的船工，有做各种买卖的生意人，有留着长胡子的道士，有走江湖的医生，有摆小摊的摊贩，有官吏和读书人，三百六十行，哪一行的人都画在上面了。

画上的街市可热闹了。街上有挂着各种招牌的店铺、作坊、酒楼、茶馆，走在街上的，是来来往往、形态各异的人：有的骑着马，有的挑着担，有的赶着毛驴，有的推着独轮车，有的悠闲地在街上溜达。画面上的这些人，有的不到一寸，有的甚至只有黄豆那么大。别看画上的人小，每个人在干什么，都能看得清清楚楚。

最有意思的是桥北头的情景：一个人骑着马，正往桥下走。因为人太多，眼看就要碰上对面来的一乘轿子。就在这个紧急时刻，那个牧马人一下子拽住了马笼头，这才没碰上那乘轿子。不过，这么一来，倒把马右边的 // 两头小毛驴吓得又踢又跳。站在桥栏杆边欣赏风景的人，被小毛驴惊扰了，连忙回过头来赶小毛驴。你看，张择端画的画，是多么传神啊！

《清明上河图》使我们看到了八百年以前的古都风貌，看到了当时普通老百姓的生活场景。

节选自滕明道《一幅名扬中外的画》

Běi Sòng shíhou, yǒu wèi huàjiā jiào Zhāng Zéduān. Tā huàle yī fú míngyáng-zhōngwài de huà《Qīngmíng Shàng Hé Tú》. Zhè fú huà cháng wǔbǎièrshíbā límǐ, gāo èrshísì diǎn bā límǐ, huà de shì Běi Sòng dūchéng Biànliángrènào de chǎngmiàn.Zhè fú huà yǐ·jīng yǒu bābǎi duō nián de lìshǐ le, xiànzài hái wánzhěng de bǎocún zài Běijīng de Gùgōng Bówùyuàn·lǐ.

Zhāng Zéduān huà zhè fú huà de shíhou, xiàle hěn dà de gōngfu.Guāng shì huà·shàng de rénwù, jiù yǒu wǔbǎi duō gè: yǒu cóng xiāngxia lái de nóngmín, yǒu chēngchuán de chuángōng, yǒu zuò gè zhǒng mǎimai de shēngyirén, yǒu liúzhe cháng húzi de dàoshi, yǒu zǒu jiānghú de yīshēng, yǒu bǎi xiǎotānr de tānfàn, yǒu guānlì hé dúshūrén, sānbǎi liùshí háng, nǎ yī háng de rén dōu huà zài shàng·miàn le.

Huà·shàng de jiēshì kě rènao le. Jiē·shàng yǒu guàzhe gè zhǒng zhāopai de diànpù、zuōfang、jiǔlóu、cháguǎnr，zǒu zài jiē·shàng de，

shì láiláiwǎngwǎng、xíngtài-gèyì de rén：yǒude qízhe mǎ，yǒude tiāozhe

dàn，yǒude gǎnzhe máolǘ，yǒude tuīzhe dúlúnchē，yǒude yōuxián de zài

jiē·shàng liūda. Huàmiàn·shàng de zhèxiē rén，yǒude bù dào yī cùn，yǒude

shènzhì zhǐ yǒu huángdòu nàme dà. Bié kàn huà·shàng de rén xiǎo，měi gè

rén zài gàn shénme，dōu néng kàn de qīngqīngchǔchǔ.

Zuì yǒu yìsi de shì qiáo běitou de qíngjǐng：yī gè rén qízhe mǎ，zhèng wǎng

qiáo·xià zǒu. Yīn·wèi rén tài duō，yǎnkàn jiù yào pèng·shàng duìmiàn lái

de yī shèng jiàozi. Jiù zài zhège jǐnjí shíkè，nà gè mùmǎrén yīxiàzi zhuàizhùle

mǎlóngtou，zhè cái méi pèng·shàng nà shèng jiàozi. Bùguò，zhème yī lái，

dào bǎ mǎ yòu·biān de //liǎng tóu xiǎo máolǘ xià de yòu tī yòu tiào.Zhàn zài

qiáo lángān biān xīnshǎng fēngjǐng de rén，bèi xiǎo máolǘ jīngrǎo le，liánmáng

huí·guò tóu lái gǎn xiǎo máolǘ. Nǐ kàn，Zhāng Zéduān huà de huà，shì duōme

chuánshén a！

《Qīngmíng Shàng Hé Tú》shǐ wǒmen kàndàole bābǎi nián yǐqián de gǔdū

fēngmào，kàndàole dāngshí pǔtōng lǎobǎixìng de shēnghuó chǎngjǐng.

Jiéxuǎn zì Téng Míngdào《Yī Fú Míngyáng-zhōngwài de Huà》

练习七

不管我的梦想能否成为事实，说出来总是好玩儿的：

春天，我将要住在杭州。二十年前，旧历的二月初，在西湖我看见了嫩柳与菜花，碧浪与翠竹。由我看到的那点儿春光，已经可以断定，杭州的春天必定会教人整天生活在诗与图画之中。所以，春天我的家应当是在杭州。

夏天，我想青城山应当算作最理想的地方。在那里，我虽然只住过十天，可是它的幽静已拴住了我的心灵。在我所看见过的山水中，只有这里没有使我失望。到处都是绿，目之所及，那片淡而光润的绿色都在轻轻地颤动，仿佛要流入空中与心中似的。这个绿色会像音乐，涤清了心中的万虑。

秋天一定要住北平。天堂是什么样子，我不知道，但是从我的生活经验去判断，北平之秋便是天堂。论天气，不冷不热。论吃的，苹果、梨、柿子、枣

儿、葡萄，每样都有若干种。论花草，菊花种类之多，花式之奇，可以甲天下。西山有红叶可见，北海可以划船——虽然荷花已残，荷叶可还有一片清香。衣食住行，在北平的秋天，是没有一项不使人满意的。

冬天，我还没有打好主意，成都或者相当地合适，虽然并不怎样和暖，可是为了水仙，素心腊梅，各色的茶花，仿佛就受一点儿寒 // 冷，也颇值得去了。昆明的花也多，而且天气比成都好，可是旧书铺与精美而便宜的小吃远不及成都那么多。好吧，就暂这么规定：冬天不住成都便住昆明吧。

节选自老舍《"住"的梦》

Bùguǎn wǒ de mèngxiǎng néngfǒu chéngwéi shìshí, shuō chū·lái zǒngshì hǎowánr de:

Chūntiān, wǒ jiāng yào zhù zài Hángzhōu. Èrshí nián qián, jiùlì de èryuè chū, zài Xī Hú wǒ kàn·jiànle nènliǔ yǔ càihuā, bìlàng yǔ cuìzhú. Yóu wǒ kàndào de nà diǎnr chūnguāng, yǐ·jīng kěyǐ duàndìng, Hángzhōu de chūntiān bìdìng huì jiào rén zhěngtiān shēnghuó zài shī yǔ túhuà zhīzhōng. Suǒyǐ, chūntiān wǒ de jiā yīngdāng shì zài Hángzhōu.

Xiàtiān, wǒ xiǎng Qīngchéng Shān yīngdāng suànzuò zuì lǐxiǎng de dìfang. Zài nà·lǐ, wǒ suīrán zhǐ zhùguo shí tiān, kěshì tā de yōujìng yǐ shuānzhùle wǒ de xīnlíng .Zài wǒ suǒ kàn·jiànguo de shānshuǐ zhōng, zhǐyǒu zhè·lǐ méi·yǒu shǐ wǒ shīwàng.Dàochù dōu shì lǜ, mù zhī suǒ jí, nà piàn dàn ér guāngrùn de lǜsè dōu zài qīngqīng de chàndòng, fǎngfú yào liúrù kōngzhōng yǔ xīnzhōng shìde. Zhège lǜsè huì xiàng yīnyuè, díqīngle xīnzhōng de wàn lǜ.

Qiūtiān yīdìng yào zhù Běipíng.Tiāntáng shì shénme yàngzi, wǒ bù zhī·dào, dànshì cóng wǒ de shēnghuó jīngyàn qù pànduàn, Běipíng zhī qiū biàn shì tiāntáng.Lùn tiānqì, bù lěng bù rè.Lùn chīde, píngguǒ、lí、shìzi、zǎor、pú·táo, měi yàng dōu yǒu ruògān zhǒng. Lùn huācǎo, júhuā zhǒnglèi zhī duō, huā shì zhī qí, kěyǐ jiǎ tiānxià. Xī Shān yǒu hóngyè kě jiàn, Běi Hǎi kěyǐ huáchuán——suīrán héhuā yǐ cán, héyè kě hái yǒu yī piàn qīngxiāng. Yī-shí-zhùxíng, zài Běipíng de qiūtiān, shì méi · yǒu yī xiàng bù shǐ rén mǎnyì de.

　　Dōngtiān, wǒ hái méi · yǒu dǎhǎo zhǔyi, Chéngdū huòzhě xiāngdāng de hé shì, suīrán bìng bù zěnyàng hénuǎn, kěshì wèile shuǐxiān, sù xīn làméi, gè sè de cháhuā, fǎngfú jiù shòu yīdiǎnr hán //lěng, yě pō zhí · dé qù le. Kūnmíng de huā yě duō, érqiě tiānqì bǐ Chéngdū hǎo, kěshì jiù shūpù yǔ jīngměi ér piányi de xiǎochī yuǎn bù jí Chéngdū nàme duō. Hǎo ba, jiù zàn zhème guīdìng: dōngtiān bù zhù Chéngdū biàn zhù Kūnmíng ba.

Jiéxuǎn zì Lǎoshě《"Zhù" de Mèng》

第四章
命题说话

第一节 什么是命题说话

"命题说话"是普通话水平测试的第四项测试内容，主要考查应试人在没有文字依凭的情况下的普通话应用和表达能力，重点考查应试人的语音标准程度、词汇语法规范程度和自然流畅程度。"命题说话"只给定题目，没有参照文本，需要应试人灵活应变，即兴组织语言进行作答，难度较大，也是普通话水平测试中的关键环节。

一、说话要求

（一）语音标准

确保说话时所有音节达到普通话的标准，声母、韵母、声调准确，无方音，无错字。

（二）语法正确

词汇、语法使用正确，避免出现语病，如"一辆车"不能说成"一个车"。

（三）语速自然流畅

语速不易过快或过慢，娓娓道来为佳。尽量不出现口误，一气呵成，逻辑清晰。

（四）时间把握准确

普通话水平测试大纲要求，考生需说满 3 分钟，时长不足会扣分。

二、说话准备

（一）考前复习

1. 认真备考

普通话水平测试中的命题说话题目均从大纲中抽取，考生需在考试前系统、完整地练习相关考题，做好充足准备，进而沉着应试。

☆**提示：** 在 2024 年 1 月 1 日正式实施的《普通话水平测试实施纲要》（2021 年版）中，"普通话水平测试用话题"总数由 30 则增至 50 则，个人话题和社会话题两类话题各占 25 则。选自《普通话水平测试实施纲要》（2003 年版）的话题 25 则，其中 1 则话题拆分为 2 则，计为 26 则（4 则完整保留原有题目，余者均有不同程度修改）；选自《普通话水平测试大纲》（1994 年版）的话题 2 则；新研制话题 22 则。具体可见表 4-1。

表 4-1　《普通话水平测试实施纲要》（2021 年版）话题变化

考试项目	说明	考题
命题说话 限时 3 分钟	与《普通话水平测试实施纲要》（2003 年版）及《普通话水平测试大纲》（1994 年版）相比，沿用及略作修改话题（28 则）	家乡（或熟悉的地方） 假日生活 难忘的旅行 朋友 童年生活 体育运动的乐趣 我了解的地域文化（或风俗） 我所在的学校（或公司、团队、其他机构） 我喜爱的动物 我喜爱的艺术形式 我喜爱的植物

考试项目	说明	考题
命题说话 限时 3 分钟	与《普通话水平测试实施纲要》（2003 年版）及《普通话水平测试大纲》（1994 年版）相比，沿用及略作修改话题（28 则）	我喜欢的季节（或天气） 我喜欢的节日 我喜欢的美食 我喜欢的职业（或专业） 我欣赏的历史人物 尊敬的人 我的理想（或愿望） 向往的地方 学习普通话（或其他语言）的体会 印象深刻的书籍（或报刊） 谈服饰 谈传统美德 对环境保护的认识 科技发展与社会生活 谈个人修养 谈社会公德（或职业道德） 谈谈卫生与健康
	新研制话题（22 则）	过去的一年 劳动的体会 老师 让我感动的事情 让我快乐的事情 网络时代的生活 我的兴趣爱好 我的一天 珍贵的礼物 我了解的十二生肖 如何保持良好的心态 对垃圾分类的认识 对美的看法 对亲情（或友情、爱情）的理解 对团队精神的理解 对幸福的理解 对终身学习的看法 家庭对个人成长的影响

续表

考试项目	说明	考题
命题说话 限时3分钟	新研制话题（22则）	生活中的诚信 谈中国传统文化 自律与我 小家、大家与国家
取消话题：我的学习生活、我的业余生活、我的成长之路、购物（消费）的感受		

2. 框架构思

无论何种话题，都可以先列一个提纲，再围绕提纲，打一个腹稿，这样就可以有效避免逻辑混乱、没有头绪的问题。提纲加腹稿的方式组合材料，可以丰富说话内容、增强说话流畅度。

主体结构框架：是什么、为什么、怎么样。

话题材料要素：何人（Who）、何时（When）、何地（Where）、何事（物）（What）、为何（Why）、如何（How），即"5W+1H"。

把这些要素串起来，概括成一句话，就是一个通俗易懂的句子，再展开叙述，就是一个完整的话题。

以"我最尊敬的人"这个话题为例，按照上述方式，可以列出说话的提纲。

①是什么：我最尊敬的人是我的妈妈。（Who）

②为什么：妈妈聪明睿智、坚强勇敢，所以我尊敬她。（Why）

③怎么样：妈妈聪明睿智、坚强勇敢的具体体现；我如何尊敬她。（How）

④总结收尾：……妈妈，你就是我最尊敬的人。

以上提纲可以概括成一句话：我最尊敬的人是我的妈妈，因为她是一位聪明睿智、坚强勇敢的妈妈。……所以妈妈就是我最尊敬的人。

下一步对提纲稍展开叙述，扩展成3分钟的内容。

☆提示：命题说话时，应试人不必拘泥于特定顺序，可以根据自己的实际情况灵活把握结构、组合材料，丰富说话内容。

3. 反复练习

整理好的说话内容，要反复练习，做到自如表达。

☆**提示：** 考试时，不需要一字不差地背出文稿，而是要自然、流畅地娓娓道来。

（二）临场发挥

1. 从容自信

积极良好的心理暗示可以起到事半功倍的效果。可采用"深呼吸"的方式缓解紧张情绪，告诉自己"我能行"。说好第一句话很重要，开好头，就成功了一半。

2. 随机应变

考场上如遇始料未及的情况别担心，设备问题可以及时联系监考老师，内容上出现忘词或准备的内容说完时间未到等失误，需要随机应变，不要空场，可以转换角度，也可以对前面说的内容进行解释说明或补充升华。比如，抽到"难忘的旅行"，如果你已经描述完旅行的内容，但时间未到，这时你就可以讲：人的一生会经历很多次旅行，而最难忘的旅行就是刚才我说的内容，因为对我来说……

第二节　普通话水平测试中的说话

普通话水平测试大纲中，提供了 50 个说话话题，考试时，会从 50 个话题中随机分配两个供考生选择。考生只需从给定的两个话题中挑选一个作答即可。需要特别注意的是，说话时长不足 3 分钟会扣分，该项建议考生合理控制时间，尽量说满 3 分钟。

一、话题分类

对 50 个话题进行分析，我们不难发现，话题源于生活，我们可以从不同角度和侧面进行叙述、议论和说明。在备考中，可将话题分为三类：叙述描写类、介绍说明类、议论评说类，可以根据不同的类型厘清思路，更好地准备考试内容。

1. 叙述描写类

（1）我的一天

（2）老师

（3）珍贵的礼物

（4）假日生活

（5）过去的一年

（6）朋友

（7）童年生活

（8）家乡（或熟悉的地方）

（9）难忘的旅行

（10）向往的地方

（11）尊敬的人

（12）让我快乐的事情

（13）让我感动的事情

（14）劳动的体会

（15）体育运动的乐趣

2. 介绍说明类

（16）我喜爱的植物

（17）我的理想（或愿望）

（18）我的兴趣爱好

（19）我喜欢的季节（或天气）

（20）印象深刻的书籍（或报刊）

（21）我喜欢的美食

（22）我所在的学校（或公司、团队、其他机构）

（23）我喜爱的动物

（24）我了解的地域文化（或风俗）

（25）我喜欢的节日

（26）我欣赏的历史人物

（27）我喜欢的职业（或专业）

（28）我喜爱的艺术形式

（29）我了解的十二生肖

3. 议论评说类

（30）学习普通话（或其他语言）的体会

（31）家庭对个人成长的影响

（32）生活中的诚信

（33）谈服饰

（34）自律与我

（35）对终身学习的看法

（36）对环境保护的认识

（37）谈谈卫生与健康

（38）谈社会公德（或职业道德）

（39）对团队精神的理解

（40）谈中国传统文化

（41）谈个人修养

（42）科技发展与社会生活

（43）对幸福的理解

（44）如何保持良好的心态

（45）对垃圾分类的认识

（46）网络时代的生活

（47）对美的看法

（48）谈传统美德

（49）对亲情（或友情、爱情）的理解

（50）小家、大家与国家

注意：这只是一个大概的分类，并不是唯一的分类方法。备考人的角度不同、内容不同，分类方法也会发生变化。备考人可以根据自己的实际情况灵活调整。

二、创作思路

（一）叙述描写类话题的创作思路

叙述描写类话题就是通过讲述人物、事件，描写环境等，反映社会生活。

在讲述人物时，要凸显人物特点，可以围绕人物的外貌、生平、性格等进行讲述。

在讲述事件时，可以从事件发生的时间、地点、原因，事件的起因、经过、结果等方面进行讲述。

在讲述环境时，可以从环境的独特之处、对自己的特殊意义等方面进行讲述，切忌生硬粗浅。

这一类话题是普通话水平测试中较常出现又最容易表达的话题，涉及真人真事，应试人做到自圆其说、言之有理即可。

总体思路可参考：

①是谁？/ 是哪里？/ 是什么事儿？

②为什么？

③怎么办？

（二）介绍说明类话题的创作思路

介绍说明类话题就是解说事物，使人得到关于事物和事理的知识的话题。介绍说明类话题按说明对象分，可以分为两大类：一类是说明具体事物的，就是抓住物体的特征，把其形状、性质构造、用途说清楚；另一类是说明抽象事理的，就是把事物的原理、关系、变化、功能等说清楚，揭示事物的内在联系。无论是说明事物还是说明事理，都应该使用一定的说明方法，如分类、举例、比较、列数字、打比方等，便于厘清思路。

这一类话题切记不可只列出干巴巴的几个条目，不展开详细的说明或介绍。所以在设计思路时，可以从一种事物的几个方面分别进行说明或介绍。比如，可从以下几个方面考虑说这类话题时的顺序和内容。

①是什么（是谁或是什么样的）？

②表现在哪几个方面？

③每个方面是怎么样的？

④自己的态度或打算。

（三）议论评说类话题的创作思路

议论评说类话题是对社会生活中的人或事进行分析评论、发表意见、阐明是非的话题。议论评说类话题应该具备三个要素：论点、论据、论证。论点就是作者对议论对象所持的见解和主张；论据就是用来证明论点的事实和道理，包括事例、数据、科学原理、定律公式、警句格言等；论证就是组织、分析论据并使之与论点联系起来的过程与方法，常用的论证方法有例证法、引证法、对比法、类比法等。

这类话题相比前两类略有难度，它需要更缜密的思维和更强的概括能力。可以试着从以下几个方面考虑说话的顺序和内容。

①是什么？（提出自己的观点）

②为什么？（归纳出支持观点的理由）

③举例子。（在每条理由之上分别举例，进一步举例说明）

④怎么办？（提出实现自己观点的几条建议）

以上是按话题的不同体裁进行分类，并根据不同的类型厘清创作思路的方法。这只是基本的参考模式，假如应试人的口头表达能力较强，可以说得更加灵活、更加精彩。

附录一
普通话水平测试大纲

（教育部、国家语委 教语用〔2003〕2号）

根据教育部、国家语言文字工作委员会发布的《普通话水平测试管理规定》《普通话水平测试等级标准》，制定本大纲。

一、测试的名称、性质、方式

本测试定名为"普通话水平测试"（PUTONGHUA SHUIPING CESHI，缩写为 PSC）。

普通话水平测试测查应试人的普通话规范程度、熟练程度，认定其普通话水平等级，属于标准参照性考试。本大纲规定测试的内容、范围、题型及评分系统。

普通话水平测试以口试方式进行。

二、测试内容和范围

普通话水平测试的内容包括普通话语音、词汇和语法。

普通话水平测试的范围是国家测试机构编制的《普通话水平测试用普通话词语表》《普通话水平测试用普通话与方言词语对照表》《普通话水平测试用普通话与方言常见语法差异对照表》《普通话水平测试用朗读作品》《普通话水平测试用话题》。

三、试卷构成和评分

试卷包括 5 个组成部分，满分为 100 分。

（一）读单音节字词（100 个音节，不含轻声、儿化音节），限时 3.5 分钟，共 10 分。

1.目的：测查应试人声母、韵母、声调读音的标准程度。

2.要求：

（1）100 个音节中，70% 选自《普通话水平测试用普通话词语表》"表一"，30% 选自"表二"。

（2）100 个音节中，每个声母出现次数一般不少于 3 次，每个韵母出现次数一般不少于 2 次，4 个声调出现次数大致均衡。

（3）音节的排列要避免同一测试要素连续出现。

3.评分：

（1）语音错误，每个音节扣 0.1 分。

（2）语音缺陷，每个音节扣 0.05 分。

（3）超时 1 分钟以内，扣 0.5 分；超时 1 分钟以上（含 1 分钟），扣 1 分。

（二）读多音节词语（100 个音节），限时 2.5 分钟，共 20 分。

1.目的：测查应试人声母、韵母、声调和变调、轻声、儿化读音的标准程度。

2.要求：

（1）词语的 70% 选自《普通话水平测试用普通话词语表》"表一"，30% 选自"表二"。

（2）声母、韵母、声调出现的次数与读单音节字词的要求相同。

（3）上声与上声相连的词语不少于 3 个，上声与非上声相连的词语不少于 4 个，轻声不少于 3 个，儿化不少于 4 个（应为不同的儿化韵母）。

（4）词语的排列要避免同一测试要素连续出现。

3. 评分：

（1）语音错误，每个音节扣 0.2 分。

（2）语音缺陷，每个音节扣 0.1 分。

（3）超时 1 分钟以内，扣 0.5 分；超时 1 分钟以上（含 1 分钟），扣 1 分。

（三）选择判断*，限时 3 分钟，共 10 分。

1. 词语判断（10 组）

（1）目的：测查应试人掌握普通话词语的规范程度。

（2）要求：根据《普通话水平测试用普通话与方言词语对照表》，列举 10 组普通话与方言意义相对应但说法不同的词语，由应试人判断并读出普通话的词语。

（3）评分：判断错误，每组扣 0.25 分。

2. 量词、名词搭配（10 组）

（1）目的：测查应试人掌握普通话量词和名词搭配的规范程度。

（2）要求：根据《普通话水平测试用普通话与方言常见语法差异对照表》，列举 10 个名词和若干量词，由应试人搭配并读出符合普通话规范的 10 组名量短语。

（3）评分：搭配错误，每组扣 0.5 分。

3. 语序或表达形式判断（5 组）

（1）目的：测查应试人掌握普通话语法的规范程度。

（2）要求：根据《普通话水平测试用普通话与方言常见语法差异对照表》，列举 5 组普通话和方言意义相对应，但语序或表达习惯不同的短语或短句，由应试人判断并读出符合普通话语法规范的表达形式。

（3）评分：判断错误，每组扣 0.5 分。

选择判断合计超时 1 分钟以内，扣 0.5 分；超时 1 分钟以上（含 1 分钟），扣 1 分。答题时语音错误，每个错误音节扣 0.1 分；如判断错误已经扣分，不重复扣分。

（四）朗读短文（1篇，400个音节），限时4分钟，共30分。

1. 目的：测查应试人使用普通话朗读书面作品的水平。在测查声母、韵母、声调读音标准程度的同时，重点测查连读音变、停连、语调以及流畅程度。

2. 要求：

（1）短文从《普通话水平测试用朗读作品》中选取。

（2）评分以朗读作品的前400个音节（不含标点符号和括注的音节）为限。

3. 评分：

（1）每错1个音节，扣0.1分；漏读或增读1个音节，扣0.1分。

（2）声母或韵母的系统性语音缺陷，视程度扣0.5分、1分。

（3）语调偏误，视程度扣0.5分、1分、2分。

（4）停连不当，视程度扣0.5分、1分、2分。

（5）朗读不流畅（包括回读），视程度扣0.5分、1分、2分。

（6）超时扣1分。

（五）命题说话，限时3分钟，共30分。

1. 目的：测查应试人在无文字凭借的情况下说普通话的水平，重点测查语音标准程度、词汇语法规范程度和自然流畅程度。

2. 要求：

（1）说话话题从《普通话水平测试用话题》中选取，由应试人从给定的两个话题中选定1个话题，连续说一段话。

（2）应试人单向说话。如发现应试人有明显背稿、离题、说话难以继续等表现时，主试人应及时提示或引导。

3. 评分：

（1）语音标准程度，共20分。分六档：

一档：语音标准，或极少有失误。扣0分、0.5分、1分。

二档：语音错误在10次以下，有方音但不明显。扣1.5分、2分。

三档：语音错误在 10 次以下，但方音比较明显；或语音错误在 10 次—15 次之间，有方音但不明显。扣 3 分、4 分。

四档：语音错误在 10 次—15 次之间，方音比较明显。扣 5 分、6 分。

五档：语音错误超过 15 次，方音明显。扣 7 分、8 分、9 分。

六档：语音错误多，方音重。扣 10 分、11 分、12 分。

（2）词汇语法规范程度，共 5 分。分三档：

一档：词汇、语法规范。扣 0 分。

二档：词汇、语法偶有不规范的情况。扣 0.5 分、1 分。

三档：词汇、语法屡有不规范的情况。扣 2 分、3 分。

（3）自然流畅程度，共 5 分。分三档：

一档：语言自然流畅。扣 0 分。

二档：语言基本流畅，口语化较差，有背稿子的表现。扣 0.5 分、1 分。

三档：语言不连贯，语调生硬。扣 2 分、3 分。

说话不足 3 分钟，酌情扣分：缺时 1 分钟以内（含 1 分钟），扣 1 分、2 分、3 分；缺时 1 分钟以上，扣 4 分、5 分、6 分；说话不满 30 秒（含 30 秒），本测试项成绩计为 0 分。

四、应试人普通话水平等级的确定

国家语言文字工作部门发布的《普通话水平测试等级标准》是确定应试人普通话水平等级的依据。测试机构根据应试人的测试成绩确定其普通话水平等级，由省、自治区、直辖市以上语言文字工作部门颁发相应的普通话水平测试等级证书。

普通话水平划分为三个级别，每个级别内划分两个等级。其中：

97 分及其以上，为一级甲等；

92 分及其以上但不足 97 分，为一级乙等；

87 分及其以上但不足 92 分，为二级甲等；

80 分及其以上但不足 87 分，为二级乙等；

70 分及其以上但不足 80 分，为三级甲等；

60 分及其以上但不足 70 分，为三级乙等。

*说明：各省、自治区、直辖市语言文字工作部门可以根据测试对象或本地区的实际情况，决定是否免测"选择判断"测试项。如免测此项，"命题说话"测试项的分值由 30 分调整为 40 分。评分档次不变，具体分值调整如下：

（1）语音标准程度的分值，由 20 分调整为 25 分。

一档：扣 0 分、1 分、2 分。

二档：扣 3 分、4 分。

三档：扣 5 分、6 分。

四档：扣 7 分、8 分。

五档：扣 9 分、10 分、11 分。

六档：扣 12 分、13 分、14 分。

（2）词汇语法规范程度的分值，由 5 分调整为 10 分。

一档：扣 0 分。

二档：扣 1 分、2 分。

三档：扣 3 分、4 分。

（3）自然流畅程度，仍为 5 分，各档分值不变。

附录二
普通话水平测试等级标准（试行）

（国家语言文字工作委员会 国语〔1997〕64号）

一级

甲等 朗读和自由交谈时，语音标准，词汇、语法正确无误，语调自然，表达流畅。测试总失分率在 3% 以内。

乙等 朗读和自由交谈时，语音标准，词汇、语法正确无误，语调自然，表达流畅。偶然有字音、字调失误。测试总失分率在 8% 以内。

二级

甲等 朗读和自由交谈时，声韵调发音基本标准，语调自然，表达流畅。少数难点音（平翘舌音、前后鼻尾音、边鼻音等）有时出现失误。词汇、语法极少有误。测试总失分率在 13% 以内。

乙等 朗读和自由交谈时，个别调值不准，声韵母发音有不到位现象。难点音（平翘舌音、前后鼻尾音、边鼻音、fu—hu、z—zh—j、送气不送气、i—ü 不分，保留浊塞音和浊塞擦音、丢介音、复韵母单音化等）失误较多。方言语调不明显。有使用方言词、方言语法的情况。测试总失分率在 20% 以内。

三级

甲等 朗读和自由交谈时，声韵调发音失误较多，难点音超出常见范围，声调调值多不准。方言语调较明显。词汇、语法有失误。测试者失分率在30%以内。

乙等 朗读和自由交谈时，声韵调发音失误较多，方言特征突出。方言语调明显。词汇、语法失误较多。外地人听其谈话有听不懂情况。测试总失分率在40%以内。

附录三
普通话水平测试规程

（国家语言文字工作委员会 国语函〔2023〕1号）

为有效保障普通话水平测试实施，保证普通话水平测试的公正性、科学性、权威性和严肃性，依据《普通话水平测试管理规定》（教育部令第51号），制定本规程。

第一章　统筹管理

第一条　国务院语言文字工作部门设立或指定的国家测试机构负责全国测试工作的组织实施和质量监管。

省级语言文字工作部门设立或指定的省级测试机构负责本行政区域内测试工作的组织实施和质量监管。

第二条　省级测试机构应于每年10月底前明确本行政区域内下一年度测试计划总量及实施安排。

省级测试机构应按季度或月份制订测试计划安排，并于测试开始报名前10个工作日向社会公布。

第三条　省级测试机构应于每年1月底前向国家测试机构和省级语言文字工作部门报送上一年度测试工作总结。国家测试机构应于每年2月底前向国务院语言文字工作部门报送全国测试工作情况。

第二章　测试站点

第四条　省级测试机构在省级语言文字工作部门领导下负责设置测试站点。测试站点的设立要充分考虑社会需求，合理布局，满足实施测试所需人员、场地及设施设备等条件。测试站点建设要求由国家测试机构另行制定。

测试站点不得设立在社会培训机构、中介机构或其他营利性机构或组织。

第五条　省级测试机构应将测试站点设置情况报省级语言文字工作部门，并报国家测试机构备案。本规程发布后新设立或撤销的测试站点，须在设立或撤销的1个月内报国家测试机构备案。

第六条　在国务院语言文字工作部门的指导下，国家测试机构可根据工作需要设立测试站点。

第七条　测试站点设立和撤销信息应及时向社会公开。

第三章　考场设置

第八条　测试站点负责安排考场，考场应配备管理人员、测试员、技术人员以及其他考务人员。

第九条　考场应设有候测室和测试室，总体要求布局合理、整洁肃静、标识清晰，严格落实防疫、防传染病要求，做好通风消毒等预防性工作，加强考点卫生安全保障。

候测室供应试人报到、采集信息、等候测试。候测室需张贴或播放应试须知、测试流程等。

测试室每个机位应为封闭的独立空间，每次只允许1人应试；暂时不具备条件需利用教室或其他共用空间开展测试的，各测试机位间隔应不少于1.8米。

（☆提示：2023年4月1日起，取消了备测室和备测时间。取消原因：一方面是为了规范各地的测试，另一方面则是因为普通话水平测试的试题已公开，考生在测试前可充分准备①。取消备测室和备测时间意味着你将无法提前拿到考题，直接进入测试室考试。从这一点说，取消备测环节确实会给考试增加难度，因此，考前做好充分的准备至关重要。）

第十条　普通话水平测试采用计算机辅助测试（简称机辅测试）。用于测试的计算机应安装全国统一的测试系统，并配备话筒、耳机、摄像头等必要的设施设备。

经国家测试机构同意，特殊情况下可采用人工测试并配备相应设施设备。

第四章　报名办法

第十一条　参加测试的人员通过官方平台在线报名。测试站点暂时无法提供网上报名服务的，报名人员可持有效身份证件原件在测试站点现场报名。

第十二条　非首次报名参加测试人员，须在最近一次测试成绩发布之后方可再次报名。

第五章　测试试卷

第十三条　测试试卷由国家测试机构统一编制和提供，各级测试机构和测试站点不得擅自更改、调换试卷内容。

第十四条　测试试卷由测试系统随机分配，应避免短期内集中重复使用。

第十五条　测试试卷仅限测试时使用，属于工作秘密，测试站点须按照国家有关工作秘密相关要求做好试卷保管工作，任何人不得泄露或外传。

---

① 中华人民共和国教育部.教育部语用司负责人就《普通话水平测试规程》答记者问［EB/OL］.（2023-02-10）［2023-12-30］. http://www.moe.gov.cn/jyb_xwfb/s271/202302/t20230210_1043385.html.

第六章　测试流程

第十六条　应试人应持准考证和有效身份证件原件按时到指定考场报到。迟到 30 分钟以上者，原则上应取消当次测试资格。

第十七条　测试站点应认真核对确认应试人报名信息。因应试人个人原因导致信息不一致的，取消当次测试资格。

第十八条　应试人报到后应服从现场考务人员安排。进入测试室时，不得携带手机等各类具有无线通讯、拍摄、录音、查询等功能的设备，不得携带任何参考资料。

第十九条　测试过程应全程录像。暂不具备条件的，应采集应试人在测试开始、测试进行、测试结束等不同时段的照片或视频，并保存不少于 3 个月。

第二十条　测试结束后，经考务人员确认无异常情况，应试人方可离开。

第七章　成绩评定

第二十一条　测试成绩评定的基本依据是《普通话水平测试大纲》和《计算机辅助普通话水平测试评分试行办法》。

第二十二条　"读单音节字词""读多音节词语""朗读短文"测试项由测试系统评分。

"选择判断"和"命题说话"，由 2 位测试员评分；或报国家测试机构同意后试行测试系统加 1 位测试员评分。

测试最终成绩保留小数点后 1 位小数。

第二十三条　测试成绩由省级测试机构或国家测试机构认定发布。

测试成绩在一级乙等及以下的，由省级测试机构认定，具体实施办法由国家测试机构另行规定。

测试成绩达到一级甲等的，由省级测试机构复审后提交国家测试机构认定。

未经认定的成绩不得对外发布。

第二十四条　一级乙等及以下的成绩认定原则上在当次测试结束后 30 个工作日内完成。一级甲等的成绩认定顺延 15 个工作日。

第二十五条　应试人对测试成绩有异议的，可以在测试成绩发布后 15 个工作日内向其参加测试的站点提出复核申请。具体按照《普通话水平测试成绩申请复核暂行办法》执行。

第八章　等级证书

第二十六条　等级证书的管理按照《普通话水平测试等级证书管理办法》执行。

第二十七条　符合更补证书条件的，按以下程序办理证书更补：

（一）应试人向其参加测试的站点提交书面申请以及本人有效身份证复印件、等级证书原件或国家政务服务平台的查询结果等相关材料。

（二）省级语言文字工作部门或省级测试机构每月底审核汇总更补申请，加盖公章后提交国家测试机构。国家测试机构自受理之日起 15 个工作日内予以更补。

（三）纸质证书更补时效为自成绩发布之日起 1 年内，逾期不予受理。

第二十八条　应试人应及时领取纸质证书。自成绩发布之日起 1 年后未领取的纸质证书，由测试机构按照内部资料予以清理销毁。

第九章　数据档案

第二十九条　测试数据档案包括测试数据和工作档案。

第三十条　测试数据包括报名信息、成绩信息、测试录音、测试试卷、现场采集的应试人照片等电子档案。测试数据通过测试系统归档，长期保存。调取和使用已归档保存的测试数据，需经省级测试机构或国家测试机构同意。

第三十一条　数据档案管理者及使用人员应采取数据分类、重要数据备份和加密等措施，维护数据档案的完整性、保密性和可用性，防止数据档案泄露或者被盗窃、篡改。

第三十二条 测试工作档案包括测试计划和工作总结、考场现场情况记录、证书签收单据、成绩复核资料等，由各级测试机构和测试站点自行妥善保管，不得擅自公开或外传。

第十章 监督检查

第三十三条 国家测试机构对各级测试机构和测试站点进行业务指导、监督、检查。省级测试机构对省级以下测试机构和测试站点进行管理、监督、检查。

第三十四条 监督检查的范围主要包括计划完成情况、测试实施流程、试卷管理、成绩评定、证书管理、数据档案管理等。监督检查可采用现场视导、查阅资料、测试录音复审、测试数据分析等方式。

第十一章 违规处理

第三十五条 未按要求开展工作的测试机构和测试工作人员，按照《普通话水平测试管理规定》（教育部令第 51 号）有关规定处理。省级测试机构须在处理完成后 10 个工作日内将相关情况报省级语言文字工作部门，并报国家测试机构备案。

第三十六条 受到警告处理的测试站点，应在 1 个月内完成整改，经主管的语言文字工作部门验收合格后可撤销警告。再次受到警告处理的，暂停测试资格。

第三十七条 受到暂停测试资格处理的测试站点，应在 3 个月内完成整改，经主管的语言文字工作部门验收合格后方可重新开展测试。再次受到暂停测试资格处理的，永久取消其测试资格。

第三十八条 非不可抗拒的因素连续 2 年不开展测试业务的测试站点由省

级测试机构予以撤销。

第三十九条　测试现场发现替考、违规携带设备、扰乱考场秩序等行为的，取消应试人当次测试资格。公布成绩后被认定为替考的，取消其当次测试成绩，已发放的证书予以作废，并记入全国普通话水平测试违纪人员档案，视情况通报应试人就读学校或所在单位。

第十二章　附则

第四十条　省级测试机构可根据实际情况在省级语言文字工作部门指导下制定实施细则，并报国家测试机构备案。

第四十一条　视障、听障人员参加测试的，按照专门办法组织实施。

第四十二条　如遇特殊情况，确有必要对常规测试流程做出适当调整的，由省级语言文字工作部门报国务院语言文字工作部门批准后实施。

第四十三条　本规程自 2023 年 4 月 1 日起施行。2003 年印发的《普通话水平测试规程》和 2008 年印发的《计算机辅助普通话水平测试操作规程（试行）》同时废止。

附录四
普通话水平测试管理规定

（中华人民共和国教育部令第 51 号，2021 年 11 月 27 日）

第一条　为规范普通话水平测试管理，促进国家通用语言文字的推广普及和应用，根据《中华人民共和国国家通用语言文字法》，制定本规定。

第二条　普通话水平测试（以下简称测试）是考查应试人运用国家通用语言的规范、熟练程度的专业测评。

第三条　国务院语言文字工作部门主管全国的测试工作，制定测试政策和规划，发布测试等级标准和测试大纲，制定测试规程，实施证书管理。

省、自治区、直辖市人民政府语言文字工作部门主管本行政区域内的测试工作。

第四条　国务院语言文字工作部门设立或者指定国家测试机构，负责全国测试工作的组织实施、质量监管和测试工作队伍建设，开展科学研究、信息化建设等，对地方测试机构进行业务指导、监督、检查。

第五条　省级语言文字工作部门可根据需要设立或者指定省级及以下测试机构。省级测试机构在省级语言文字工作部门领导下，负责本行政区域内测试工作的组织实施、质量监管，设置测试站点，开展科学研究和测试工作队伍建设，对省级以下测试机构和测试站点进行管理、监督、检查。

第六条　各级测试机构和测试站点依据测试规程组织开展测试工作，根据需要合理配备测试员和考务人员。

测试员和考务人员应当遵守测试工作纪律，按照测试机构和测试站点的组织和安排完成测试任务，保证测试质量。

第七条　测试机构和测试站点要为测试员和考务人员开展测试提供必要的条件，合理支付其因测试工作产生的通信、交通、食宿、劳务等费用。

第八条　测试机构和测试站点应当健全财务管理制度，按照标准收取测试费用。

第九条　测试员分为省级测试员和国家级测试员，具体条件和产生办法由国家测试机构另行规定。

第十条　以普通话为工作语言的下列人员，在取得相应职业资格或者从事相应岗位工作前，应当根据法律规定或者职业准入条件的要求接受测试：

（一）教师；

（二）广播电台、电视台的播音员、节目主持人；

（三）影视话剧演员；

（四）国家机关工作人员；

（五）行业主管部门规定的其他应该接受测试的人员。

第十一条　师范类专业、播音与主持艺术专业、影视话剧表演专业以及其他与口语表达密切相关专业的学生应当接受测试。

高等学校、职业学校应当为本校师生接受测试提供支持和便利。

第十二条　社会其他人员可自愿申请参加测试。

在境内学习、工作或生活3个月及以上的港澳台人员和外籍人员可自愿申请参加测试。

第十三条　应试人可根据实际需要，就近就便选择测试机构报名参加测试。

视障、听障人员申请参加测试的，省级测试机构应积极组织测试，并为其提供必要的便利。视障、听障人员测试办法由国务院语言文字工作部门另行制定。

第十四条　普通话水平等级分为三级，每级分为甲、乙两等。一级甲等须经国家测试机构认定，一级乙等及以下由省级测试机构认定。

应试人测试成绩达到等级标准，由国家测试机构颁发相应的普通话水平测试等级证书。

普通话水平测试等级证书全国通用。

第十五条 普通话水平测试等级证书分为纸质证书和电子证书，二者具有同等效力。纸质证书由国务院语言文字工作部门统一印制，电子证书执行《国家政务服务平台标准》中关于普通话水平测试等级证书电子证照的行业标准。

纸质证书遗失的，不予补发，可以通过国家政务服务平台查询测试成绩，查询结果与证书具有同等效力。

第十六条 应试人对测试成绩有异议的，可以在测试成绩发布后15个工作日内向原测试机构提出复核申请。

测试机构接到申请后，应当在15个工作日内作出是否受理的决定。如受理，须在受理后15个工作日内作出复核决定。

具体受理条件和复核办法由国家测试机构制定。

第十七条 测试机构徇私舞弊或者疏于管理，造成测试秩序混乱、作弊情况严重的，由主管的语言文字工作部门给予警告、暂停测试资格直至撤销测试机构的处理，并由主管部门依法依规对直接负责的主管人员或者其他直接责任人员给予处分；构成犯罪的，依法追究刑事责任。

第十八条 测试工作人员徇私舞弊、违反测试规定的，可以暂停其参与测试工作或者取消测试工作资格，并通报其所在单位予以处理；构成犯罪的，依法追究刑事责任。

第十九条 应试人在测试期间作弊或者实施其他严重违反考场纪律行为的，组织测试的测试机构或者测试站点应当取消其考试资格或者考试成绩，并报送国家测试机构记入全国普通话水平测试违纪人员档案。测试机构认为有必要的，还可以通报应试人就读学校或者所在单位。

第二十条 本规定自2022年1月1日起施行。2003年5月21日发布的《普通话水平测试管理规定》（教育部令第16号）同时废止。

附录五
普通话水平测试等级证书管理办法

（国家语言文字工作委员会　国语函〔2022〕2号）

第一条　为加强普通话水平测试等级证书管理，根据《中华人民共和国国家通用语言文字法》和《普通话水平测试管理规定》（教育部令第51号），制定本办法。

第二条　普通话水平测试等级证书（以下简称等级证书）是持证人测试成绩达到相应等级标准的凭证，全国通用。等级证书分为纸质证书和电子证书，二者具有同等效力。

第三条　本办法所指等级证书为纸质证书。电子证书的查询依据国家政务服务平台要求执行。

第四条　等级证书由国务院语言文字工作部门统一印制。国务院语言文字工作部门委托国家测试机构依法采购、管理等级证书。

第五条　省级语言文字工作部门负责管理本行政区域内的等级证书，可以委托省级测试机构管理，并报国务院语言文字工作部门备案。

第六条　测试成绩发布之日起15个工作日内，由国家测试机构向省级语言文字工作部门或者省级测试机构发放等级证书。省级语言文字工作部门或者省级测试机构负责向应试人发放等级证书，发放时间等具体规定由省级语言文字工作部门或者省级测试机构自行确定并向社会公布。

第七条　因等级证书质量问题、非应试人个人原因造成的信息错误，或者邮寄过程中丢失、污损等情况，应试人可向其参加测试的站点提出更补申请，由省级语言文字工作部门或者省级测试机构汇总报至国家测试机构予以更补。

第八条　等级证书由封套和内页组成。证书封套左右折叠后尺寸为

186mm（横）×265mm（纵），使用 250 克特种纸印制，封面中间烫印国徽；内页尺寸为 176mm（纵）×251mm（横），单页，使用 120 克专用防伪纸印制。

第九条　等级证书的主要内容包括：个人照片、姓名、性别、身份证号、测试时间、成绩、等级、测试机构、证书编号、成绩认定单位、发证单位和日期。

第十条　等级证书内容信息填写要求如下：

（一）发证单位处统一加盖国家测试机构印章，日期为测试成绩认定时间。

（二）成绩认定单位为国家测试机构或者省级测试机构。一级甲等成绩认定单位为国家测试机构，并标注认定编号；一级乙等及以下成绩认定单位为省级测试机构。

（三）测试机构为应试人参加测试的具体站点，应填写准确全称。

（四）证书编号使用全国统一的编号方法。编号共 15 位，其含义为：第 1—2 位为省级行政区划代码，第 3—6 位为测试年份，第 7—9 位为测试站点编码，第 10—15 位为测试站点当年度证书流水号。例：编号 342022011000168 的证书为安徽省 2022 年 011 号测试站第 168 号证书。

（五）个人照片为应试人正面免冠彩色照片（白底，像素不低于 390×567），原则上应在测试现场采集，短期内不具备条件的，暂可采用上传电子照片的方式。

（六）等级证书填写的个人信息须与本人有效身份证件一致。

第十一条　2022 年 1 月 1 日（含）以后测试的，使用新版等级证书。此日期前颁发的等级证书继续有效。

第十二条　等级证书免收工本费，任何机构不得以任何名义向应试人收取证书工本费。

第十三条　非法印制、伪造、变造、倒卖等级证书的，依法追究责任。

第十四条　本办法自印发之日起施行。

附录六
计算机辅助普通话水平测试 *

计算机辅助普通话水平测试是以计算机语音识别系统，部分代替人工评测，对普通话水平测试中应试人朗读的第一项"读单音节字词"、第二项"读多音节词语"和第三项"朗读短文"的语音标准程度进行辨识和评测。不同于测试员与应试人面对面的人工测试方式，它让应试人直接面对计算机进行测试。其中第一项至第三项测试由计算机评分，最后一项测试由管理人员把应试人说话的录音分配给测试员，测试员不面对应试人直接评分。

应试人在参加国家普通话水平测试的过程中需注意以下步骤和细节。

一、信息采集

应试人应在测试当天携带身份证、准考证。到达考场后，首先，应试人应在管理人员的安排下进入候测室。在候测室，管理人员会采集应试人的身份证信息、照片作为本次测试的认证信息，同时采集的照片也会用在普通话证书上。

第一步，应试人要将身份证贴到终端设备相应的位置上进行身份信息验证，如附图 6-1 所示。

---

* 图表来源：国家语委普通话与文字应用培训测试中心.普通话水平测试应试指导［M］.北京：语文出版社，2023.

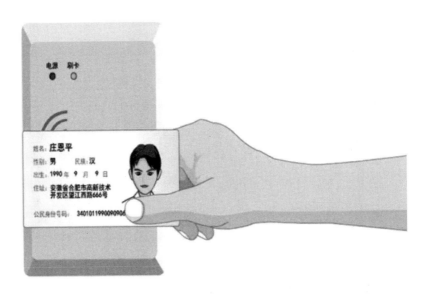

附图 6-1 身份信息验证

第二步，照片采集，应试人坐到管理人员指定的位置上采集照片，如附图 6-2 所示。

附图 6-2 采集照片

第三步，系统抽签，系统将会随机分配机器号给应试人，应试人应记住自己的考试机号，如附图 6-3 所示。

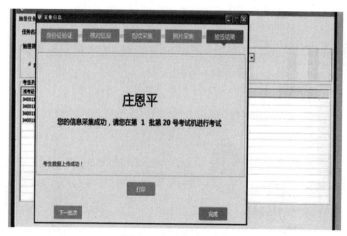

附图 6-3　分配机器号

随后，进入候测室，应试人按照管理人员指定的座位坐好，准备测试。

二、正式测试

1. 登录

应试人根据自己的考试机号找到对应的测试机房。进入测试机房后，面部应正对屏幕，在规定时间内完成人脸识别验证，如附图 6-4 所示。

附图 6-4　登录

2. 核对信息

人脸识别验证通过后，电脑上会弹出应试人的个人信息，应试人应认真核对，确认无误后点击"确定"按钮进入下一环节，如附图 6-5 所示。

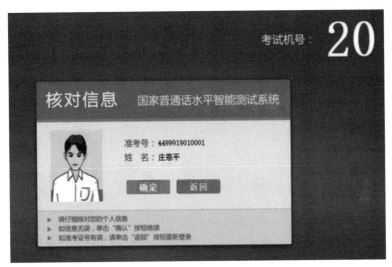

附图 6-5　核对信息

3. 佩戴耳机

按照屏幕提示戴上耳机，并将麦克风调整到距嘴边 2—3 厘米，准备试音，如附图 6-6 所示。

附图 6-6　佩戴耳机

4. 试音

进入试音页面后，应试人会听到系统的提示语"现在开始试音"，请务必在听到"嘟"的一声后朗读文本框中的个人信息，如附图 6-7 所示。提示语结束后，请以适中的音量和语速朗读文本框中的试音文字。试音结束后，系统会提示试音成功与否。若试音失败，页面会弹出提示框，请点击"确认"按钮重新试音。若试音成功，页面会弹出提示框"试音成功，请等待考场指令！"

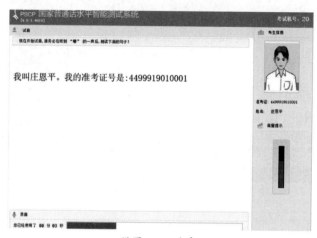

附图 6-7　试音

5. 测试

当系统进入第一题，应试人会听到系统的提示语"第一题，读单音节字词，限时 3.5 分钟，请横向朗读"。听到"嘟"的一声后，应试人就可以朗读试卷的内容了。第一题的限制时间是 3.5 分钟，页面的下方有时间条，应试人要注意控制时间。如果提前读完，不要等待，立即点击右下角"下一题"按钮进入第二题。同样，请注意控制时间，并在读完后立即点击"下一题"，进入第三题。第四题命题说话，应试人在说话前应按系统提示音要求读出或点击鼠标选择一个话题名称。

☆**提示：**

·计算机辅助普通话水平测试中，系统会依次显示各项内容，应试人只需根据屏幕显示的试题内容进行考试。

·每项试题前都有一段语音提示，请在提示语结束并听到"嘟"的一声后开始朗读。

·朗读过程中，应做到吐字清晰，语速适中，音量同试音时保持一致。

·朗读过程中，请注意主屏下方的时间提示，确保在规定的时间内完成每项考试。

·规定时间结束，系统会自动进入下一项试题。如某项试题时间有余，请单击屏幕右下角的"下一题"按钮。

·命题说话必须说满3分钟，3分钟后，系统会自动提交，弹出提示框"考试完成，请摘下耳机，安静离开考场"。

·测试过程中，应试人不要说试卷以外的任何内容，以免影响测试成绩。

·测试过程中若遇异常情况，请联系工作人员解决。

·测试过程中，部分应试人面对计算机可能会产生缺乏交流对象的不适感，这需要应试人调整心态，可假设一位交流对象与之交流，从而克服这种不适感。

三、试卷形式和实测过程图解

1.读单音节字词

试卷形式如附图 6-8 所示。

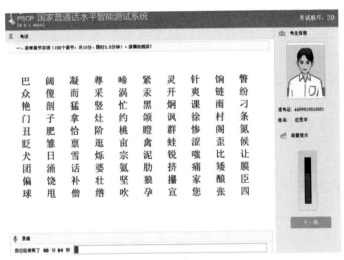

附图 6-8　读单音节字词

☆**提示：**

·应试人在提示语结束并听到"嘟"的一声后，开始朗读。

·如该项试题时间有余，单击屏幕右下角的"下一题"按钮，可进入下一项试题。

·应试人务必横向朗读，考试界面为了分行醒目会出现蓝黑字体，应试人应不分颜色，逐字、逐行朗读，注意语音清晰，防止添字、漏字、改字。

2.读多音节词语

试卷形式如附图6-9所示。

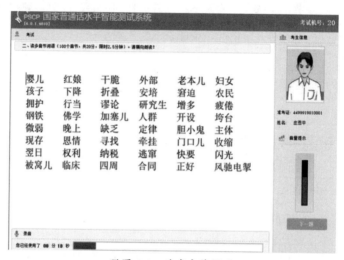

附图6-9　读多音节词语

☆**提示：**

·应试人在提示语结束并听到"嘟"的一声后，开始朗读。

·如该项试题时间有余，单击屏幕右下角的"下一题"按钮，可进入下一项试题。

3.朗读短文

试卷形式如附图6-10所示。

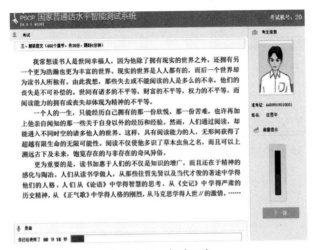

附图 6-10 朗读短文

☆**提示：**

·请在提示语结束并听到"嘟"的一声后，再开始朗读。

·朗读时保持音量稳定，音量大小与试音音量一致，音量过低会导致评测失败。

·如该项试题时间有余，单击屏幕右下角的"下一题"按钮，可进入下一项试题。

4.命题说话

试卷形式如附图 6-11 所示。

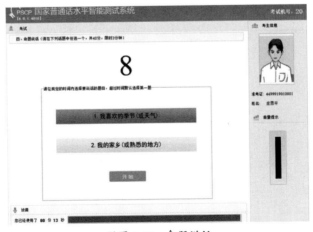

附图 6-11 命题说话

☆**提示：**

·本项测试中，系统会随机分配 2 道命题供考生选择，根据提示，采用鼠标点击选择或者口述选择的方式，进入本项测试。

·尽量说满 3 分钟，时长不足会扣分。

·说话内容需与选择命题高度相关，偏题会扣分。

·在尽量保证字音规范的情况下，自然表达，切勿装腔作势。

附录七
普通话测试报名方式

在校大学生可参加学校统一组织的普通话测试；社会考生可登录官方网站
"国家普通话水平测试在线报名系统"进行报名。

1. 注册并登录账号

操作界面如附图 7-1 所示。

附图 7-1　注册并登录账号

2. 选择"报名入口"

操作界面如附图 7-2 所示。

附图 7-2 报名入口

3. 阅读在线报名须知并点击"我要报名"

操作界面如附图 7-3 所示。

附图 7-3 报名须知

4. 选择测试站

按照提示选择测试站进行报名或者查看即将开始报名的测试站信息,如附图 7-4 所示。

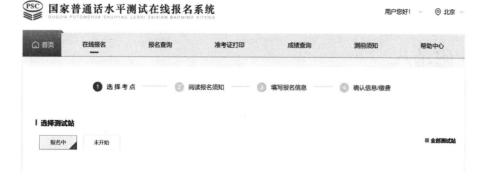

附图 7-4　选择测试站

此外，该网站还提供其他服务，如查询各地测试站的联系电话或既往普通话测试成绩等，如附图 7-5 所示。

附图 7-5　考生服务

附录八
普通话水平测试样卷[*]

一、读单音节字词（100个音节，共10分，限时3.5分钟）

甩	葬	垒	恨	鳖	退	仍	内	牙	瑟
逃	洼	丑	逼	盆	免	胁	扑	牛	墩
评	扩	帛	镜	德	轰	赋	专	豹	乔
册	袄	蹭	胸	火	黯	披	函	腥	群
皱	许	抓	坎	杀	末	剖	云	坤	信
拎	演	汪	蟒	穷	弱	某	随	岳	捅
靠	全	钠	典	贴	绛	软	备	家	迈
捐	滚	挪	娶	厥	挽	沉	翁	广	踢
两	柴	死	龙	窄	池	鸟	防	柳	二
恒	豫	拐	蒂	族	锋	自	乌	世	舱

二、读多音节词语（100个音节，共20分，限时2.5分钟）

确认	超过	值日	帮手	没词儿	凑近	图书馆
客厅	分离	绳索	真空	下旬	挨个儿	柜子
男女	公正	纪律	身边	口吻	恰当	合算
蚂蚁	然而	定额	强化	摧毁	败坏	名称
况且	窘迫	农产品	外销	朋友	掠夺	委员

---

* 根据《普通话水平测试实施纲要》（2021年版）编写。

蜜枣儿　老爷　　蛋黄儿　庸俗　　浅滩　　尊重　　佛像

军阀　　减少　　宣布　　来宾　　夸张　　非常　　丢掉

三、选择判断（共 10 分，限时 3 分钟）

1.词语判断：请判断并读出下列各组中的普通话词语

（1）洋芋头、土豆、薯仔、洋山芋

（2）草蜢、蚂蚱、蝗虫

（3）老豆、爷老子、阿爸、父亲

（4）走闪、回避、闪阿开

（5）连牢、接等、接连、连世

（6）角落头、角弯、角下里、角落

（7）上面、上便、高头、上背

（8）一生人、一世人、一辈子、一世依

（9）馅头、馅儿、馅子

（10）眼睛、眼乌珠、目珠

2.量词、名词搭配：请搭配并读出下列符合普通话规范的数量名短语（例如：一条鱼）

字典　筷子　道路　桌子　账　眼睛　信息　城市　光盘　桥

本　　双　　所　　张　　座　　条

3.语序或表达形式判断：请判断并读出下列各组中的普通话语句

（1）A.这菜躺咸。

　　B.这菜伤咸。

　　C.这菜太咸。

（2）A.起杭州出发。

　　B.对杭州出发。

　　C.从杭州出发。

（3）A.今天上午他有来过。

　　B.今天上午他有来。

  C. 今天上午他来过。

（4）A. 把书把给他。

  B. 把书给他。

  C. 把书把他。

（5）A. 在黑板上写字。

  B. 搁黑板上写字。

  C. 跟黑板上写字。

四、朗读短文（400 个音节，共 30 分，限时 4 分钟）

  照北京的老规矩，春节差不多在腊月的初旬就开始了。"腊七腊八，冻死寒鸦"，这是一年里最冷的时候。在腊八这天，家家都熬腊八粥。粥是用各种米，各种豆，与各种干果熬成的。这不是粥，而是小型的农业展览会。

  除此之外，这一天还要泡腊八蒜。把蒜瓣放进醋里，封起来，为过年吃饺子用。到年底，蒜泡得色如翡翠，醋也有了些辣味，色味双美，使人忍不住要多吃几个饺子。在北京，过年时，家家吃饺子。

  孩子们准备过年，第一件大事就是买杂拌儿。这是用花生、胶枣、榛子、栗子等干果与蜜饯掺和成的。孩子们喜欢吃这些零七八碎儿。第二件大事是买爆竹，特别是男孩子们。恐怕第三件事才是买各种玩意儿——风筝、空竹、口琴等。

  孩子们欢喜，大人们也忙乱。他们必须预备过年吃的、喝的、穿的、用的，好在新年时显出万象更新的气象。

  腊月二十三过小年，差不多就是过春节的"彩排"。天一擦黑儿，鞭炮响起来，便有了过年的味道。这一天，是要吃糖的，街上早有好多卖麦芽糖与江米糖的，糖形或为长方块或为瓜形，又甜又黏，小孩子们最喜欢。

  过了二十三，大家更忙。必须大扫除一次，还要把肉、鸡、鱼、青菜、年糕什么的都预备充足——店 // 铺多数正月初一到初五关门，到正月初六才开张。

五、命题说话（请在下列话题中任选一个，共 30 分，限时 3 分钟）

1. 童年生活

2. 我了解的十二生肖

附录九
普通话水平测试模拟题*

普通话水平测试模拟题（1）

一、读单音节字词（100个音节，共10分，限时3.5分钟）

莺	丝	人	交	台	婶	贼	亘	半	掐
炯	粗	袄	翁	癣	儿	履	告	筒	猫
店	涌	牛	汝	粤	偏	竹	草	迟	泛
沙	果	憋	捺	装	群	精	唇	亮	馆
抛	代	关	停	祛	德	孙	旧	崔	凝
暖	快	酒	除	缺	杂	搜	税	脾	锋
脚	碰	暖	拢	碍	离	妙	瘸	密	承
残	涧	穷	歪	雅	捉	凑	怎	虾	冷
港	评	犬	课	准	炯	循	纺	拴	李
敛	墙	岳	黑	巨	访	自	毁	郑	浑

二、读多音节词语（100个音节，共20分，限时2.5分钟）

松软	半截	兴奋	恶劣	挂帅	针鼻儿
排斥	采取	利索	荒谬	少女	电磁波
穷困	今日	完整	加塞儿	浪费	小熊儿

---

* 本节内容参考《普通话水平测试实施纲要》（2021年版）并结合考情编制。第
一题、第二题、第三题请横向朗读！

缘故	谬论	夜晚	存留	上午	按钮
佛教	新娘	逗乐儿	转脸	人群	飞快
煤炭	工厂	扎实	推测	吵嘴	收成
然而	满口	怪异	听话	大学生	发作
群体	红娘	孩子	光荣	前仆	直截了当

三、朗读短文（400个音节，共30分，限时4分钟）①

照北京的老规矩，春节差不多在腊月的初旬就开始了。"腊七腊八，冻死寒鸦"，这是一年里最冷的时候。在腊八这天，家家都熬腊八粥。粥是用各种米，各种豆，与各种干果熬成的。这不是粥，而是小型的农业展览会。

除此之外，这一天还要泡腊八蒜。把蒜瓣放进醋里，封起来，为过年吃饺子用。到年底，蒜泡得色如翡翠，醋也有了些辣味，色味双美，使人忍不住要多吃几个饺子。在北京，过年时，家家吃饺子。

孩子们准备过年，第一件大事就是买杂拌儿。这是用花生、胶枣、榛子、栗子等干果与蜜饯掺和成的。孩子们喜欢吃这些零七八碎儿。第二件大事是买爆竹，特别是男孩子们。恐怕第三件事才是买各种玩意儿——风筝、空竹、口琴等。

孩子们欢喜，大人们也忙乱。他们必须预备过年吃的、喝的、穿的、用的，好在新年时显出万象更新的气象。

腊月二十三过小年，差不多就是过春节的"彩排"。天一擦黑儿，鞭炮响起来，便有了过年的味道。这一天，是要吃糖的，街上早有好多卖麦芽糖与江米糖的，糖形或为长方块或为瓜形，又甜又黏，小孩子们最喜欢。

过了二十三，大家更忙。必须大扫除一次，还要把肉、鸡、鱼、青菜、年糕什么的都预备充足——店 // 铺多数正月初一到初五关门，到正月初六才开张。

---

① "//"表示400个音节结束的位置，"//"后的音节考试时无须朗读，仅为方便考生理解文意。

四、命题说话（请在下列话题中任选一个，共 40 分，限时 3 分钟）①

1. 我的一天

2. 老师

---

① 请从以下命题说话的题目中任选一个进行作答。实际考试中，考生需要用鼠标在电脑上进行选择或直接用口头表达的方式说出"我选择的说话题目是……"。具体适用何种方式依考场实际决定。

普通话水平测试模拟题（2）

一、读单音节字词（100 个音节，共 10 分，限时 3.5 分钟）

奔	耍	德	绕	直	烦	凝	秋	淡	丝
卧	鸟	纱	悔	掠	酉	终	撤	甩	蓄
布	癣	嗡	弱	刷	允	床	改	逃	春
驳	纯	导	虽	棒	舞	知	末	枪	蹦
躬	摸	虽	绢	挖	霍	聘	英	条	笨
赛	捡	梯	呕	绳	揭	陇	搓	二	棉
转	皿	宋	狭	内	啃	字	环	州	秒
符	肉	梯	船	腻	北	剖	民	邀	旷
烈	倪	荆	擒	案	杂	垮	焚	帝	聊
囊	驯	辱	爹	栓	来	顶	墩	忙	哀

二、读多音节词语（100 个音节，共 20 分，限时 2.5 分钟）

参考	老船长	艺术家	聪明	她们	红军
培养	编纂	发烧	嘟囔	黄瓜	效率
别针儿	责怪	大娘	喷洒	保温	产品
佛学	童话	男女	做活儿	苦衷	降低
愿望	恰当	若干	决定	斜坡	疲倦
爱国	能量	英雄	口罩儿	让位	叶子
封锁	核算	而且	全面	包括	不用
牙签	丢掉	罪恶	首饰	从此	争先恐后

三、朗读短文（400 个音节，共 30 分，限时 4 分钟）

盼望着，盼望着，东风来了，春天的脚步近了。

一切都像刚睡醒的样子，欣欣然张开了眼。山朗润起来了，水涨起来了，太阳的脸红起来了。

小草偷偷地从土里钻出来，嫩嫩的，绿绿的。园子里，田野里，瞧去，一大片一大片满是的。坐着，躺着，打两个滚，踢几脚球，赛几趟跑，捉几回迷藏。风轻悄悄的，草软绵绵的。

…………

"吹面不寒杨柳风"，不错的，像母亲的手抚摸着你。风里带来些新翻的泥土的气息，混着青草味儿，还有各种花的香，都在微微湿润的空气里酝酿。鸟儿将巢安在繁花绿叶当中，高兴起来了，呼朋引伴地卖弄清脆的喉咙，唱出宛转的曲子，跟轻风流水应和着。牛背上牧童的短笛，这时候也成天嘹亮地响着。

雨是最寻常的，一下就是三两天。可别恼。看，像牛毛，像花针，像细丝，密密地斜织着，人家屋顶上全笼着一层薄烟。树叶儿却绿得发亮，小草儿也青得逼你的眼。傍晚时候，上灯了，一点点黄晕的光，烘托出一片安静而和平的夜。在乡下，小路上，石桥边，有撑起伞慢慢走着的人，地里还有工作的农民，披着蓑戴着笠。他们的房屋，稀稀疏疏的，在雨里静默着。

天上风筝渐渐多了，地上孩子也多了。城里乡下，家家户户，老老小小，// 也赶趟儿似的，一个个都出来了。舒活舒活筋骨，抖擞抖擞精神，各做各的一份儿事去。"一年之计在于春"，刚起头儿，有的是工夫，有的是希望。

春天像刚落地的娃娃，从头到脚都是新的，它生长着。

春天像小姑娘，花枝招展的，笑着，走着。

春天像健壮的青年，有铁一般的胳膊和腰脚，领着我们上前去。

四、命题说话（请在下列话题中任选一个，共 40 分，限时 3 分钟）

1. 珍贵的礼物
2. 假日生活

普通话水平测试模拟题（3）

一、读单音节字词（100个音节，共10分，限时3.5分钟）

敏	建	娶	桌	肥	病	苦	扬	外	子
仲	君	凑	稳	掐	酱	椰	铂	峰	账
然	贼	孔	哲	许	尘	谓	忍	填	颇
滨	盒	专	此	艘	雪	肥	薰	硫	宣
标	嫡	迁	套	店	砌	藻	刷	坏	虽
奖	贼	迅	鳖	热	举	叼	述	习	窦
额	屡	弓	拿	物	粉	葵	躺	肉	铁
日	帆	萌	寡	猫	窘	内	雄	伞	蛙
积	篓	髓	关	嘱	耐	麻	诵	惹	挥
沈	贤	润	麻	养	盘	自	您	虎	台

二、读多音节词语（100个音节，共20分，限时2.5分钟）

损坏	昆虫	穷人	吵嘴	乒乓球	少女
篡夺	牛顿	沉默	富翁	傻子	持续
发现	被窝儿	全部	资格	媒人	家伙
教师	缺少	从而	原则	外国	戏法儿
侵略	咏叹	下来	昆虫	昂然	状态
意思	声明	患者	未曾	感慨	老头儿
侵略	钢铁	觉得	排演	赞美	老板娘
抓紧	儿童	症状	机灵	昂首	有条不紊

三、朗读短文（400 个音节，共 30 分，限时 4 分钟）

燕子去了，有再来的时候；杨柳枯了，有再青的时候；桃花谢了，有再开的时候。但是，聪明的，你告诉我，我们的日子为什么一去不复返呢？——是有人偷了他们罢：那是谁？又藏在何处呢？是他们自己逃走了罢：现在又到了哪里呢？

去的尽管去了，来的尽管来着；去来的中间，又怎样地匆匆呢？早上我起来的时候，小屋里射进两三方斜斜的太阳。太阳他有脚啊，轻轻悄悄地挪移了；我也茫茫然跟着旋转。于是——洗手的时候，日子从水盆里过去；吃饭的时候，日子从饭碗里过去；默默时，便从凝然的双眼前过去。我觉察他去的匆匆了，伸出手遮挽时，他又从遮挽着的手边过去；天黑时，我躺在床上，他便伶伶俐俐地从我身上跨过，从我脚边飞去了。等我睁开眼和太阳再见，这算又溜走了一日。我掩着面叹息，但是新来的日子的影儿又开始在叹息里闪过了。

在逃去如飞的日子里，在千门万户的世界里的我能做些什么呢？只有徘徊罢了，只有匆匆罢了；在八千多日的匆匆里，除徘徊外，又剩些什么呢？过去的日子如轻烟，被微风吹散了，如薄雾，被初阳蒸融了；我留着些什么痕迹呢？我何曾留着像游丝样的痕迹呢？我赤裸裸 // 来到这世界，转眼间也将赤裸裸的回去罢？但不能平的，为什么偏白白走这一遭啊？

你聪明的，告诉我，我们的日子为什么一去不复返呢？

四、命题说话（请在下列话题中任选一个，共 40 分，限时 3 分钟）

1. 过去的一年
2. 朋友

普通话水平测试模拟题（4）

一、读单音节字词（100个音节，共10分，限时3.5分钟）

朽	菊	缩	柔	丝	迷	纷	卒	欠	蒸
老	腮	洽	恩	曹	刷	恒	踪	夏	拨
糠	嫌	略	耳	颇	陈	蛙	体	爱	戳
棍	杂	倦	垦	屈	所	惯	实	扯	栽
枝	裙	睬	宾	瑟	仍	苑	推	皱	感
砸	手	汪	寡	浓	羽	胸	劝	丰	幻
滕	盏	怀	广	烦	若	掌	鹿	曰	磁
藏	夸	戴	罗	并	摧	狂	饱	魄	而
领	瓢	久	烂	靠	团	窘	谜	滚	方
碰	妙	屯	丢	偿	眼	嘴	栓	宝	捏

二、读多音节词语（100个音节，共20分，限时2.5分钟）

多余	火候	争论	拥有	难怪	被窝儿
维持	跨度	谬误	贫穷	乳汁	对照
规律	个体	情况	客气	军阀	名称
灭亡	连绵	小腿	好歹	乡村	夫妻
合作社	新娘	上层	跳高儿	赌气	撇开
选拔	妇女	小瓮儿	阅读	头脑	决定性
温柔	诊所	疲倦	水灾	愉快	撒谎
此刻	临终	专家	凉快	蒜瓣	斩钉截铁

三、朗读短文（400个音节，共30分，限时4分钟）

立春过后，大地渐渐从沉睡中苏醒过来。冰雪融化，草木萌发，各种花次第开放。再过两个月，燕子翩然归来。不久，布谷鸟也来了。于是转入炎热的夏季，这是植物孕育果实的时期。到了秋天，果实成熟，植物的叶子渐渐变黄，在秋风中簌簌地落下来。北雁南飞，活跃在田间草际的昆虫也都销声匿迹。到处呈现一片衰草连天的景象，准备迎接风雪载途的寒冬。在地球上温带和亚热带区域里，年年如是，周而复始。

几千年来，劳动人民注意了草木荣枯、候鸟去来等自然现象同气候的关系，据以安排农事。杏花开了，就好像大自然在传语要赶快耕地；桃花开了，又好像在暗示要赶快种谷子。布谷鸟开始唱歌，劳动人民懂得它在唱什么："阿公阿婆，割麦插禾。"这样看来，花香鸟语，草长莺飞，都是大自然的语言。

这些自然现象，我国古代劳动人民称它为物候。物候知识在我国起源很早。古代流传下来的许多农谚就包含了丰富的物候知识。到了近代，利用物候知识来研究农业生产，已经发展为一门科学，就是物候学。物候学记录植物的生长荣枯，动物的养育往来，如桃花开、燕子来等自然现象，从而了解随着时节//推移的气候变化和这种变化对动植物的影响。

四、命题说话（请在下列话题中任选一个，共40分，限时3分钟）

1. 童年生活

2. 家乡（或熟悉的地方）

普通话水平测试模拟题（5）

一、读单音节字词（100个音节，共10分，限时3.5分钟）

测	痴	月	胖	乖	内	县	恰	袄	香
谬	棒	灭	郭	绒	切	许	刁	虫	恨
菜	珠	炒	窝	耍	吭	拟	遍	群	孔
扔	浴	拆	桃	闭	支	楼	姜	甩	雄
宅	驳	炯	潘	歪	蹦	偏	如	方	条
捧	留	铁	挥	吭	鸣	罪	逢	对	公
亚	贼	蜂	袄	团	逗	雷	够	脊	筐
面	表	煤	累	恩	乃	丢	安	曰	烫
凝	眯	木	香	史	搔	僻	艇	刷	往
杂	狱	霞	腮	自	窘	嫩	镭	反	梭

二、读多音节词语（100个音节，共20分，限时2.5分钟）

磨砂	主人翁	去年	红娘	似乎	屏幕
群落	穷苦	肚脐儿	设备	旋转	接洽
包涵	成果	日益	障碍	测量	婴儿
开玩笑	铁索	脑子	配偶	作怪	伤员
利用	打垮	痛快	略微	邮戳儿	创造
贫困	苍白	沸腾	妇女	酒盅儿	坚持
整体	霜冻	分成	先生	绿化	角色
温柔	导体	扇面儿	宾馆	循环	总而言之

三、朗读短文（400 个音节，共 30 分，限时 4 分钟）

泰山极顶看日出，历来被描绘成十分壮观的奇景。有人说：登泰山而看不到日出，就像一出大戏没有戏眼，味儿终究有点寡淡。

我去爬山那天，正赶上个难得的好天，万里长空，云彩丝儿都不见。素常烟雾腾腾的山头，显得眉目分明。同伴们都欣喜地说："明天早晨准可以看见日出了。"我也是抱着这种想头，爬上山去。

一路从山脚往上爬，细看山景，我觉得挂在眼前的不是五岳独尊的泰山，却像一幅规模惊人的青绿山水画，从下面倒展开来。在画卷中最先露出的是山根底那座明朝建筑岱宗坊，慢慢地便现出王母池、斗母宫、经石峪。山是一层比一层深，一叠比一叠奇，层层叠叠，不知还会有多深多奇。万山丛中，时而点染着极其工细的人物。王母池旁的吕祖殿里有不少尊明塑，塑着吕洞宾等一些人，姿态神情是那样有生气，你看了，不禁会脱口赞叹说："活啦。"

画卷继续展开，绿阴森森的柏洞露面不太久，便来到对松山。两面奇峰对峙着，满山峰都是奇形怪状的老松，年纪怕都有上千岁了，颜色竟那么浓，浓得好像要流下来似的。来到这儿，你不妨权当一次画里的写意人物，坐在路旁的对松亭里，看看山色，听听流 // 水和松涛。

四、命题说话（请在下列话题中任选一个，共 40 分，限时 3 分钟）

1. 难忘的旅行
2. 向往的地方

普通话水平测试模拟题（6）

一、读单音节字词（100个音节，共10分，限时3.5分钟）

幕	桶	拙	嫩	刚	扯	报	马	吠	刷
蛇	洼	构	撤	败	抿	耗	隔	软	无
嫁	鸟	盘	车	纳	短	昂	镁	您	袜
抖	啦	许	陪	脚	题	翁	鼻	跨	诀
齐	挂	斜	登	袍	闰	绝	拍	炯	缫
零	斜	字	清	法	炉	绢	夺	产	词
疗	椎	读	霖	捐	死	坏	墓	搓	扭
床	儿	蔫	用	偶	斌	婆	邓	允	怯
钩	孔	殿	水	二	改	宽	魂	蹭	枕
让	包	磬	然	装	虫	莫	靠	蚕	面

二、读多音节词语（100个音节，共20分，限时2.5分钟）

规矩	直接	核算	战略	值钱	谩骂
细菌	篡改	火锅儿	履行	魅力	英雄
穷尽	飞船	动画片	丧失	钟表	自来水
拳头	红娘	佛法	腐朽	运用	政委
中间人	从此	天鹅	因而	贫困	脖颈儿
尿素	加强	有趣	完备	快艇	叛变
稳当	寻找	热爱	恰如	培育	丰硕
黑暗	门口儿	拍子	注射器	吹奏	典雅

三、朗读短文（400 个音节，共 30 分，限时 4 分钟）

北宋时候，有位画家叫张择端。他画了一幅名扬中外的画《清明上河图》。这幅画长五百二十八厘米，高二十四点八厘米，画的是北宋都城汴梁热闹的场面。这幅画已经有八百多年的历史了，现在还完整地保存在北京的故宫博物院里。

张择端画这幅画的时候，下了很大的功夫。光是画上的人物，就有五百多个：有从乡下来的农民，有撑船的船工，有做各种买卖的生意人，有留着长胡子的道士，有走江湖的医生，有摆小摊的摊贩，有官吏和读书人，三百六十行，哪一行的人都画在上面了。

画上的街市可热闹了。街上有挂着各种招牌的店铺、作坊、酒楼、茶馆，走在街上的，是来来往往、形态各异的人：有的骑着马，有的挑着担，有的赶着毛驴，有的推着独轮车，有的悠闲地在街上溜达。画面上的这些人，有的不到一寸，有的甚至只有黄豆那么大。别看画上的人小，每个人在干什么，都能看得清清楚楚。

最有意思的是桥北头的情景：一个人骑着马，正往桥下走。因为人太多，眼看就要碰上对面来的一乘轿子。就在这个紧急时刻，那个牧马人一下子拽住了马笼头，这才没碰上那乘轿子。不过，这么一来，倒把马右边的 // 两头小毛驴吓得又踢又跳。

四、命题说话（请在下列话题中任选一个，共 40 分，限时 3 分钟）

1. 尊敬的人
2. 让我快乐的事情

普通话水平测试模拟题（7）

一、读单音节字词（100个音节，共10分，限时3.5分钟）

颂	伸	稿	篇	遣	廓	裘	跃	酌	光
取	洲	水	盒	全	射	砍	鬓	姚	滩
甩	动	囊	浸	卵	困	嫁	顾	雅	愣
怒	摆	忙	岁	谋	广	荣	癣	仪	怕
墙	次	团	捏	贼	而	征	妄	吟	掠
亚	铸	染	停	后	碗	敬	疮	游	乖
梁	崔	怎	榻	宠	君	苦	怀	翁	纸
泰	栓	气	茧	方	恒	捅	之	臀	江
权	允	凡	笋	拎	雪	孚	搜	最	禾
环	房	日	汪	用	诸	罢	霖	播	二

二、读多音节词语（100个音节，共20分，限时2.5分钟）

为了	森林	篡改	夸张	华贵	手绢儿
舞女	侵略	创造	翱翔	描述	下降
撒开	奋斗	老鹰	爽朗	来往	认真
灰色	原子弹	功能	状元	然而	彼此
分裂	糖果	报酬	酒盅儿	红火	迫使
油田	群体	上课	贫穷	牛顿	撒谎
胸脯	程序	翅膀	农村	值钱	震耳欲聋
运动会	底子	命运	爱国	展览	刀刃儿

三、朗读短文（400个音节，共30分，限时4分钟）

不管我的梦想能否成为事实，说出来总是好玩儿的：

春天，我将要住在杭州。二十年前，旧历的二月初，在西湖我看见了嫩柳与菜花，碧浪与翠竹。由我看到的那点儿春光，已经可以断定，杭州的春天必定会教人整天生活在诗与图画之中。所以，春天我的家应当是在杭州。

夏天，我想青城山应当算作最理想的地方。在那里，我虽然只住过十天，可是它的幽静已拴住了我的心灵。在我所看见过的山水中，只有这里没有使我失望。到处都是绿，目之所及，那片淡而光润的绿色都在轻轻地颤动，仿佛要流入空中与心中似的。这个绿色会像音乐，涤清了心中的万虑。

秋天一定要住北平。天堂是什么样子，我不知道，但是从我的生活经验去判断，北平之秋便是天堂。论天气，不冷不热。论吃的，苹果、梨、柿子、枣儿、葡萄，每样都有若干种。论花草，菊花种类之多，花式之奇，可以甲天下。西山有红叶可见，北海可以划船——虽然荷花已残，荷叶可还有一片清香。衣食住行，在北平的秋天，是没有一项不使人满意的。

冬天，我还没有打好主意，成都或者相当地合适，虽然并不怎样和暖，可是为了水仙，素心腊梅，各色的茶花，仿佛就受一点儿寒 // 冷，也颇值得去了。

四、命题说话（请在下列话题中任选一个，共40分，限时3分钟）

1. 让我感动的事情
2. 劳动的体会

参考文献

［1］国家语委普通话与文字应用培训测试中心.普通话水平测试实施纲要：2021 年版［M］.北京：语文出版社，2022.

［2］国家语言文字工作委员会普通话培训测试中心.普通话水平测试实施纲要［M］.北京：商务印书馆，2004.

［3］中国社会科学院语言研究所词典编辑室.现代汉语词典［M］.7 版.北京：商务印书馆，2016.

［4］普通话水平测试教研中心.普通话训练与测试专用教材［M］.2 版.北京：中国传媒大学出版社，2019.

［5］姚喜双.普通话口语教程［M］.2 版.北京：高等教育出版社，2015.

［6］张颂.中国播音学［M］.北京：北京广播学院出版社，2003.

［7］吴弘毅.实用播音教程（第一册）：普通话语音和播音发声［M］.北京：中国传媒大学出版社，2001.

［8］徐恒.播音发声学［M］.北京：中国传媒大学出版社，2014.

［9］张颂.诗歌朗诵［M］.2 版.北京：中国传媒大学出版社，2008.

［10］王宇红.朗读技巧［M］.北京：中国广播电视出版社，2002.

［11］中国传媒大学播音主持艺术学院.播音主持创作基础［M］.北京：中国传媒大学出版社，2015.

［12］黄伯荣，廖序东.现代汉语：上册［M］.增订六版.北京：高等教育出版社，2017.

［13］黄伯荣，廖序东.现代汉语：下册［M］.增订六版.北京：高等教育出版社，2017.

［14］邵敬敏.现代汉语通论［M］.上海：上海教育出版社，2001.

［15］胡裕树.现代汉语［M］.上海：上海教育出版社，2011.

［16］胡安顺.音韵学通论［M］.北京：中华书局，2002.

［17］金晓达，刘广徽.汉语普通话语音图解课本：教师手册［M］.北京：北京语言大学出版社，2006.

［18］朱奇涵.普通话与播音艺术［M］.上海：上海交通大学出版社，2021.

［19］臧晓娟，杨毅，崔玉萍.教师口语训练［M］.北京：北京理工大学出版社，2017.

［20］杜慧敏.普通话口语训练教程［M］.郑州：河南人民出版社，2005.

［21］宋欣桥.普通话水平测试员实用手册［M］.北京：商务印书馆，2000.

［22］高廉平.普通话训练与测试教程［M］.重庆：西南师范大学出版社，2006.

［23］邢福义.普通话培训测试教程［M］.武汉：湖北科学技术出版社，2005.

［24］唐余俊.普通话水平测试（PSC）应试指导［M］.广州：暨南大学出版社，2010.

［25］李莉，徐梅.普通话口语训练教程［M］.北京：北京师范大学出版社，2011.

［26］中国传媒大学播音主持艺术学院.播音主持语音与发声［M］.北京：中国传媒大学出版社，2014.

［27］王克瑞，杜丽华.绕口令：播音员主持人训练手册［M］.2版.北京：中国广播影视出版社，2019.

［28］李雅翠.普通话教育研究［M］.北京：中央编译出版社，2011.

［29］孟庆荣，吴良勤.普通话水平（计算机辅助测试）训练教程［M］.广州：暨南大学出版社，2014.

［30］颜晓云，罗明东.普通话口语层级训练教程［M］.昆明：云南大学

出版社，2002.

　　［31］孙海娜．浅析《计算机辅助普通话水平测试评分试行办法》［J］．语言文字应用，2010（4）：93-97.

　　［32］郭粲，阮明华．计算机辅助普通话水平测试"命题说话"项交际策略研究［J］．语言文字应用，2012（S1）：75-80.

后 记

　　语言是人类最基础、最重要的交流工具之一，扮演着沟通、传递信息的关键角色。而普通话，作为我国国家通用语言，其准确、规范的发音更是构建有效沟通的基石。推广普及国家通用语言文字是一项既利当前又惠长远的基础性工程，是国家的需要，更是民族的需要。

　　在这样的背景下，我们萌生了编写一本实用口语传播教材的想法。起了这样的念头，便一发不可收拾。于是，这本始于 2022 年的书稿，经历了四季流转，终于在 2024 年夏得以与广大读者见面。其间虽反复修改，但作为编者，我们心中仍然十分忐忑，唯恐辜负了广大读者的期待。学海本无涯，唯有继续精进。作为一本普通话语音及普通话水平测试的指导教材，本书能够帮助学习者提高口语表达水平，就算达到了我们的目标。

　　本书一方面系统地介绍了普通话的发音规则，旨在通过对声母、韵母、声调等基础知识细致入微的讲解，使学习者更好地理解普通话发音的规律和特点。这有助于学习者逐步建立对普通话发音的整体认识，避免零散学习带来的盲点和困扰。

　　另一方面，本书结合了《普通话水平测试实施纲要》（2021 年版）的相关内容，将普通话学习与水平测试相结合，通过大量的专项练习和模拟试题的训练，帮助学习者在理论学习的基础上，熟悉普通话水平测试考试风格和出题模式，进而提高测试成绩。

　　本书具体编写分工如下。

　　苏涛：担任主编并完成全书框架结构的搭建。

　　王晨旭：担任主编并编写第一章、第二章、第四章、附录。

程前：担任主编并编写第三章。

在编写教材的过程中，我们还参阅了大量同类专著和教材。在此，对这些教材、专著的作者表示感谢。同时，感谢中国国际广播出版社的支持和编辑老师耐心细致的工作，是你们的专业建议和指导使这本书得以更好地呈现在读者面前。王晨宇、王麒麟参与了书稿的校对工作，一并致谢。更要衷心感谢各位读者朋友的信任与支持，希望本书不仅是一本教材，更能成为您口语提升路上的得力伙伴。

最后，由于我们水平有限、经验不足，在编写的过程中，必定会存在诸多疏忽谬误之处，恳请广大专家、学者、同行朋友给予批评指正，提出宝贵意见。另外，书中使用的个别材料，无从考证其出处及作者，特此表示深深的歉意。

祝您学有所成，自如表达！

全体编者

2024 年 3 月于云南昆明

图书在版编目（CIP）数据

实用口语传播教程：普通话语音及水平测试指导 / 王晨旭，苏涛，程前主编. —北京：中国国际广播出版社，2024.4
ISBN 978-7-5078-5542-5

Ⅰ.①实… Ⅱ.①王… ②苏… ③程… Ⅲ.①普通话－发音－教学参考资料 Ⅳ.①H116

中国国家版本馆CIP数据核字（2024）第080919号

实用口语传播教程：普通话语音及水平测试指导

主　　编	王晨旭　苏　涛　程　前
责任编辑	尹　航
校　　对	张　娜
版式设计	邢秀娟
封面设计	赵冰波

出版发行	中国国际广播出版社有限公司［010-89508207（传真）］
社　　址	北京市丰台区榴乡路88号石榴中心2号楼1701
	邮编：100079
印　　刷	天津市新科印刷有限公司

开　　本	710×1000　1/16
字　　数	410千字
印　　张	25
版　　次	2024 年 6 月 北京第一版
印　　次	2024 年 6 月 第一次印刷
定　　价	68.00 元